中国西南少数民族村落的保护与发展保护研究系列

孙华 主编

2015年度国家社会科学基金重大项目——中国西南少数民族传统村落的保护与利用研究

坪坦河边的侗族家园
——生态博物馆视角下的区域传统村落保护与发展

陈筱 韩博雅 著

巴蜀书社

图书在版编目（CIP）数据

坪坦河边的侗族家园：生态博物馆视角下的区域传统村落保护与发展/陈筱，韩博雅著；孙华主编. --成都：巴蜀书社，2021.12
ISBN 978-7-5531-1639-6

Ⅰ.①坪… Ⅱ.①陈… ②韩… ③孙… Ⅲ.①侗族—村落文化—保护—研究—通道侗族自治县 ②侗族—村落文化—发展—研究—通道侗族自治县 Ⅳ.①K287.2

中国版本图书馆CIP数据核字（2021）第279308号

坪坦河边的侗族家园：生态博物馆视角下的区域传统村落保护与发展
PINGTAN HE BIAN DE DONGZU JIAYUAN SHENGTAI BOWUGUAN SHIJIAO XIA DE QUYU CHUANTONG CUNLUO BAOHU YU FAZHAN

孙 华 主编　　陈 筱　韩博雅 著

出 品 人	林　建
总 编 辑	侯安国
责任编辑	李　媛　周昱岐
出　　版	巴蜀书社
	成都市槐树街2号　邮编：610031
	总编室电话：（028）86259397
网　　址	www.bsbook.com
发　　行	巴蜀书社
	发行科电话：（028）86259422　86259423
经　　销	新华书店
印　　刷	成都东江印务有限公司
版　　次	2021年12月第1版
印　　次	2021年12月第1次印刷
成品尺寸	210mm×285mm
印　　张	14.25
字　　数	290千字
书　　号	ISBN 978-7-5531-1639-6
定　　价	300.00元

本书若出现印装质量问题，请与本社发行科联系调换

保护民族村寨，促进社会发展（代前言）

孙 华

（北京大学文化遗产保护研究中心）

中国的西南地区包括了四川盆地、云贵高原和青藏高原三大地理单元。这里是世界的屋脊，是中国长江、黄河和珠江三大河流发源的地方，是贯穿中国的半月形文化传播带经过的地方。西南地区的腹地，也就是青藏高原东麓地区（包括藏东南、川西高原和滇西高原），被称作中国西南山地热点地区。该地区东为海拔很低的四川盆地，西邻高耸的青藏高原，从海拔几百米的河谷到六七千米的山脉交替出现。复杂的地理环境和气候条件造就了这里独特的生物多样性、民族多样性和文化多样性。这里是中国民族最集中的地区，又是中国交通最困难的区域，许多民族还保留着东部发达地区早已经遗失了的行为方式、生活习惯、聚落形态、宗教礼仪和生产工艺，蕴含着极其丰富的民族文化信息，是进行民族学、人类学和民族考古研究最理想的区域。该地区少数民族聚居的村寨则成为所有这些历史和文化信息集中的一个个资料库，有待我们去开启和利用。在现代化和城市化飞速发展的中国，许多西南边远地区的闭塞状况已经明显改善，村寨的文化景观也已经发生或正在发生悄然的变化。这些，更需要我们文化遗产保护研究的从业人员去迎接挑战，在当地人们生活水准提高的同时，努力保护好这份宝贵的遗产资源。

西南地区山高林密，交通困难，古代的统一事业相对进行得较为缓慢。直到今天，西南地区还生活着中国族类最多的少数民族，散布着星罗棋布的不同民族的村寨。这些村寨所在地区相对封闭，经济也发展缓慢，文化的演进还基本上沿袭着其千百年来形成的自然节奏，不像中国东部和中部地区那样，乡村文化景观已经发生了很大的变化。由于西南少数民族所在的自然环境差异很大，社会发展水平参差不齐，文化习俗异彩纷呈，其乡村文化景观也有着显著的不同。这种不同，最集中地体现在其民族居住的村寨内。丰富多彩的少数民族村寨蕴含着居住在其中的人们的大量社会、历史、文化和艺术要素，对我们认识中国多元一体的民族结构，研究这些少数民族的社会历史，丰富和发展人类的文化艺术，促进当地社会的可持续和谐发展，有着重要的价值。这些价值具体体现在以下三个方面。

首先，西南少数民族村寨是中国大多数少数民族丰富多彩的传统文化的集中保存地，是世界多元文化的重要组成部分。西南地区是中国南北向的文化传播带和东西向的文化传播带经过的地方，云南高原地区更是这两条文化传播带交叉的地方。前一条南北向的路线被称为"半月形文化传播带"或"藏羌（彝）走廊"，是中国北方及西北地区的古代族群南下的主要通道。考古学的证据表明，从新石器时代的仰韶文化时期起，北方的居民就沿着这条通道不断南下。后一条东西向的路线，也是古代族群迁徙的重要通道，这些族群沿着从云贵高原发源或流经的多条大河（如长江的支流沅水和乌江，珠江的上游南、北盘江，元江／红河的上游礼社江），或从云贵高原东下至长江中游、珠江口甚至红河下游地区；或从中下游地区逆流而上，进入贵州高原甚至云南东南部地区。正是这两大文化传播带和族群迁徙通道的存在，造就了西南地区，尤其是云贵高原地区民族和文化的多样性和复杂性。中国现有56个民族，西南地区就集中了汉、壮、回、苗、土家、彝、藏、布依、侗、瑶、白、哈尼、傣、傈僳、仡佬、拉祜、水、佤、纳西、羌、仫佬、景颇、毛南、布朗、阿昌、普米、怒、京、基诺、德昂、门巴、独龙、珞巴等民族，占我国已识别民族总数的三分之二；此外，中国绝大多数未识别民族，也都分布在西南地区。这些民族基本上是以农业为主要经济形态的定居民族，由于各村落的历史形成不同、文化渊源各异，因而形成了种类众多、风格多样、习俗也千差万别的村落乡村文化景观。无论是文化的多样性还是村落形态的多样性，在西南地区都得到最充分最集中的体现。

其次，西南少数民族村寨是人类发展历史的实物证据。严格意义上的历史时期，是指有文字记录的时期，这个时期在中心地区开始于商代晚期的殷墟时期，但西南地区则比较晚，且各区域进入历史时期的年代不尽相同。在云贵高原的古夜郎道沿线，历史时期开始于西汉中期；在西藏地区，历史时期始于吐蕃时代；而在其他地区，有文字记载的历史开始得更晚。而这种狭义历史时期的西南地区历史，文献的记载都是西南地区古代族群的人们与中心地区的人们发生了重要接触行为时的记录，如汉武帝通西南夷、蜀汉诸葛亮平南中、唐与吐蕃调整关系、南诏侵益州及交州、忽必烈灭大理、明太祖时的平云贵、明万历时的平播州、清雍正时的改土归流、清乾隆时的大小金川之役，等等。除了这些重大历史事件以外，文献记载中关于西南少数民族地区的记载并不多。我们要认识这个地区的历史，其史料来源除了文献记载外，早期的主要是考古材料，晚期的则主要是蕴含在村落中的民族志资料。回顾历史可以知道，一个古族自从其共同的生活区域基本稳定以后，如果没有积累的内部冲突或外界干扰，其聚居的村落有的会一直延续下来（当然随着人口的繁衍等原因也不断会有新的村落建立）。云南云龙县白族的诺邓村，由于这里很早就发现有盐卤涌出，白族先民很早就在这里定居，唐代樊绰《云南志》中就已经有了"诺邓"之名，该村的形成肯定在唐代甚至更早的时代，是一个千年村名不改，聚落不迁的具有深厚文化积淀的传统村落。现代西南每个民族的村落中都蕴含着丰富的历史信息，通过这些信息，我们可以知道许多考古材料和历史文献所没有的古族历史的细节，从而为研究西南民族史做出贡献。除此以外，西南少数民族村落还能提供中国东部地区发展历史的重要参考材料。由于社会发展的地域性不平衡，我国东部地区许多历史上曾经有过的东西都已经消失了。"礼失而求诸野"，在中国西南民族村落中，就保存了许多中国中心地区曾经有过但现在已经消失的文化现象。研究西南民族村落的现在，很可能有助于了解我们的古代。

最后，西南少数民族村寨是西南地区社会发展的重要资源。西南地区各个不同的地域，是世世代代生息在这些地方人们的心灵家园。这里集中保存着他们祖辈的业绩，有他们世代相承的生存智慧、生活方式和文化传统。由于现代社会发展十分迅猛，特别是在现代化、全球化和城乡一体化的浪潮中，原先生活在相对封闭、节奏缓慢、发展滞后的西南少数民族村寨的人们，在使人眼花缭乱的外来信息的冲击下，自然会产生种种不适应，不仅对外界也对自身产生种种困惑，从而就会希望在自己的家园获得一些慰藉。如果说外来文化的冲击，使得西南少数民族村寨的传统发生某种程度的中断，当地村民持续而稳定的生活变得不那么具有连续性，是催生西南少数民族地区人们乡愁的纵向因素的话，那么，当今西南地区许多少数民族村寨的年轻一代离开世居的村寨到城市务工，置身于一个完全不同于传统乡村的现代城市中，这种空间距离和文化差距就是生成这些外出村民乡愁的横向因素。这样，作为家园的传统村寨就成为包括少数民族在内的现代人用以寻求自我的心灵平衡、重新找到精神归属感的自我防御机制的重要"文化空间"。除此以外，中国西南地区山峦起伏，森林广布，自然景观随地区和地形而变化，既有云遮雾罩、山重水复的高原山地，又有天高气爽、环山嵌湖的高原平坝，还有白云蓝天、绿草如茵的高海拔草原，多样的自然环境加上多样的文化传统，造就了丰富多彩的建筑类型和建筑风格，形成了文化景观迥然不同的村落风格。优美的环境，奇特的建筑，再加上位于外地人很少去的偏远地区，西南少数民族村寨受到了国内外公众的普遍喜爱。早在20世纪前半期，俄国人顾彼得（Peter Goullart）就这样深情地写道："我很早就梦想找到并生活在一个被大山与世隔绝的美丽的地方，也就是若干年后詹姆斯·希尔顿在他的小说《失去的地平线》中描写的'香格里拉'。小说的主人公意外发现了他的'香格里拉'。而我在丽江，凭我执着的追求寻觅，找到了我的'香格里拉'。"前些年，《中国国家地理》曾发起过评选中国最美村落的活动，高居榜首的不是江浙水乡村落，不是皖南徽州村落，而是四川丹巴县甲居嘉绒藏寨，就说明了这个问题。西南少数民族村寨因而也就成了一种重要的旅游资源，成为促进当地经济、文化和社会发展的一个重要因素。

不过，也正是由于现代化、城市化、全球化的冲击，西南少数民族村寨才与中国其他地方的传统村落一样，几乎所有村寨都有了电灯照明、电话通信和电视信号接收。一条条公路、一根根电线和一道道电波正在将乡村与城镇连接起来，与世界其他地方联系起来，乡村也不可避免地要被卷入全球化的浪潮。即使在最偏僻的一些村寨，外来的观念、外来的文化和外来的设施都已经进入到这些村民的头脑中、行为中和日常生活中。这种跨越自然区隔的道路建设和信息管道的建立，使得原先相对被"隔离"的乡村变得不那么封闭了，乡村的生态环境发生了变化。这种变化也必然导致乡村的许多方面向城镇靠拢，从而使乡村文化景观发生变异。这种变化的表象之一，就是许多民族村寨的人们受到城市和工厂的吸引，年轻人大多外出务工，村内剩下的大都是老人、孩子或中年以上妇女，失去了最有活力的青年群体，原先兴旺的村寨已经衰落和破败，村落面临着严重的空心化、老龄化、城郊化等问题。并且随着乡村经济走向多元化，西南地区许多村寨的家庭都有了兼业（副业），由于各家兼业种类和规模的不同，各个家庭的收入也有较大的差异，整个乡村社区的结构已趋向复杂。根据文化人类学或考古学的理论，越是复杂的事物，越容易发生变异。西南少数民族村寨的乡村文化景观，加快其原先基本稳定的发展演变节奏，已成为一个不可避免的现象。

在现当代全国统一的土地制度、行政制度和管理模式下，在当下城市化、城乡一体化和现代化的冲击下，西南地区少数民族村寨面临的问题与中国所有传统村落基本相同，主要体现在这样四个方面：一是普遍失去了传统的自下而上的自组织能力，自上而下的全国统一的他组织行为代替了具有个性化的自组织行为，传统文化多样性生成的土壤已经不复存在；二是伴随着现代化和城市化进程的迅速推进，村民大量涌向城镇，原先的基层政权对乡村的管控能力降低，导致村寨内部凝聚力下降甚至丧失；三是传统乡村与城镇的生产关系发生逆转，新的城乡关系导致多数西南少数民族村寨日益破败，城乡间的贫富差距进一步增大；四是开始于贵州湄潭县，进而在全国实施的农村土地的"两权分离"和"长久不变"，使得包括西南少数民族村寨在内的土地权属固化，无论是改善村民的居住用房和人居环境，还是试图致力于村寨的规模化产业的发展，都变得非常困难。除了这些问题，我们在相当长一段时期内，强化了城镇与乡村的差别。农村户口的人们一旦因读书、招工、参军等因素获得了城市户口后，就失去了再回到农村的可能性。他们退休后也不能在故乡买房建房，为乡村建设发挥作用，而是在城市买房安度晚年，将积累的财富和资源留在了城市。这与过去乡绅阶层不少是从城市退休返乡、将在城市赚取的财富和资源带回乡村的情况截然相反。而在不断推进城市化的今天，乡村的人们不再被一亩三分地束缚，他们大量在城市务工，不少人将挣得的工资储存起来在城镇买房，人才资源和资金资源不断从乡村被带到城市，而城市的人才资源和资金资源却很少进入农村。这些因素，导致城市与农村的差距加大，农村不免日益贫困化和边缘化。

中国西南少数民族村寨既然有重要的文化价值和社会价值，现在它们的存在状态和发展趋势又面临着许多问题，这就需要我们尽快选取保护对象，寻找保护对策并采取相应的行动，使这些承载着丰富文化信息的传统村寨能够更长久地保存和延续。

中国西南地区地域辽阔，基本保持着传统风貌的村寨数量很多，有些位于高山陡坡、交通不便、存在地质灾害、不利于村民生产生活的村寨，当然只能采取拆村搬迁、合村并寨等方式进行处理；那些靠近城镇、已经或即将纳入城镇建设区的村寨，那些位于交通要道沿线、传统风貌正在迅速变异的村寨，已经无法也没有必要再采取保护行动。西南少数民族地区村寨数量众多，许多村寨都具有相近的自然环境和村寨建筑，如何在每个少数民族的众多村寨中选取具有典型性和代表性的村寨，是保护好西南民族村寨的首要问题。中国是一个文明古国，又是资源相对缺乏的人口大国，遗产保护与民众生计的矛盾比许多国家都尖锐。即使是那些已经成为历史陈迹的古代遗址，保护起来仍然存在着保护性用地与乡村耕地和宅基地之间的矛盾冲突，更何况乡村文化景观这样的动态遗产。因此，在制定西南少数民族村寨的保护规划之前，先要对这些地区的村寨进行全面调查，基本掌握现有村寨的相关信息，才能进行一个民族或一个自然地理单元的各村寨的价值比较，才能从中选择出不同价值层面的村寨，并将其列入不同的保护层级，才能确定保护的范围、资源的取舍和发展的方向。

生活在中国西南山地的各民族，由于其村寨散布在交通不便的山区，被文化遗产学界了解情况的村寨只占其中一部分（这些村寨主要沿公路分布并距离城镇不是很远），还有许多村寨有待于重新调查和认识。到目前为止，我们已有的少数民族调查报告，注重的是人而非物，其公布的信息还不足以使遗产保护和管理者认知其价值。以苗族为例，早在20世纪50年代前，就已经涌现出了被誉为"苗学研究的三座里程碑"的三部苗族调查报告；20世纪50年代后，国家组织社会学家、民族学家和历史学家也开展了大量苗族社会历史调查工作，其调查成果除了"中国少数民族社会历史调查资料丛刊"中的苗族部分外，西南诸省区还分别编写了不少苗族的调查报告，贵州省民族研究所组织编写的"六山六水民族综合调查"就是其中之一。这些原始调查报告当然很珍贵，却存在一些缺憾。缺憾之一就是这些调查要么是区域民族调查，其调查范围主要是以州、县、乡为单位，很少能够具体到自然村寨这样基层的聚落单位；要么是某些专家进行的以某民族某一文化要素为对象的专题调查，缺少一个典型村寨全部结构要素的综合资料。因此，以自然村落为考察单位，首先进行各地区各民族的村寨调查，从中选取典型的村寨编写出版系列的"中国西南少数民族村落内容总录"，是开展该地区传统村落保护的前期工作。在此基础上，就可以通过村寨价值的比较评估，首先筛选出可以推荐列入省市级保护的相关村寨，然后再选出可以推荐列入全国重点文物保护单位和国家级历史文化名村的村寨，最后将价值最高、特征最典型的村寨推荐列入《中国世界文化遗产预备名单》及《世界遗产名录》，从而真正做到分级实施保护。

正是考虑到中国西南地区少数民族村寨的重要价值和面临的问题，北京大学文化遗产保护研究中心和贵州省文物局达成共识：少数民族村寨是中国西南地区文化遗产最重要的组成部分，这些村寨正面临着迅速改变和消失的威胁，亟须采取有计划的保护行动。由于西南地区自然条件复杂，民族成分多样，聚落形态千差万别，在开始保护行动之前，首先需要对西南地区不同民族、不同区域、不同社群的村寨进行系统的调查，在充分了解这些村寨基本情况和存在问题，以及深入思考这些村寨特点的基础上，通过对比分析这些村寨的文化面貌和价值分级，选取亟须采取保护行动的村寨群落和村寨个体，然后编制与乡村发展相结合的保护规划，采取恰当且适度的保护性干预行动。为此，我们在2007年开始了中国西南地区少数民族村寨调查的号召和动员，并于2008年起首先从贵州黔东南苗族侗族自治州的苗族村寨和侗族村寨开始，展开了少数民族村寨基本情况的调查。

从2008年到2014年，我们调查的范围从贵州黔东南州延伸到了邻近的湖南通道县和绥宁县、广西三江侗族自治县，其间还对云南大理白族自治州剑川县的白族村落、四川甘孜藏族自治州丹巴县的嘉绒藏族村落进行了调查。参加调查的人员主要是高等院校的师生，其中有以院系、研究所或研究中心名义组织的海峡两岸高校和科研单位人员，包括北京大学、同济大学、中央民族大学、四川大学、广西师范大学、台南艺术大学、贵州省文物保护研究中心、成都市博物馆等，还有多所高校的本科生和研究生个人自愿报名参加了调查。这些调查都是利用每年的暑期进行。七年间参加调查的人员数量，即使不计当地文物部门派遣的干部和当地参加调查的大学生，其数量也达到了309人次（其中有的师生多次参加，人员名单附后）。在此行动中，既有白发苍苍的老教师，如台湾清华大学的徐统、台南艺术大学的陈国宁教授，也有刚刚在大学修完"文化遗产概论课"参加实习的大学低年级学生，但主力则是来自历史学、考古学、社会学、民族学、建筑学、城乡规划学、博物馆学的大学毕业生和研究生。这些师生冒着酷暑，在西南偏僻的山村进行田野调查，先后调查的苗族、侗族、藏族、白族村寨超过五十个，另对与少数民族村寨相关的贵州锦屏县隆里古镇、四川宝兴县曹家村进行了调研，撰写了这些村寨的调查简报。有了对这些村寨地理环境与资源、传说与历史、基本构成单元、内部与外部结构、人群与社会组织、生业与经济结构、生活方式与风俗、宗教信仰与禁忌、相关文化事项和村寨保存状况的基本了解，再着手选择需要列入保护的村寨，并开始对一些村寨开展保护所需的更详细的综合调查和专题调查，在现状勘察报告完备、存在问题厘清的基础上，开始编制保护与发展规划，并开展保护行动。

选取要采取保护行动的对象，无论是从岛屿生态地理学的理论来说，还是从尽可能多地保存我国传统村落的角度来说，都应当尽可能多地对有明显地理边界的成片传统村落和村落群进行整体保护。不过，传统村落不是简单的不可移动文物，我们不应当一味追求列入保护单位的传统村落数量。我们需要关注已被列为国家级或省市自治区级文物保护单位的传统村落的情况。这些村落通常都是以"某某村古建筑"的名义被列入保护单位的，保护的对象是这些村落中年代较早、规模较大的建筑群，不是整个村落，更不包括这些村庄赖以存在的农田、山林和川泽，也不包括这些村寨中的社会组织、生产工艺、民俗节庆、宗教礼仪等非物质文化事项，即其文物保护只是村落中个别物质文化要素的保护。这就容易出现传统村落中的公共建筑和个别民居保护较好、而整个村落及其载体却疏于保护的现象。我们还应当吸取中国历史城市保护的经验教训，这些教训是多方面的，其中一个教训就是国家级的历史文化名城数量过多，先后公布的三批国家级历史文化名城总数达99座，这些历史文化名城大多基础研究还比较薄弱，针对历史文化城市不同类型所制定的保护策略又有欠缺，保护范围（整体城市文化景观保护、城市轮廓及街区文化景观保护、部分街区文化景观保护、重点城市建筑遗产保护）也不够明确，结果现在的历史文化名城除了被列入世界遗产的城市以外，绝大多数是名存实亡了。西南少数民族村寨规模一般不大，即使是贵州黔东南州号称"苗都"的最大的西江千户苗寨，居民户数也不过1258户，人口不过5326人，其空间范围的大小和结构的复杂程度都无法与城镇相比，其保护难度比城镇要小些，保护模式应当以整体保护为主。不过，越是强调整体保护，在选取保护单位时就越应当注意代表性，否则有的地方会以为类似的村寨很多，改变几处无关紧要。一旦被列入高等级保护单位的民族村寨被人为破坏，而没有采取问责制追究有关责任人，就会使有关保护的法律规章失去其应有的权威，破坏行为就会蔓延，就如同大多数中国历史文化名城的遭遇一样。

我们早就认识到，一个完整的传统村落不仅是村落的建筑，还应当包括村落赖以存在的田地、水泽和山林，包括活动在这个区域内的人们及其行为传统模式。按照文化遗产的分类体系，传统村落应当归属文化遗产的特殊类型——文化景观。文化景观是联合国教科文组织倡言的文化遗产的特殊类型，它是一定空间范围内被认为有独特价值并值得有意加以维持以延续其固有价值的、包括人们自身在内的人类行为及其创造物的综合体，其生活方式、产业模式、工艺传统、艺术传统和宗教传统没有中断并继续保持和发展的城镇、乡村、工矿、牧场、寺庙等，都应当属于文化景观的范畴。农业文化景观由于产业模式不同，又有传统村落文化景观和农场文化景观的分别，前者由于地理的区隔、传统的差异，文化面貌也异彩纷呈，是农业文化景观的主体，也是世界多元文化最重要的构成要素。中国西南的少数民族村寨，其地理环境多样，文化传统各异，许多地处偏僻山区的少数民族村寨迄今仍然保持了自己鲜明的传统和特色，是中国乃至世界的文化景观类型遗产的重要组成部分。不过，"文化遗产"不同于"文物"，前者包括了物质和非物质的遗留，后者则只针对物质的遗存。文物保护专家很容易将诸如少数民族村寨这样的遗产划分为两部分：村寨的聚落、民居和公共建筑被视为不可移动文物；而村寨内人们的日常用具、服装饰件则被归为可移动的民俗文物。至于传统村落赖以存在的田地、山林和丰富多彩的非物质文化事项，却没有被纳入文物保护的范畴。浏览目前已经公布的七批全国重点文物保护单位的名单，不难发现，几乎所有传统村落都是以"某某村古建筑""某某民居（某某大院）"等名目出现的，文物保护面对的不是传统村落的整体，而是村落中的部分古建筑或代表性建筑。以文物保护单位这样的模式保护传统村落，尽管有国家《文物保护法》的法规作保障，仍然很难做到保护村落的完整性、真实性和延续性；但如果将文物保护单位的范围推广至整个村落，甚至村落外的田地和山林，那么如何制定文物保护和管理的规定，如何处理村民因人口增长而新建的住房，以及如何对待村民改造自己原有住宅以提高自己生活品质？凡此等等，都是目前从事传统村落保护，尤其是西南少数民族村寨保护需要思考的问题。

我们这套"中国西南少数民族村落的保护与发展丛书"，正是上面这些思考和工作的产物。全书由"内容总录""勘察报告""保护研究"三个系列组成，涵盖了西南部分少数民族村寨基本情况调查、专题研究与综合研究以及保护与发展规划和实施报告三个方面。

"中国西南少数民族村落内容总录"系列，以村寨为基本单位，全面介绍该村寨基本情况。本系列已经编写了12册，分苗族村寨、侗族村寨、藏羌村寨、白族村寨四卷。其中已经调查的重要侗族村寨分布于贵州、湖南、广西三省区，故又细分为《贵州侗族村寨调查简报》《湖南侗族村寨调查简报》《广西侗族村寨调查简报》若干分册。每一分册由2—5篇调查简报组成，我们希望关注传统村落保护与发展的学者和机构，能够通过这些调查简报，对这些村寨的历史文化和当下状况有一个最基本的了解。由于我们的田野工作以贵州黔东南州为中心，因而贵州的苗族和侗族村寨调查报告的数量也最多，占了这个系列的半数，这也是苗族和侗族村寨以黔东南地区数量最多、保存最好、文化事项最丰富现状的反映。

"中国西南少数民族村落勘察报告"系列，由多本典型少数民族村寨勘察报告和专项研究著述组成。由于内容相对简单的村寨调查简报，还不能满足从事传统乡村研究、保护和发展的相关机构和个人的需求，需要对选取作为保护与发展对象的村寨做详细的勘察记录，找出该村寨存在的普遍性和特殊性问题，以便采取有针对性的保护与发展措施。计划撰写的勘察与研究报告有《贵州榕江县大利侗寨调研报告》《贵州榕江县大利侗寨勘测报告》《贵州锦屏县文斗苗寨调研报告》《贵州黎平县堂安侗寨整治报告》《四川丹巴县中路藏寨调研报告》《云南云龙县诺邓村调研报告》等。除此之外，我们还将在西南少数民族村寨保护与发展的实践中，选取一些典型案例，将其记录并汇集成册，为其他从事传统村落保护的同志提供参考和评判。

"中国西南少数民族村落保护研究"系列，是西南少数民族村寨保护的综合研究。它包括了村寨的历史、特点、价值和问题的基础研究，包括了针对中国传统村落、西南民族村寨、某一区域和族群村寨、某个自然村落存在问题及应对措施的研究，还包括了某些正在采取保护行动的传统村落的保护规划、展示规划、发展规划、方案设计等。如《中国传统乡村文化景观研究》《侗族村寨文化景观研究》《苗族村寨文化景观研究》《坪坦河流域侗族村寨保护与发展初论——从生态博物馆的角度》《川西高原藏羌碉楼研究》《云南云龙县诺邓村专题研究》《贵州控拜村苗族银匠村研究》《贵州榕江县大利侗寨文物保护规划》《贵州榕江县大利侗寨保护与发展规划》

等综合和专题研究专著，以及《西南少数民族村寨研究文集》这样的论文汇集。

最后，作为主编，我代表全体作者，向支持西南少数民族村寨调查、研究和保护工作的单位和个人表示衷心的感谢。首先应当感谢的是联合国教科文组织北京代表处，该处的遗产项目专员杜晓帆博士最早提请我们关注西南地区少数民族村寨的保护与发展，希望中国这样一个大国能够利用自己的优势给东南亚少数民族村寨的保护探索符合亚洲特点的路径，我们正是在晓帆博士的鼓动下分别从不同的领域投入西南地区少数民族村寨保护之中。其次是海峡对岸世界宗教博物馆的陈国宁馆长，她不顾自己年事已高，在自己原先任教的台南艺术大学的支持下，多年来承担起了组织台湾高校师生到祖国的西南地区参加少数民族村寨调查的重任，除了将她在台湾从事社区博物馆和社区再造的经验带给我们，还增强了海峡两岸师生的交流和了解。再次是要感谢中央民族大学民族及社会学院、同济大学建筑与城市规划学院、四川大学历史文化学院、台南艺术大学文博学院、云林科技大学文化资产维护系等高校相关院系所的负责人，他们协助我们动员学生参与西南地区少数民族村寨调查，是我们调查组人力资源和学术资源的可靠保障。其四要感谢四川、云南、湖南、广西诸省区文物局，他们在经费、人员、后勤保障上给予了我们许多支持和帮助，如果没有他们，我们许多工作没法顺利推进。最后，我们要特别感谢贵州、四川、云南、湖南、广西诸省区我们曾经开展调研工作的县（自治县）文化文物系统的工作人员和乡村的基层干部，他们或者与我们调查组的师生一起进驻村寨，充当我们的进村"向导"并为我们排忧解难，或充当我们在村中的"翻译"，帮我们联系村民，协助我们做社区动员和召开村民大会。正是在以上单位和个人的无私帮助和支持下，我们的村寨调查、村寨规划和村寨保护实践才能够顺利向前推进。

就在"中国西南少数民族村落的保护与发展丛书"首批图书即将出版之际，我们高兴地得知，国家已将"中国西南少数民族传统村落的保护与利用研究"列为国家社科基金重大招标项目，我们北京大学与中山大学分别中标，承担起该课题的研究任务。回顾过去，我们西南少数民族村寨保护与发展的项目，最初只是北京大学支持的一个小课题，所获课题经费也只有少量校长基金作为启动资金的五万元。多年的调查工作使我们从各方面筹集资金，非常节约地使用，使得我们历时八年、参加人员达三百余人次的田野工作能够顺利完成。国家出版基金设立后，基金委将"中国西南少数民族村落的保护与发展"作为首批国家图书基金资助项目，使我们这些年积累的调查和研究成果，能够有资金资助顺利出版。

希望本丛书能够给我们认识这些村寨提供基础资料，同时也希望这套简报能给予城市规划、乡村规划和区域规划者一个参考的依据，在城市发展、新农村建设的时候，能重新思考中国文化的核心价值，吸取农村发展的经验，厘清中国不同于其他文明的特色，构拟出一个适合现代国人生活和居住的蓝图。

附：参加西南少数民族村寨田野调查和报告编写人员名单

2008年度（20人）

孙华、张成渝（北京大学考古文博学院教员）。

王书林、吕宁、王敏、王璞、黄莉、马启亮、高玉、黄玉洁、童歆、干小莉、刘杨、石慧（北京大学考古文博学院、城市与环境学院）；刘睿、刘翠虹、刘业沣（中山大学人类学系）；郭琼娥、李蜜、杜辉（厦门大学历史系）。

2009年度（40人）

陈国宁（台南艺术大学文博学院教员）；孙华；李慧（四川大学历史文化学院教员）。

余昕、李伟华、丁虞、韩爽、张娥凛、戴伟、李林东、王晢妍（北京大学社会学系、考古文博学院、元培学院）；杨向飞、龙成鹏、张悦、张志磊、徐菲、王皓、罗洪、赵丹、王妹娜、邱艳、谢莉亚、周海建、杨丽玉、李灵志、黄秋韵、董晓君、宋秋、刘争（四川大学历史文化学院）；沈天羽、王韵嘉、雷继成、高忠玮、黄胜裕、陈韦伶、高玉馨、朱仲苓、张雯茵（台南艺术大学文博学院）；刘亦方（郑州大学历史与考古学院）；黄尚斐（中国传媒大学摄影系）。

2010年度（44人）

陈国宁；孙华、张成渝；江美英（南华大学艺术学院教员）；朱萍、马赛（中央民族大学教员、民族学与社会学学院教员）；白露、李林东（成都博物院文物考古研究所干部）。

王怡苹、范子岚、陈筱、张娥凛、何源远、赵昊、荆藤、邹鹏、余昕、郭明、李颖（北京大学考古文博学院、社会学系）；张林、陶映雯、向阳、贾凯丽、郑宜文、杨力勇、司马玉、张一辉、来源、吴仙仙（中央民族大学民族学与社会学学院）；冯佳福、吴昭洁、张康容、黄雅雯、苏淑雯、王柏伟、王净薇、谢如惠、黄淑萍、谢玉菁、钟子文、邓佳铃（台南艺术大学文博学院）；杨丽玉、张绍兴（四川大学历史文化学院）；韩婧（中山大学社会学与人类学学院）。

2011年度（61人）

徐统（台湾清华大学材料科学工程系退休教员）；陈国宁；孙华；王莞玲（兰阳技术学院建筑系教员）；江美英；朱萍；李智胜、郭秉红（贵州省文物局抽调专业干部）。

陈筱、陈元桪、梁敏枝、黄莉、焦姣、韩爽、杨玲、庄惠芷、张林、邓振华、何月馨、孙雪静、李梦静、周仪、丁雨、张瑞、柳闻雨、张琳、刘精卫、李皓月、王晴锋（北京大学考古文博学院、社会学系）；贾凯丽、郭领、刘学旋、郎朗天、雷磊、于梦思、王东、王博、王金、董韦（中央民族大学民族学与社会学学院）；袁琦（北京理工大学工业设计系）；闫金强（天津大学建筑学院）；杨丽玉（四川大学）；熊芝莲（云南师范大学日语系）；沈天羽、蔡译莹、赵庭婉、陈昱安、许又心、萧淑如、张康容（台南艺术大学文博学院、视觉艺术学院、艺术史学系）；段品琦、叶怡麟、郭维智、龚琳雅（云林科技大学文化资产维护系）；唐君娴（台北艺术大学建筑与古迹保存研究所）；谢以萱（台湾大学人类学系）；许明霖（台湾"中央"大学艺术学研究所）；林孟苏、陈仲甫（兰阳技术学院建筑系）；黄雅雯（高雄市立历史博物馆）；林义焜（台湾清华大学）。

2012年度（51人）

陈国宁；孙华；周俭（同济大学建筑与城市规划学院教员）；江美英；赵春晓（兰州建筑科技大学教员）；寇怀云（同济大学城市规划研究院职员）；赵瞳（清华大学建筑设计研究院职员）。

陈筱、陈元棪、王晴峰、张林、袁怡雅、刘昇宇、韩博雅、王小溪、朱伟、孙雪静、张锐、娃斯玛、刘婷、李楠、李可言、王斯宇、杨凡、刘天歌、尚劲宇、张予南、李寻球、张林（北京大学考古文博学院、社会学系）；曾真、董真、庞慧冉、刘小漫、卞晶喆、白雪莹、单瑞琪、张琳、俞文彬（同济大学建筑与城市规划学院）；石泽明、陈海波（中央民族大学民族学与社会学学院）；刘若阳（北京中医药大学毕业生）；陈沛妤、蔡泽莹、曾正宏、张康容（台南艺术大学）；段品淇、叶怡麟、龚琳雅（云林科技大学文化资产维护系）；杨贵雯（台湾）；林欣鸿（台湾清华大学）；林孟苏（台湾高雄大学）。

2013年度（42人）

孙华；朱萍；王红军、杨峰杨（同济大学建筑与城市规划学院教员）；赵春晓（兰州理工大学建筑学系教员）。

陈筱、李光涵、尚劲宇、王一臻、尚劲宇、吴煜楠、王宇、冯玥、王云飞、陈时羽、张夏、张高扬、张林、王思怡、温筑婷、张锐、刘畅、李唯、张予南、徐团辉（北京大学考古文博学院）；巨凯夫、门畅、尹彦、魏天意、娄天、陶思远、王正丰、陈艺丹、朱佳莉、罗蓝辉、陆盈丹、李缘圆、韩瑞、郑晓义、冯艳玲（同济大学建筑与城市规划学院）；曹玉钧（北京林业大学园林学院毕业生）；于炳清（南京解放军理工大学）。

2014年度（39人）

杨树喆、海力波、冯智明（广西师范大学文学院教员）；赵晓梅（北京建筑大学建筑学院教员）；孙华；郭炳红（贵州安顺市文物局退休干部）。

陈容娟、李哲、党延伟、谢雪琴、蔡检林、徐田宝、梁膑、彭翀、杨斯康、谢耀龙、李婉婉、周洁、辛海蛟、甘金凤、赵家丽（广西师范大学文学院）；李光涵、张巳丁、冯妍、尚劲宇、孙静、加娜古丽（北京大学考古文博学院、社会学系）；解博知、张逸芳、吕妍（北京建筑大学建筑学院）；于炳清、陈罗齐（南京解放军理工大学）；张力、杨中运、郑耀华（兰州理工大学建筑学系）；黄雨博（四川大学历史文化学院考古系）；Suvi Ratio（苏葳，芬兰赫尔辛基大学人类学系）；陈会、陈燕（贵州省文物保护研究中心）。

2015年度（12人）

石鼎（复旦大学文物与博物馆学系教员）。

李光涵（北京大学考古文博学院）；孙静（北京大学社会学系）；王霁霄（清华大学规划学院）；殷婷云（清华大学建筑学院）；石本钰、冉坚强、张芬（贵州民族大学民族学系）；刘威（山西大学考古学系）；杜菲（京都大学景观学系）；Joel Wing-lun（黄智雄，哈佛大学历史系）；张力（志愿者）。

——以上共计309人，没有注明教员身份的均为研究生和本科生。其中博士生陈筱、李光涵曾两次以辅导员身份带队，特此说明。

引 言

坪坦河，是发源自湖南、广西交界处猫儿山山区，一条全长30余公里的丘陵溪河。虽名"坪坦"，村民也称之"平坦"，但河流既始于高涧，河水也是依深山谷地前行。坪坦河为西南—东北流向，经过广西三江侗族自治县（后简称"三江县"）林溪乡向东北，进入湖南通道侗族自治县（后简称"通道县"）坪坦乡、黄土乡，最后到通道县城双江镇，注入沅水的支流渠江。位于湘桂之间的坪坦河流域是一个独立的地理单元，由于环境封闭，交通方式有限，在古代也是一个相对独立的经济和文化区。结合家谱与口述历史可知，坪坦河流域侗民的先辈在宋明之际，以家族为单位，经江西、湖北、湖南或广西先后来到这里。在百余年的时间里，他们溯溪傍山而居，披荆斩棘，辛勤耕耘，垦殖了连天的层层梯田，建成数量众多、特点鲜明的村落与建筑，逐渐以侗族人的方式在这一深山谷地生息繁衍。

坪坦河流域的侗族村落既具备侗族村寨的一般要素——祭祀祖母神的萨坛、象征父系氏族的鼓楼；又因其邻近汉文化区，且邻近水量适中的溪河，从而具备了有别于黔东南或桂西北等侗族集中定居区的独特村落景观，例如性质各别的祠庙与规模各异的风雨桥。坪坦河流域的传统建筑，以往最引人注目的是横跨在坪坦河干流及支流上的数十座风雨桥。它们以青石为墩，在石墩上架巨木以抬拱宛如游龙般的桥身；以木屋为桥身，屋顶局部用灰瓦叠砌出耸立的桥亭，从而为来往行旅提供一个遮风挡雨的歇脚之地。由于合理的力学结构、别致的建筑外观、精湛的木工技艺，"坪坦河风雨桥群"早年已被列为全国重点文物保护单位。除此之外，我们在调查中还注意到，坪坦河流域的鼓楼建筑也有较高的文化价值。目前，在坪坦河流域的9个典型侗寨中，尚存40余座鼓楼，其中既有修建于清康乾时期的老鼓楼，也有21世纪以来的新建鼓楼，将修建于不同时期的鼓楼建筑相互比较，可以看到自清代以来该地区建筑文化与技艺的变化，以及与之相伴的侗文化的形成与演化过程。随着近年来公路交通的发展、文化旅游的兴起，原本处于大山隔阻、老林遮蔽之中的村落一改长期封闭的状态，与外来文化的主动、被动性交流均日益频繁，民众的生活条件、村寨的基础建设都有所改善，本民族、本地区的文化特征难免有所弱化和异化。

　　基于坪坦河流域侗族村寨的特点与现状，本书将以生态博物馆（Ecomuseum）的理论与方法，来探讨坪坦河流域的保护与发展问题。生态博物馆是一种以社区或村寨为单位的博物馆，由于它不局限于一个固定的、室内的博物馆建筑之内，展示和保护的对象是活态的文化现象，又被称为没有围墙的"活体博物馆"，以强调保护和保存文化对象的真实、完整和原生性。生态博物馆的概念于1971年由法国博物馆学家乔治·亨利·里维埃（Georges Henri Rvière）和雨果·戴瓦兰（Hugues de Varine-Bohan）提出，最早在法国尝试实践，发展至今已经有40余年历史。与此同时，从20世纪70年代开始，面对工业化对城乡面貌的改变以及生态理念的传播，传统博物馆逐步突破了博物馆建筑的局限，将保护和展示的对象扩展到更广阔的范围。可以说，生态博物馆概念的提出对于博物馆学是一个有力的创新，也为遗产保护提供了一种独特的视野与线索。

　　在20世纪80年代，生态博物馆的理念传入中国，被当作保护少数民族文化的一种方式。经过几十年的理论发展和实践探索，目前已建成数十座生态博物馆，主要集中在中国的西南地区。根据建成时间和博物馆的形态，可将中国生态博物馆分为三批。第一批生态博物馆选址于贵州的梭戛、镇山、堂安和隆里四个苗族村寨，由中国和挪威的专家共同指导建成，证明了生态博物馆方法运用于少数民族文化保护的可行性。在20、21世纪之交，广西壮族自治区开始了"1+10"项目，即一项以广西民族博物馆为首、协领包括三江侗族生态博物馆在内的十个位于少数民族村寨内的生态博物馆的综合工程，从而建成了中国第二代生态博物馆的代表。近年来，中国东南经济较为发达的地区也开始了生态博物馆的实践探索，典型的第三代生态博物馆，如浙江安吉生态博物馆中心馆及分馆，除了地点的变化，在构建思路和运营模式上都较既往有了不小的革新。

　　综上所述，本书挑选位于坪坦河流域不同河段的高友、高秀、高步、阳烂、坪坦、横岭、皇都、中步、芋头等九个典型侗寨，从坪坦河流域人文与地理背景出发，首先对这些村寨的选址、空间格局与形态、建筑类型与形式特征加以辨析；进一步，针对典型侗寨在文化传承与社区发展中存在的问题，基于对国外生态博物馆理论与方法的总结，以及对国内生态博物馆建设实践成败得失的梳理，提出坪坦河流域整体生态博物馆的保护策略设计，以期为生态博物馆概念的中国化实践、中国的新农村建设略尽绵薄之力。需要说明的是，本研究的基础材料主要来自笔者随北京大学文化遗产保护研究中心于2010–2014年对中国西南少数民族村寨开展的文化人类学调查。近十年来，随着中国经济和社会的快速发展，乡村生活也发生了巨变，坪坦河流域的现状早已不同于十年之前。最显著的变化之一是坪坦河流域行政区划的调整。2016年，湖南省通道侗族自治县将坪坦乡、黄土乡与陇城镇的申遗侗寨中步村一起合并为新的坪坦乡，该乡所辖行政村从合乡并村前的11个扩大到16个，人口也扩大到5134户20400人。应该说，这种变化与本书建议从整体上考虑坪坦河流域侗族村寨的研究和保护相符，令人欣喜，但考虑到本书对2012年前后坪坦河流域侗族聚居区文化面貌记录的真实性，后文仍然主要采用了2012年前后这一区域的基础数据。希望本书为坪坦河流域侗文化演进的长时段对比研究，尤其是考察中国传统村落随文化遗产保护工作的大力推进所发生的种种变化，提供一个特殊阶段的参考。

笔者希望强调的是，文化的形成和演化都是一个日积月累的缓慢过程。尤其是乡村文化，罕有必须遵守的严谨法规或制度，也没有所谓的专家或专业指导，而是每一户家庭、每一位村民按照自己的需求和日程，依照自己生活中对本土环境、风俗习惯的认知来决策。决策成功，直接受益；决策失败，则有可能无法抵挡难以预知的自然灾害，或是被乡亲邻里指责怨怪，难以自处于当地社区。乡村生活是自由的，也是残酷的，每个人需要成为生活、生产方方面面的能手，直面大自然，也需要为自己的任何决定负责。乡村文化的形成是一种典型的自下而上的发展过程，也正因为这种最大程度的自组织性，使得乡村能够在全球化席卷之下仍然保留着魅力无穷的文化多样性。它们那么淳朴、真实，记录了人类社会的曾经，也能为人类的未来提供某种可能性。因此，在传统乡村文化特征褪尽之前，我们有必要如人类学家一般，仔细地观察它、分析它、欣赏它，如规划家一般，做一些保护方案的探讨——至于是否可行，还有待当地人的判断和选择。

向乡村学习，回归自组织，是人类探寻未来可持续发展之路的一种可能。

目 录

第一篇　坪坦河流域的自然环境与社会生活 …………………………………………（1）
  一、地理环境与行政建置 ………………………………………………（1）
  二、坪坦河流域的传统社会结构 ………………………………………（6）
  三、坪坦河侗民的当下生活状态 ………………………………………（11）
  四、坪坦河流域的侗文化 ………………………………………………（13）

第二篇　坪坦河流域的典型侗族村寨 …………………………………………（28）
  一、村落分布 ……………………………………………………………（30）
  二、区域中心及其转移 …………………………………………………（35）
  三、选址特点 ……………………………………………………………（37）
  四、家族与人口 …………………………………………………………（39）
  五、村落的外部形态 ……………………………………………………（41）
  六、村落的内部形态 ……………………………………………………（48）
  七、演化趋势 ……………………………………………………………（59）

第三篇　坪坦河流域的侗族建筑 ………………………………………………（66）
  一、类型 …………………………………………………………………（66）
  二、典型公共建筑—萨坛 ………………………………………………（69）
  三、典型公共建筑—鼓楼 ………………………………………………（77）
  四、典型公共建筑—祠庙 ………………………………………………（93）
  五、典型公共建筑—风雨桥 ……………………………………………（98）
  六、居住建筑的传统与更新 ……………………………………………（104）

第四篇 坪坦河流域侗族村落文化景观的价值与保护 …………………………………（116）
- 一、坪坦河流域侗族村寨的活态特征 ……………………………………………（116）
- 二、坪坦河流域侗族村寨的价值及其载体—基于世界遗产的视角 ……………（118）
- 三、对比分析 ………………………………………………………………………（125）
- 四、村落活态遗产传承与管理方法借鉴 …………………………………………（136）

第五篇 村落文化景观的保护—生态博物馆理念及其中国实践 ……………………（141）
- 一、生态博物馆理论及其欧洲实践 ………………………………………………（141）
- 二、日本和中国台湾地区生态博物馆的建设 ……………………………………（147）
- 三、中国三代生态博物馆的建设与运营 …………………………………………（149）
- 四、中国生态博物馆实践的启示 …………………………………………………（157）

第六篇 坪坦河流域侗族村落生态博物馆的愿景 …………………………………（162）
- 一、保护与发展愿景 ………………………………………………………………（162）
- 二、坪坦河流域村落生态博物馆的体系构架 ……………………………………（165）
- 三、坪坦村生态博物馆规划目标 …………………………………………………（168）
- 四、坪坦村生态博物馆的建设与管理 ……………………………………………（170）
- 五、坪坦村生态博物馆的运营构想 ………………………………………………（179）

结 语 …………………………………………………………………………………（180）

附录一 坪坦河流域的典型侗族村寨 ………………………………………………（184）
- 一、高友侗寨 ………………………………………………………………………（184）
- 二、高秀侗寨 ………………………………………………………………………（184）
- 三、高步侗寨 ………………………………………………………………………（185）
- 四、阳烂侗寨 ………………………………………………………………………（186）
- 五、坪坦侗寨 ………………………………………………………………………（186）
- 六、横岭侗寨 ………………………………………………………………………（186）
- 七、皇都侗寨 ………………………………………………………………………（187）
- 八、中步侗寨 ………………………………………………………………………（188）

九、芋头侗寨 …………………………………………………………………（188）

附录二　湖南通道坪坦村高坪侗寨的调查与改造……………………………（189）
　　一、高坪侗寨的建筑概况 ………………………………………………………（191）
　　二、高坪侗寨区域保护与利用规划 ……………………………………………（197）
　　三、民居改造设计 ………………………………………………………………（199）

后　记 ……………………………………………………………………………（203）

第一篇
坪坦河流域的自然环境与社会生活

一、地理环境与行政建置

（1）地理形貌

在中国西南山区，杂居着汉、侗、苗等不同民族，其地理形势亦有坪坝、河谷、阶地、山麓、山腰、山坳、山顶之分。长年累月，不同民族养成了不同的生活习惯，发展出不同的生活模式，也形成了对特定地形的偏好倾向。其中，侗民安家落户的地方往往是河畔阶地，介于居住在高山上的苗民和盆地里的汉民之间，如民谚有说，"客家（即汉人）住街头，仲家（即侗家）住水头，苗家住山头"，"高山苗，水仲家，仡佬住在岩旮旯"。

坪坦河流域正是以坪坦河水为纽带而结成的侗族聚居区。坪坦河是湖南第二大河流沅水的一条二级支流，它全长30余公里，发源于湖南、广西交界处的深山高涧之中。坪坦河流域周围高山环绕，流经地段以山地为主，其东端位于陇城境内的八斗坡，坡顶海拔936米，为珠江和长江两流域的天然分水岭，西端与云贵高原的东缘相连，属于我国第二级阶梯向第三极阶梯过渡的地带（图1-1）。坪坦河水起初流速快而水量小，顺山脉走势蜿蜒自西南向东北，流经广西三江林溪，湖南通道坪坦、黄土，沿途不断接纳或宽阔或细窄的山泉，河道渐宽，水量增大而流速减缓，最终在今通道县城双江镇与马龙江汇合，形成了沅水的支流之一——渠江（图1-2）。坪坦河及其支流穿行于崇山峻岭之间，河水将高山淤积的泥沙挟带到低洼处，在河谷地带滋养出或大或小的坪坝。这些坪坝被当地人称为"坝子"，其地势平坦，气候温和，土壤肥沃，灌溉便利，为人们提供了能够耕种和生存的条件。

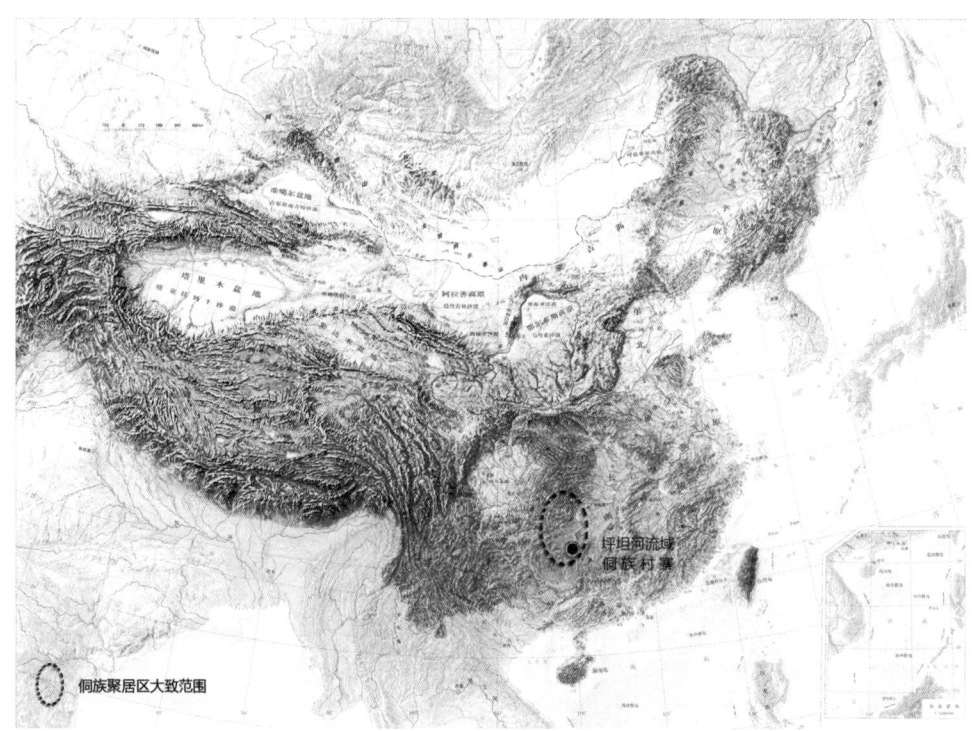

图1-1　坪坦河流域在中国的地理位置

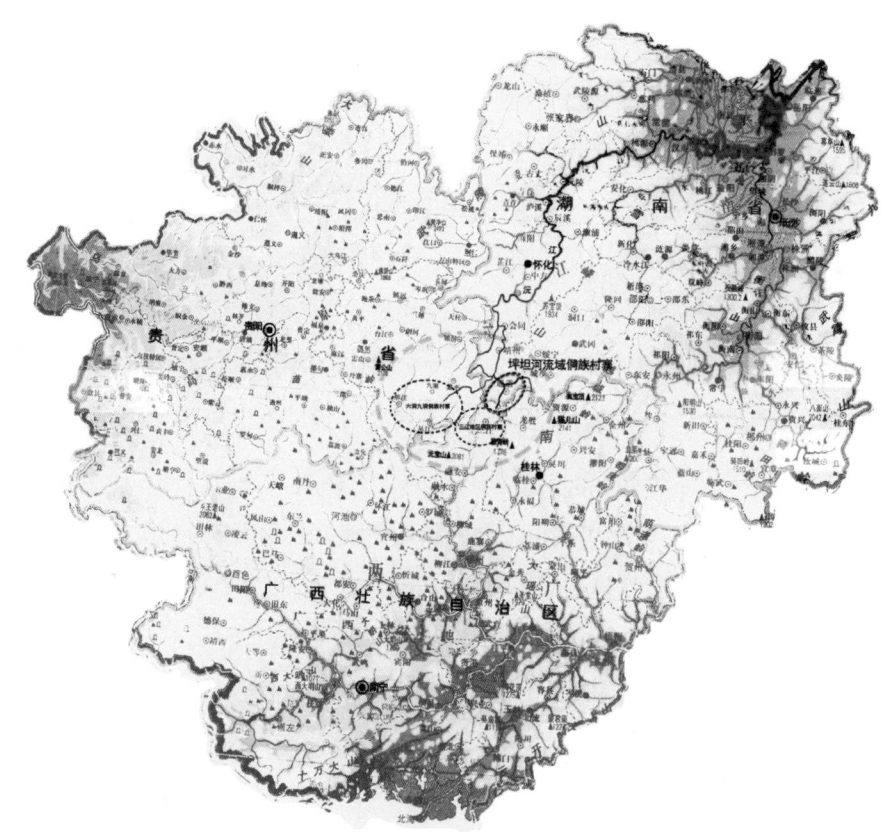

图1-2　坪坦河流域与湘桂黔三省的地理关系

在坪坦河流经的地域内,峰峦叠嶂,溪河环绕,地势西南高,东北低,中部为河流串连的坪坝,为最低凹。迄今为止,居住在坪坦河流域的民众,除了极少量汉民和苗民,以侗族居民占绝大多数,他们分散在坪坦河及其支流沿线上数十个规模不等的侗族村寨中。这些村寨虽都为侗族聚居地,但它们坐落于不同河段,拥有形态、规模各异的坪坝,背倚着走势不同、缓急有别的山冈,也有着不同的建寨历史、人口规模、交通条件,尤其是略有差异的侗文化发育与保存情况(图1-3)。概言之,水形地势对于坪坦河流域侗文化的独特性和流域内侗文化的多样性有着至关重要的影响。本书第二章还将就自然环境与社群文化的关联性做进一步讨论。

图1-3 坪坦河及沿线村落(通道侗族自治县文化广电新闻出版局提供,以下简称"通道文化局")

(2)气候与资源

坪坦河流域地处亚热带季风气候区,气候温和,全年多雨,夏无酷暑,冬无严寒,霜期较短。以位于坪坦河中游的坪坦乡为例,根据记录,该地年均气温约为17°C,七月平均温度26.2°C,一月平均气温5.2°C,年均降水量约585mm,年均降水天数为183天,年均相对湿度为83.1%,常年主导风向为北风,而夏季主导风向则为西南风。

坪坦河流域四面围山,山上树林茂密,植物资源丰富。较为常见并为侗民熟知的植物有茶油、杉树、油桐和楠竹。除此之外,山上的野生植物资源种类达1000多种,其中包括国家级保护植物38种。这一区域内较常见的动物有果子狸、竹鼠、灵猫、石蛙、白头翁、白鹭、黄鹂、画眉、猫头鹰、锦鸡、黄鼠狼、蛇、野猪、野兔、山羊等。

既往,夏季的水灾与突发性山洪是对坪坦河流域各聚居点威胁最大的自然灾害。根据坪坦乡的记载，暴雨主要集中于每年5-8月，约占全年暴雨总次数的83%；突发性洪涝往往相伴而来，虽持续时间短，但破坏力不小，不少村庄的风雨桥都曾被洪水冲垮。由于降雨在季节上分配不均，局部插花型干旱常常发生。与长江流域中下游的许多地区相似，近五年来，坪坦河流域在夏季常常是持续的晴热天气，雨水减少，河水水位下降，许多村庄遭受旱灾的威胁。据坪坦村村民回忆，该村每年干旱的时间一般在1个月左右，但最长一次有90天，属于夏秋连旱，给生活、生产带来了严重的影响和破坏。此外，坪坦河流域还会遭受来自北冰洋、西伯利亚和蒙古地区的寒潮，分春寒、夏寒、秋寒三种。其中，春寒常常导致春播烂种烂秧，对农业生产的不利影响较大。

（3）行政建置

坪坦河流域的村落虽处在同一地理单元，但在历史上，它们长期隶属于不同的行政辖区。

崇宁四年（1105）北宋政府置怀远军，后改为平州，设倚廓县，名怀远，县治王江口（又名三江口，今老堡），县界北至荆湖路靖州罗蒙县（今湖南通道县），包括了坪坦河流域的所有村落。这种行政区划的设置一直延续到明。清代，在县以下设立了名称芜杂、格局相同的行政区名作为今天"乡"一级的行政区划，"峒"就是其中一种。至民国时期，除坪坦河下游的玉头（即今芋头）村属湖南通道外，今黄土乡及其南的多数村落都属广西三江县大营峒。其中，沿坪坦河干流设高步、横岭和黄土三乡，它们的乡政府分别位于高步村、横岭村和黄土村，这种行政格局也使得三个村落在历史上有着更加复合的村落文化系统（图1-4）。

 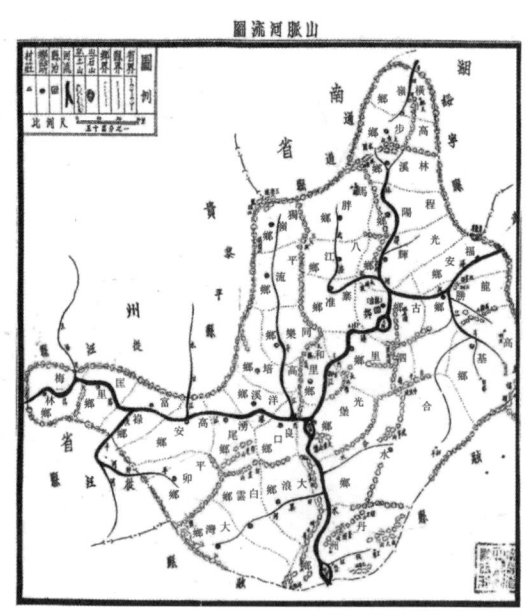

民国《三江县志》载坪坦河流域图

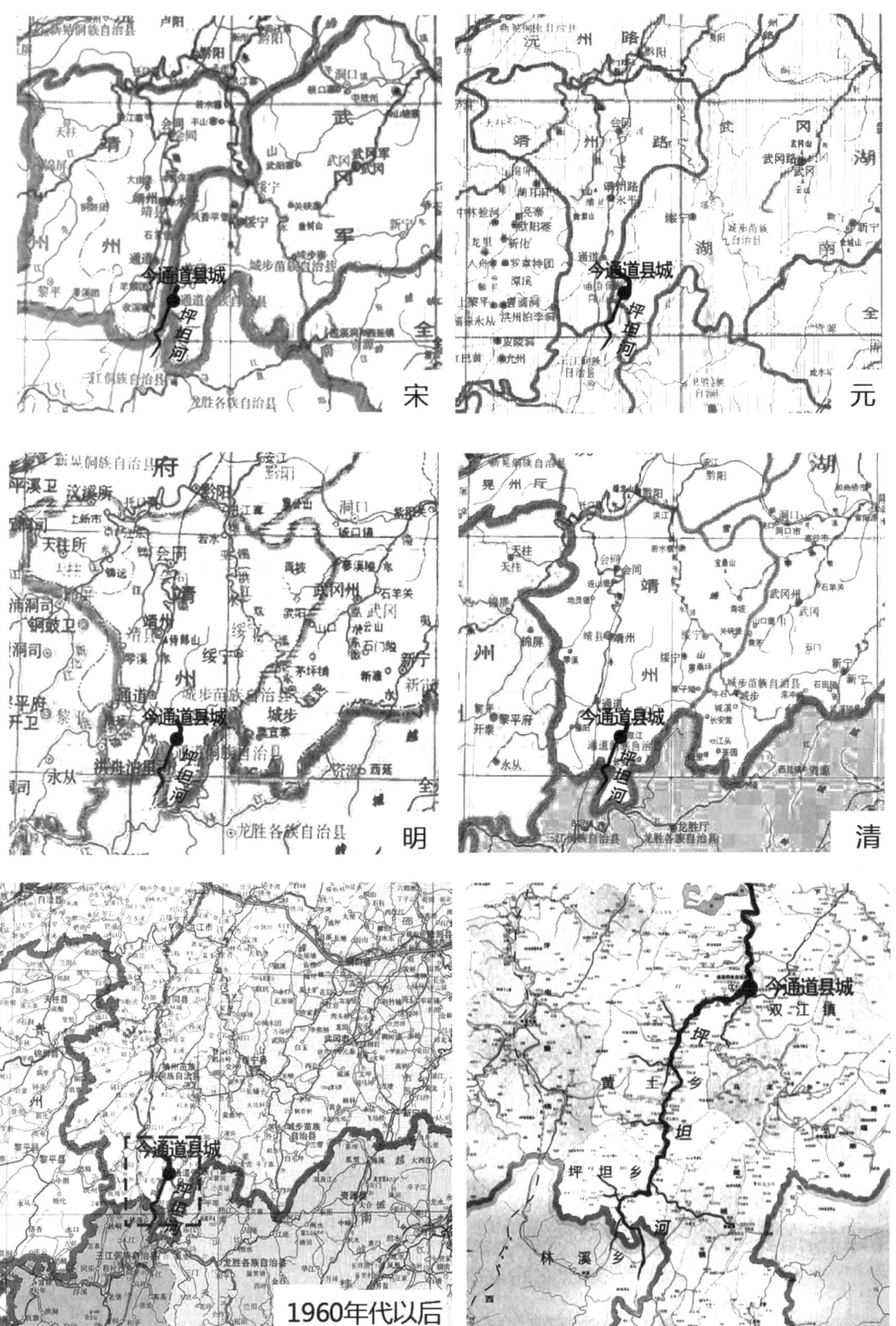

图1-4 宋代至今坪坦河流域行政区划沿革示意图

中华人民共和国成立后，这一地区的行政区划发生了较大的变化。变化主要发生在两个方面。其一是该地区湖南、广西的省界南移，即将原本隶属黄土乡、横岭乡的全部村落，以及高步乡的多数村落划归湖南通道，仅留下坪坦河发源处的高友、高秀等村仍属广西三江。其二是乡级行政组织的调整，即在1956年成立了坪坦乡，在坪坦村设立新的乡政府，撤销原有的高步、横岭两乡及乡政府。1958年，坪坦乡与黄土乡曾组建为坪坦公社，1961年析出，1984年改社为乡至今。

如上两张图所示，由古至今，坪坦河跨越了不同的行政区，所以在不同行政区对这条河流的记载各有不同的详略侧重。例如，《三江县志》载有坪坦河发源端的走向和山脉，一直到横岭乡；光绪《靖州乡土志》则主要记载了这条河道自"平坦寨"以北的情况，该书写道："渠水有两大源。一出贵州黎平府南之九龙寨……一出广西怀远县北之平坦寨（此处可行小船，约载货十余担），北流经横岭、都天等寨。凡三十里至黄土大桥，入本省绥宁县境。又北流十里，至双江巡检署前。"① 由此可知，至清光绪时期，坪坦河沿线的主要村落，与当今基本相同；自平坦寨开始，可借助水运输送货物。

二、坪坦河流域的传统社会结构

（1）家庭—房族—村—寨

在我们调查的侗族村落中，"家庭"是社会组织的最小单位，有五代以内血缘关系的数个或数十个家庭构成"房族"，若干个"房族"聚拢而居是为"寨"，地界毗连的数个寨进一步结合，即可称为"村"。"家庭"是由婚姻关系、血缘关系或收养关系，或共同经济为纽带结合成的亲属团体，它包括夫妻、父母、子女及生活在一起的其他亲属。20世纪中叶以前，坪坦河流域的侗族青年普遍结婚较早，男性一般18岁成婚，女性16岁即可成婚。侗族长期实行的是姑舅表亲缔结婚姻的习俗。这一习俗要求适婚女性，如姑舅家有年龄相当的男性，必须先征求姑舅的意见，优先嫁与姑舅家族的男性。另外，在坪坦河流域的个别侗族村落中，既往还曾有一夫多妻的情况，即作为家庭中心的父亲，可同时拥有多位女性伴侣。在生育方面，传统的侗族家庭一般会生育2—4个小孩，只是因医疗条件所限，并非所有幼儿都能被抚养成人，幼儿夭折的情况时有发生。综上，受到结婚年龄、伴侣数量、生育传统的影响，传统侗族家庭的规模

---

① （清）金蓉镜纂辑：《中国方志丛书·华中地方·靖州乡土志》，光绪三十四年刊本，台湾：成文出版社，1975年，卷二，第45—46、206—207页。

往往较大,十余口人同住一个屋檐下的情况比较常见。

"房族"在侗语里叫"斗",也称"近房""补拉",是一种以父系血缘关系为纽带结成的宗族组织,也是侗族社会维系家族关系的基本单元。传统上,房族有选举产生的族长,拥有公共的田产、林地和墓地,并以房族为单位开展宴饮歌舞、鼓楼修建等集体活动,并利用公田、林地的盈利解决房族内的经济纠纷、赡养房族的老幼残病。房族往往还谨守着约定俗成的规范,例如房族内部禁止通婚,以防近亲关系带来的不利影响。房族的规模,因村落不同而有所不同,少则十余户,多则上百户。在个别村落,当某些房族因人口增加,规模过大时,往往会将同一姓氏的后辈细分为更小的房族,例如阳烂村的龙姓人口较多,就分为了五个房族。在坪坦河流域,房族并不是一个完全封闭排外的系统,而是可以通过改姓等特殊途径,将异姓家族吸纳到房族组织中。例如,坪坦村的李姓族人早年就是通过改姓,成为某一吴姓房族的一分子。由于非宗族成员的加入,房族实际并不是单纯的血缘集团,而是以血缘为基础的社会组织。

一个较大的房族或数个小房族相聚而居组成一个寨,当地人也称之为"屯"。寨有寨老,婚丧嫁娶之事,往往都在寨老的主持下,以寨为单位进行;若有人违反村规民约,也是由寨老裁决惩处。由"寨"发展为"村",从坪坦河流域的侗族社区来看,可能有多种途径。其一,位置相邻、同时出现的若干个侗寨,随着各自用地规模的增加,边界扩大并逐渐交汇,最终结合成一个统一村落。例如,坪坦村最早有两个中心,即现今的中心寨和高坪寨,两寨在一定时间内同步发展,从而奠定了坪坦村的雏形。其二,当侗寨人口增长到一定规模,部分居民从旧寨迁出,择址重新建寨,由于新、旧寨之间的血缘与地缘关系,往往保持着频繁的互动,形成一个较大规模的社区。横岭村民介绍,他们的先辈定居横岭后,最初集中住在如今的大寨,随着人口增加,房屋密集,火灾日益频繁,部分居民不得不外迁,开始兴建小寨,最终确定了横岭村居住区的范围。

(2)自给自足的小农经济

坪坦河流域山多而地少,田地尤其是易于垦殖的水田紧张,各村人均耕地面积往往不足1亩,人均水田面积不足0.5亩。在20世纪70、80年代推广籼稻以前,这里是以糯稻种植为主的小农经济。村民回忆,他们当年种植的主要是高秆糯稻,一般3月播种,8月收割,一年一收,每亩年收成约合300公斤。由于人口较多,而收成有限,粮食收成主要供自家平日食用,或是赠送亲友、节庆祭祀,很少能够攒下用于外销的余粮。在糯稻田里,侗家人往往还会少量饲养鲤鱼和水鸭,从而创造了令人赞叹的稻田鱼鸭共生系统,显示出侗家人巧妙利用水土资源的智慧。如今,稻田因施用农药遭到污染,夏季干旱缺水的情况日益严重,原有的生态循环系统也濒临崩溃。除了水稻,坪坦河流域的侗民过去还种植玉米、粟米等粮食作物,作为补充性主食;但在当下，种植玉米主要为了养猪、喂鱼，产量降低，而粟米从20世纪90年代减产，逐渐不再有人种植。在坪坦河流域，一般情况下没有集中种植蔬果田地的平地，侗民们常常将果蔬种在自家房前屋后或稻田土埂等零碎土地上，最常见的品种包括以红薯为主的薯类、黄豆、生姜、土豆、豆角、苦瓜、丝瓜等。传统上，侗民通常以家庭为单位，豢养鸡、鸭、鹅、牛、猪、狗等家禽家畜，极少数人家养马、羊。鸡、鸭、猪、羊主要用于村民自家食用或宴会食用；牛是犁地耕田的主要劳动力，很少食用；马则用来运送木材；狗虽是看家护院、上山打猎的忠实伙伴，但当地居民认为狗肉味美，也偶尔食用。

坪坦河流域植被繁茂，森林覆盖率在70%以上，在村寨近旁的山冈上，有侗民精心打理的茶、松、杉树林和楠竹林等。一般来说，山脚及山腰种楠竹、茶油树等植株较小的树种，山腰之上则栽种杉树、松树等高大树木。这些林木资源，极大程度上丰富了侗家人的生活。利用收集的茶树果，侗民榨取醇香的茶油；侗家盖房、制作家具所用的木料，主要来自村后山林的杉树；除了出产竹笋，竹材还被用来编制各种各样的生活、生产用具。在湘桂交界的深山之中，常有珍禽野兽出没。因此，在靠近坪坦河源头、地势较高的诸多村寨中，上山打猎是侗族男性保持至今的习俗。坪坦河流域侗民的打猎有两种模式：其一是有目的的打猎，即沿着野兽出没的路线布设陷阱；另一种称为"游山打猎"，即在进山沿途随机捕获猎物。打猎所得，多数留在本村，逢年过节食用，少量送到乡、镇集市上售卖。

长期以来，坪坦河流域的工商业并不发达。在商业方面，除了高步、坪坦等位于水陆运输中转站的个别村落有固定的商业街、十余家长期营业的门店，商贸活动主要依赖不定时的集市和短时间集中的人流。手工业方面，在阳烂等个别村落，曾开办过以家庭为单位的银器加工作坊。如今，商贸活动主要在坪坦河流域的中心和边缘区开展，中心即坪坦村的定期街市（图1-5），边缘则在北端的皇都、南端的林溪乡和东端的陇城镇，都有一定规模的市场（图1-6）。

图1-5 坪坦乡集市

图1-6 林溪乡集市（三江县文化和体育局提供，以下简称"三江文化局"）

（3）融汇侗汉的信仰体系

相较单一的生业方式，处在汉、侗聚居区交汇地带的坪坦河沿线侗族有着构成复杂的信仰系统，通过对祖先神、英雄神、地方神、自然神等不同神祇的祭拜，形成了融汇侗汉传统的泛神体系。

侗族笃信万物有灵，山川、河流、古树、巨石、鬼神、祖先等等都是其崇拜对象。在坪坦河流域，对自然物的崇拜常常与村寨禁忌相联系，例如村寨订立的"风水地"，往往被当作村寨的禁区，不许任何人挖掘或淋人畜粪便，更不能埋葬死人骸骨。因此，侗族村寨中往往有能够与自然对话的职业，如鬼师（又称阴阳先生）、风水师，前者勘定阴宅，主持祭祀，后者被认为具有观测天相、计算时辰八字的能力，常常帮助村民选定阳宅的位置和朝向。

值得注意的是，在侗族信奉的神灵中，以女性神灵为主，如医仙、药仙"玛麻妹"，传播天花的"萨多"，制造酒曲的"萨宾"等，均为女性。在侗族社会，被普遍敬奉的最高尚的"萨岁"，也是一位女神。"萨岁"在侗语里的含义是"老奶奶"，别称还有"萨玛""萨堂""堂萨""染萨"或"祖母堂"等[①]。萨岁崇拜是普遍存在于南侗地区的、以女性神萨岁为崇拜对象的一种原始宗教崇拜。坪坦河流域的侗族社群也并不例外。在坪坦河流域的侗民心目中，萨岁即为侗族共同的祖母，她是庇佑侗族村寨长治久安的保护神。在坪坦河流域，关于萨岁的传说有很多，大致可分为两个版本：其一是说"萨岁"早年丧夫，仅有一子，战事纷乱时，"萨岁"带领侗民抵抗外族入侵，异常英勇，最后不幸战败，流落异地；另一说则认为，萨岁和她的儿子被敌人追杀，最后跳崖牺牲，她是一位为维护侗族先民利益而牺牲的女英雄。为了纪念萨岁，侗民将她的尸骨从山崖下搬回她跳崖的山顶埋葬，并以白色的鹅卵石替代石碑，作为纪念，更以萨岁作为她的尊称。由此，萨岁成为侗族南部方言区村落中地位最高的保护神。人们认为她神通广大，能主宰人间的一切，能影响风雨雷电，能镇宅驱鬼、保境安民。后文还将提到，为了纪念萨岁，更为了使村寨受到萨岁的庇佑，几乎每个侗族村寨都建有萨坛，以象征该村落对萨岁的接引和安置。

从祠庙数量和规模来看，"飞山信仰"和"南岳信仰"对坪坦河流域侗族社会有着仅次于萨岁信仰的影响力，这是因为坪坦河流域相较于其他侗族聚居区邻近靖县、衡阳等湖湘县市。飞山信仰所崇拜的飞山令公一般认为以五代时诚州刺史威远侯杨再思为原型。诚州位于通道县北的靖县城西飞山附近，杨再思又被称为"飞山令公"或"飞山公"。据传，飞山公在任期间，因管辖有方，使得湘、桂、黔三省交界地带长时间保持了稳定安宁的良好状态。因此，杨再思被邻近的

[①] 后文统一称"萨岁"。

苗、侗族民众尊奉为保护神，还被一些杨姓侗民视作祖宗，尊称"杨祖太公"，为他立庙祭祀，常供香火。坪坦河流域的飞山宫、飞山庙和一些杨氏家庙，都为祭奠杨再思而建。

唐宋以后，中国五岳概念中的"南岳"基本确定为坐落于湖南衡阳境内的衡山，距通道不过300公里。此后，以"南岳大帝"为核心崇拜对象的"南岳信仰"，以衡阳为中心，向湖南各地辐射传播。在坪坦河流域，南岳大帝被称为"南岳大王""忠静大王"或"中正大王"，以南岳庙祭奠，主要目的是祈求村寨的平安和外出旅途的顺遂。

另外，通过分析坪坦河沿线村落内的祠庙类型、侗族家庭的陈设不难发现，在坪坦河流域，诸如祖宗信仰、河神信仰、城隍信仰、土地信仰、雷王信仰、社王信仰、关帝信仰、文昌与其他星宿信仰等与佛、道教相混杂，都或多或少地渗透到侗民的精神生活和信仰体系中。

（4）"侗款"——坪坦河流域的传统自组织机制

据村民回忆，在20世纪初，坪坦河沿线的丘冈高山上还有苗族村落。到如今，坪坦河流域90%以上的居民都为侗族，侗民是长期生活在这一流域的主要族群。历史上，官方设立的行政机构对民间村落的直接管控相当有限，"侗款"这一侗族特有的跨村落组织在区域资源保护和社会管理上扮演着重要角色。

"款"为侗语读音，含义为真诚的结盟。通过结盟，形成一种"款组织"，即以地域为纽带，村与村、寨与寨之间通过共守某一契约而形成的地方联盟，进一步构成侗族聚居区内部的资源分配机制和自治联防组织。结款的行为一般被称"合款"或"联款"。在侗族的南部方言区，"合款"有小款、大款和联合大款三个层级。小款是"款"的最小单位，一般由几个较大的自然村或者一个主寨联合附近的几个小寨组成，是侗族实施民间自治的最基层单位；若干小款结盟成为大款，若干大款结盟则成联合大款。一般来说，小款对于日常生活影响较大，它在一定区域订立民间自治的规约，以起到协调族人纠纷，调解社会矛盾，尤其是处理村寨内部无法解决的社会治安事件的作用。缔结大款和联合大款的目的，则主要是为了应对重大的外来威胁，往往出现在特殊的历史阶段或历史事件中，以形成规模更大的组织，团结更多的侗民和村落。

不同于政府的行政组织方式，侗款组织一般没有常设机构，但有"款约"和"款约"的纪念物——款碑、款坪，以及"款约"执行情况的监察者——款首、款脚。在"合款"的过程中，参与方就公共事务达成统一的约定，即"款约"。定时集会时对款约的宣讲，即"讲款"，使款约深入人心，代代相传，起到巩固和约束款组织的作用。明末清初，汉字传入侗族社会，拟定的款约得以镌刻在石碑上，以"款碑"的形式留存并供后人参阅。置放款碑的地点是"款坪"，它们一般是村落内开阔并邻近干道的平地，以便组织宣讲款约的群众集会。"款首"和"款脚"是在维系款组织生命力的过程中发挥重要作用的个人：前者是款组织的领导者、管理者，一般由名望最高的寨老担当，负责宣讲款约，调解村寨间的纠纷，并对违反款约的行为加以处罚；后者则是专职的通信联络员，他们负责在村寨之间传递信息，同时还承担诸如鼓楼火堂加柴或预警击鼓报信等工作。

依据内容，侗族款约又可分为不同类型。例如，为记述不同侗族聚居区内"款组织"的地域区划和村寨范围，侗人写有"款坪款"，将参加合款的村寨有次序地列举，并确定聚会的地点，以便款众前往议事，类似于现今的地理志书。依据坪坦河流域芋头村老人杨再善、粟保林的口述，介绍当地款组织地域范围的款词《十二款坪 十三款场款》写道：

> ……脚村黄土，头村高友、高寿（笔者注：即高秀），中村坪坦、坪日，上坪大河，合款是第六。
> 脚村下宅，头村路塘，中村中步，上坪木枫，合款是第七。……
> 这我合上十二坪度十三坪款，几约束这约束，几讲这讲，头年约束去地，这样立款去天。（翻译：讲了以上十二款场十三款坪、大众合意同心；就这样约定、这样讲成；立威力比地大，合款威力大如天。）①

由款词可知，有别于行政区划，侗族款组织的建立更加贴合于自然地理与资源背景。例如，第六合款的头村即位于坪坦河源头的村落高友、高秀，脚村就是坪坦河下游的黄土村，这一合款基本覆盖了坪坦河干流沿线的侗族村落；第七合款即由中步村与其他位于梓坛河沿线的侗寨构成，也即位于坪坦河支流上的村落与其他相邻村寨构成另一些合款。除此之外，据当地文物干部杨少勇先生介绍，芋头是订立款约的村寨，自古有着不同一般村落的显要地位，现今很多款约都是通过芋头村的老人回忆口述才得以整理成文，因此它不在上述款约内；参见《九款坪款》可知，它位于棉花坪合款的范围②。

三、坪坦河侗民的当下生活状态

随着交通条件的改善和城市化进程的加速，坪坦河流域的乡民与外部世界有了越来越多主

---

① 湖南省少数民族古籍办公室主编：《中国少数民族古籍 侗族古籍之一 侗款》，长沙：岳麓书社，1988年，第7–13页。
① 《九款坪款》："说到哪里，说到双江、黄柏、龙头、吉利，坪地棉（笔者注：即棉花坪）合款是第二。" 湖南省少数民族古籍办公室主编：《中国少数民族古籍 侗族古籍之一 侗款》，长沙：岳麓书社，1988年，第14–18页。

动或被动、直接或间接的交往。这些接触，丰富了坪坦河流域侗民的生活，提高了他们的经济收入，改善了他们的生活条件，却也打破了旧日相对稳定的社会秩序，使当地的传统文化和习俗受到冲击，带来了一些侗民既往未曾面临的新问题。

（1）生业与经济

20世纪70年代末，依傍坪坦河干流铺筑的公路开通，从坪坦、黄土等侗乡到通道县城有了机动车，山区的交通条件大为改善。1982年，中国迎来了改革开放，南方沿海诸省迅速崛起，也亟须引入外来劳动力。在这两方面因素的共同作用下，从20世纪80年代开始，坪坦河流域的村民开始外出打工，近则至省内怀化、长沙等大城市，远可往广东、浙江等发达地区，一般从事建筑工程或者加工制造等劳动密集型产业。据当地人回忆，从20世纪80年代中期起，外出打工的优势开始显现，外出务工的村民增加；到90年代，外出务工的村民数量激增，形成了一个规模可观的"打工潮"。当地村民曾计算过，如留守老家，单纯通过种田获得收入，一年的盈利大概是4000元，这点钱不足以保证一家人的温饱，很多时候还不得不领取救济粮；如果外出务工，一个月的工资就接近于种田一年的收入。正因为如此显著的收入差距，在坪坦河流域，几乎所有人在中青年阶段（18至35岁）都会选择外出打工。外出务工的收入是坪坦河流域侗民最主要的收入来源，家庭的贫富差距，往往也取决于务工的人数及收益的多寡。

诚然，进入城市寻求工作机会，是坪坦河流域的侗族民众增加收入、提高生活水准最高效的途径。然而，这种直接而主动的交往，反过来也深深地影响了坪坦河流域的日常生活。侗族社会传统的农业生产，首当其冲地受到影响。进城打工的侗民，以青壮年为主，这直接削减了从事农林生产的劳动力，致使一些耕地荒芜。2000年以后，城市工资与务农盈利的差距愈加增大，不少家庭索性将田地出租，青年一代不再过问农事，也不再需要赶在农忙时节返乡。

（2）家庭与教育

外出务工之后，侗族中青年对于成家立业的观念也随之改变，他们往往推迟结婚的年龄，一般不愿生育超过二胎。因此，坪坦河流域的侗族家庭规模减小，现以两代人或三代人同住居多，四世同堂的情况已经非常少见。经过统计，当地每户的人口数量往往不超过10口，以4-7人的小家庭居多，每户的常住人口以0-4人居多。与中国其他地区的农村一样，村民的外出打工，也带来了留守老人与儿童问题。其中尤以留守儿童的教育问题最为紧迫。调查发现，在坪坦河流域，有留守儿童的家庭一般占总户数的60%-70%，比例极高。父母的远离，家庭生活和亲密关系的缺失，对学期或假期中的幼儿教育都有负面影响。

在坪坦河流域，从20世纪中叶开始，规模较大的行政村一般都设有完全小学，儿童可在本村或就近完成基础教育。随着计划生育政策的实施，侗族青年生育观念的改变，自1990年代以来，各村儿童数量减少，不少村寨的完小停废，部分村寨的小学仅开设低年级课程。因此，学生们不得不被集中到乡政府所在地开设的学校完成小学课程。由于多数学生的父母外出打工，无法天天接送，他们只能寄宿住校，仅周末回到各自村寨。小学毕业后，青少年将到县城继续完成初、高中学业，同样是住校，只是离家的路途更远，回到村寨的次数更少、时间更短。当假期来临，绝大多数学童回到各自村寨，起居生活由老人照料，学习却无人督促。我们在走访调查中注意到，村落网吧里常常集中着三五成群的孩童，与生活在城市里的孩子一样，他们也被虚拟的网络世界深深吸引。

（3）公共事务的组织与管理

在坪坦河流域的各个村寨中，关于公共事务的组织与管理，一般受到两套系统控制。其一是官方的行政系统，由村长、支书、计生委员等构成；另一是民间组织，如老年协会、妇女协会和中青年协会，等等。目前，这一地区仍保留着寨老制度，即全村各寨通过公共选举，从年逾花甲的老人中挑选出最值得信任的人作为寨老，同时也是老年协会的主席。寨老的职务，既要主持红白喜事和节庆祭祀，也包括对鼓楼、风雨桥的日常维护和管理。除行政事务之外，村内举行一般性的公共活动，往往都会征求老年协会，特别是寨老的意见。

尽管寨老制度得到保留，但由于经济结构的变化、人员流动性的增加，以及村民观念的改变，传统上以"房族、村寨、侗款"为核心的多层级社会组织面临严峻的冲击，传统侗文化的传承和更新也受到影响。如何在新的时代建立一套将独立家庭的行为与侗族群体的长治久安紧密联系起来的新机制，是亟须思考与探索的问题。

四、坪坦河流域的侗文化

（1）语言

方言是划分侗族不同文化区的重要标准。依据方言，可以将侗族分为南、北两个方言区，其界线大致西起贵州雷山县的雷公山东麓，向东沿着剑河县与榕江县、锦屏县与黎平县间的分界一直到湖南西界，在那里陡然向北，然后向东从湖南靖州市与会同县间穿过，逐渐向东南终止于湖南绥宁县城东侧。具体说来，贵州锦屏和天柱县、湖南炮团和新晃侗族自治县以及湖北宣恩、恩施、咸丰等县的侗族都属于侗族北部方言区；贵州榕江、从江、黎平县，湖南靖州、通道县，以及广西三江、龙胜、融安、融水、罗城等县的侗族都属于侗族南部方言区。相较而言，北部侗族方言区受汉地文化影响较深入广泛，其语言吸收了汉语的语言和语法形式，侗语南部方言区则保留了更多古语的特征（图1-7）。

图1-7 侗族北部、南部方言区分布示意图
（改绘自"2012年侗族村寨申报中国世界文化遗产预备名单"文本）

坪坦河流域属于侗族南部方言区，保留了较为古朴的词汇、语调和句法。侗族南部方言区根据语言的差异，又分为三个土语区，即第一土语区、第二土语区和第三土语区。这三个土语区的形成与侗族的三大支系，即"佬侗（金佬）""佼侗（更佼）""但侗（金但）"密切相关。侗族这三大支系的形成，与历史上侗族几次族群迁徙有关。佬侗与战国秦汉的骆越、隋唐时期的僚人一脉相承；佼侗与佬侗同源，只是到宋代从僚人中分化出来，形成独立的支系；

但侗源于与骆越关系密切的西瓯。据说佬侗的祖先是从梧州出发，进入都柳江流域上下定居，大概始于秦汉之际的骆越人的北迁；佼侗的主体先前也居住在岭南的梧州，唐代从那里向北迁徙；但侗源于岭南的西瓯人，也是在唐代从梧州浔江迁出。侗族的三大支系与方言土语区有一定的对应关系。佬侗属侗语南部方言的第二土语区；佼侗主要居住在北部方言区和南部方言第一土语区的部分地区；但侗的分布区域处在南部方言第一土语区西部，和南部方言的第二土语区毗邻，相当一部分还与佼侗杂居。因此，湖南通道、绥宁县的侗族聚居区都属于侗语南部方言第一土语区（图1-8）。

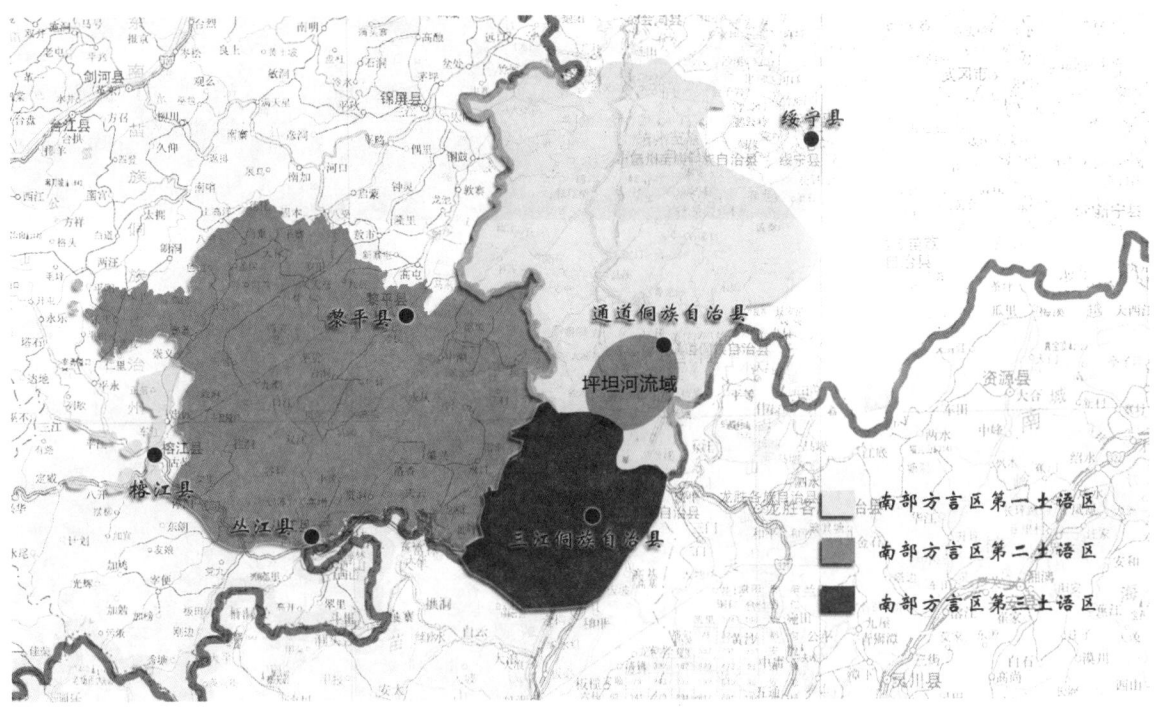

图1-8　侗族南部方言区土语语系分布示意图
（改绘自"2012年侗族村寨申报中国世界文化遗产预备名单"文本）

坪坦河流域的居民回忆，在20世纪60年代以前，绝大多数当地人只能说侗话。到了今天，村民的日常交流还是以侗语为主，不少50岁以上的人不会听和说普通话。在当地侗民心目中，侗话显示了自己村落的独特性，也是在社会往来中识别亲疏远近的依据。例如，这一地区的侗民在交流中了解到，他们与广西的侗民语言接近，所以较之贵州的侗民，与前者交流更加容易，也有更强的文化认同感。

（2）节庆

目前，坪坦河流域的侗族社群既保留了侗族的传统节庆，如社节、"二月二"节、"四月初八"节和芦笙节等,也接受了汉族的节日,如春节、元宵节、清明节、端午节、中元节、中秋节、重阳节。在这一地区,侗民对于过节总是兴致盎然,往往不辞辛劳,步行数十里,穿过村界、乡界、省界,加入频繁而隆重的节庆活动(图1-9、10)。

图1-9 阳烂侗寨第二届芦笙节(通道文化局提供)

图1-10 横岭侗寨节庆场面(通道文化局提供)

坪坦河流域的侗族节日都是按照农历来确定日期，其中最为普遍的、各村都会庆祝的侗族节日是"二月初二""四月初八"及六月初六的"尝新节"和十月至十一月间的"吃冬节"。将这些节日的时间、含义和风俗等列表如下（表1-1）：

表1-1 坪坦河流域的通行侗族节日

时间	节庆	风俗	备注
二月初二	又称"糯米粑粑节"或"烤粑粑节"，是日为开春之日，示意又一个农忙季节的开始	侗民在这一天以烤粑粑为主食，其做法是：首先将糯米蒸熟，再放入木臼，捣软搅烂，然后将捣好的粑粑放到火炉上烤香	阳烂村祭祀"飞山庙"，团寨头人宣唱规约；高秀村亦称"串亲日""走亲日"
四月初八	又称"黑米饭节"或"黑糯米节"，以纪念杨六郎；或称"牛王节"或"敬牛节"，致谢耕牛的辛勤劳作	在这一天，各家各户都将制作"黑米饭"。同时，耕牛不必下田，以精细的草料喂养。黑米饭的制备程序如下：首先，从山上采集杨桐、红木和羊角树叶；将三种树叶捣碎揉烂，加入清水沉淀；沉淀后取上层清液泡糯米一整夜；翌日，架火蒸糯米。由于叶汁侵染，蒸好的糯米饭为黑色	阳烂村也认为这个节日最初是为了纪念杨氏太祖杨再思
六月初六	又称"尝新节""新米节""吃香节"，以庆祝新糯稻抽新穗，祈求丰收	摘取新抽稻穗，与鸡、鸭、鱼、糯米等祭品一道，摆放在家中或村中祠庙，以祭拜祖先、神灵。礼毕，集体宴饮，并将稻穗分予众人	虽名"六月初六节"，但不同年份、各村各寨的庆祝日期不同。例如，阳烂村民就认为，尝新节是每年六月的犇日，其具体日期应由当年的天干地支决定
十月至十一月	"吃冬节"或"冬节"	吃冬是一年中最盛大的节庆活动，侗民以房族为单位，烧香祭祀祖先，然后摆宴享客，尽情吃喝欢娱	一般来说，各房族的吃冬节日期不同。例如在坪坦村，常规来说，十月十三左右石家摆宴，十月二十五前后吴家摆宴，大约十一月初九杨家摆宴

上述四个侗族节庆，都与农耕有着密切的关系，如"二月初二"，预示着冬日休养的结束，春天农作的开始；"四月初八"，象征着犒劳辛勤的耕牛，也给农忙中的人们一个欢庆放松的机会；"尝新节"，既是初尝劳作的成果，祈求风雨和顺，也是勉励村民在接下来六至十月辛勤耕耘；而年末的"吃冬节"则是丰收之后的聚会和庆祝。这些节日与习俗，蕴藏着侗族人民的智慧，记录了坪坦河地区的气象变化和农耕程序，也展现了当地的社会组织结构与民风民俗。例如，"尝新节"和"吃冬节"历年并没有固定的节庆日期，同一地区的不同村落通常在不同时间庆祝，同一村落的不同房族、家族一般也会刻意错开安排节日的时间，其原因一方面是由于不同年份天气情况不同、不同村落粮食生长情况不同；另一方面，侗族人还认为，错开安排节日，可以欢迎外人加入自家宴会，自己也可以前往其他家族的聚会，各家轮流聚餐，

以增进不同村寨、不同房族、不同家庭之间的情谊。所以，这两个节日的时间，并无定制，而是逐年由各村各寨协商确定。村民回忆，横岭侗寨曾在2010年尝试将本村的尝新节改在凉爽的九月，以便较长时间地保存食物。

在上述四个节日中，祭拜哪些神灵，程序如何，有哪些饮食和活动，各村各寨各房族都有不同的讲究。

除此之外，坪坦河流域的不同村寨，还一般各有独特的节日和风俗：

三月初三，高友侗寨祭拜"雷祖"，高秀村民则要宰杀鸡、鸭为祭品，前往桥前祭拜。

五月初一，高友侗寨的"谷雨节"，又称"韭菜节"，青年男女将打韭菜、做油茶、唱哆耶以庆祝。

五月初五，是阳烂村传统的"药王节"，村民认为，应将山上百草在这一天制作成药。因此，草药师傅将在这一天上山采摘草药备用，各家各户也在这一天煮一大锅药水用来沐浴，以祛除疾病。

五月十三，靠近坪坦河源头的高友、高秀等村寨祭拜关公。

十月二十六，横岭村的吴姓村民祭拜祖先。当天，他们将前往祠堂，举行杀猪、祭拜、宴饮等仪式。

十一月十九，是高友村民心目中的太杨日。这一天，村民将携带三种肉、三样水果，依次前往飞山宫、风雨桥头的关帝庙和下寨鼓楼的土地庙祭拜，最后祭拜各村寨入口的小土地庙。

此外，高步三寨还有"社节"，即以立春后第五个戊日为"春社节"、秋分后第五个戊日为"秋社节"，吴姓、陆姓村民将在当天祭祀"社王祠""萨岁坛"等。

从调查中发现，由于20世纪60、70年代的"文化大革命"，以及近年来农业生产重要性的下降，上述节庆活动，一部分已被渐渐遗忘，另一部分则呈现出频率降低、时长缩短的趋势。

（3）饮食

除了举行对神灵、祖先的祭拜仪式，烹调宴饮是节庆活动中非常重要也是最热闹的环节。引入籼稻之前，侗族人的主食长期是糯米，加工方法与前述糯米粑粑相似，一般需提前用清水泡涨糯米，沥干后放入蒸笼（图1-11）。在菜式方面，侗民青睐于生食和酸食。最典型的生食是鱼生和肉生，鱼生是将活鱼去鳞片及内脏后，切成薄片略加佐料；肉生则是用瘦猪肉切成薄片，再拌以酸菜等佐料。由于原料新鲜，这两道菜都有着非常独特的口感。坪坦河流域常年温热，食品不易保存，久而久之，侗民掌握了制作酸鱼、酸肉、酸菜等各种酸食的技艺，也渐渐形成了对酸食的依赖，几乎每家每户都有五六个酸坛或酸桶。当地民谣说，"侗不离酸"，侗民"三天不吃酸，走路打倒蹿"。

图1-11 侗族节庆饮食（通道文化局提供）

用热茶汤泡开以糯米油爆而成的"米花"，以猪肝、粉肠炒熟制作的臊子，再配上些许酥黄豆、新鲜葱花，这道传统小吃被坪坦河流域的侗民称作"油茶"。"油茶"咸香甜糯，口感爽脆，即可以作为早餐，也可以用来招待亲朋好友，深受坪坦河流域侗民的喜爱。侗民所饮之酒，多是自家蒸酿的糯米酒以及用糯米酒为基底酿成的杨梅酒、罗汉果酒等，酒精的度数在15-30度之间，其口感清冽爽口，尤其受到侗族男性的喜爱。如将蒸熟的糯米直接送入大瓮之后加入山泉和甜酒曲，封存累月甚至数年，就可以喝到色泽浑浊、口感醇香且略带甜味的重阳酒了。重阳酒的制备时间较长，侗家人往往在欢庆重阳节或是招待贵客时才舍得喝。

在祭萨、过年等重要节庆时，坪坦河流域的侗民往往会组织百桌宴和合拢宴（图1-12、

图1-12 高秀侗寨百桌宴

图1-13 高友侗寨合拢宴

13）。其中以合拢宴最为壮观，即各家拿出饭桌摆放在鼓楼坪或芦笙坪里，将饭桌首尾相接，拼成一条数米甚至数十米长的饭桌，所有食客都可围坐于同一桌，彼此亲密无间，没有等级之别，气氛尤为热烈。

（4）歌舞

宴会前后，通常都有歌舞表演，侗民载歌载舞，吹芦笙，弹琵琶，跳"哆耶"，彰显出侗民自在、欢乐的生活状态。

"哆耶"舞，当地又称"月也""哆嘎哆耶"或"踩歌堂"，是侗族特有的无伴奏集体歌舞，一般分祭祀和娱乐歌舞两大类。表演时，参与者手牵手或两手搭肩围成圆圈，用整齐的步伐边走边唱，甩手作拍，踩脚起舞，一般一人领唱，其他人齐声相和，体现了侗民之间的平等与团结（图1-14、15）。

在坪坦河流域，侗民讲究六月上山割竹备下做芦笙的材料，七月间将芦笙做好。侗家芦笙有多种类型：有单管芦笙，也有多管芦笙；有作为信号、负责起头指挥的高音芦笙，也有长逾数米，需多人扛抬或固定在芦笙坪上的低音芦笙。在这一地区，几乎每个行政村，都有自己的芦笙队，个别村寨还有老人芦笙队、妇女芦笙队、儿童芦笙队等数支队伍。芦笙的使用广泛，如今可用来迎客拦门、节庆表演，以及参加芦笙比赛。村际或乡际的芦笙比赛目前已使芦笙的制作、吹奏进一步发展成侗民联络感情的重要方式（图1-16）。

侗族琵琶歌享有盛名，而侗族特制的乐器土琵琶则是唱琵琶歌必备的乐器。侗族琵琶是一种木质弹拨乐器，以四弦为主，其底部的音箱呈圆形，音箱上方连着细长的颈部，琴头呈扁铲状，越往端头略向后弯曲，侧面看起来呈弧形。琵琶歌早年主要由男性演唱，其曲谱并不复杂,背诵唱词或即兴填词也不算困难,且曲调悠扬悦耳,别具风格,近年来也受到劳动妇女的欢迎(图1-17)。

此外,侗戏也是节庆活动中的表演项目之一。相传,侗戏起源于20世纪初期,与贵州的地方戏剧有着密切关系,它从黔东南传播过来之后,盛行于20世纪80年代的坪坦河流域。侗戏的题材丰富,既有汉族历史演义、侗族英雄传说,也包括村民的日常生活。由于以侗语演唱,它的受众主要还是村寨里的中老年。阳烂村被誉为通道侗戏的发源地,村民历来有唱戏、做戏的传统。

图1-14　高秀侗寨午夜踩歌堂

图1-15　横岭侗寨哆耶舞(通道文化局提供)

图1-16 横岭侗寨芦笙表演（通道文化局提供）

图1-17 琵琶歌表演

（5）服饰

相较于宴饮与歌舞的隆重，坪坦河流域的侗族服饰并不算复杂。在这一地区，传统服饰以黑、白和天蓝、青紫等冷色为主色，除了饰带，衣裙上一般没有鲜艳的图案。

女性侗衣套装通常有两款：一是便衣款，包括便衣、包头裤、压发带、包头巾和翘头鞋；另一是盛装款，包括肚兜、合上衣（大襟、无领、无扣衣）、裙、银梳、绑腿、凉鞋或者翘头鞋。男性侗衣只有一种套式，无常服、盛装之别，包括包头巾、对襟短衣、包头裤、绑腿、鞋等，只因冬夏温度不同，衣服厚薄、衣袖长短略有不同。以往，当地的侗族服饰都由自家织染，侗族妇女尤擅侗绣，她们用多彩的棉线织绣头巾和花带，点缀原本朴素的侗衣。如今，集市上就能买到成套的侗族服饰，价格也并不高。因此，侗族青年往往从集市购回侗衣，将它们收藏在衣橱里，等到节庆时节再穿上。相较而言，由侗民自己制作的传统侗衣色彩单一，较少装饰；从集市购回的套装在衣角袖口都增加了纹饰的装点，显得色彩鲜艳，更接近表演服饰（图1-18、19）。

图1-18　2000年坪坦河流域侗族妇女合影（翻拍自中步侗寨吴翠柳所藏照片）

图1-19　2012年安萨仪式上坪坦河流域侗族妇女合影

除了体弱多病的独子，侗族男性一般不佩戴装饰。银饰是侗族女性主要的饰品，常见的有银梳、银耳环、银项圈以及银手圈。在婚庆中，新娘还可戴上装饰有龙、凤、蝶、花、草、虫等的银花冠。侗族妇女的发型一般以盘髻为主，即将长长的头发盘起，挽于脑后，额前包裹头巾，发髻上饰以银梳，显得干练而利落。

（6）民间技艺

在坪坦河流域，年长侗民通常能够掌握包括侗布织染、草篾编织、稻田养鱼和茶油提炼等在内的多项技艺，对于木房搭建、草药识别和歌舞表演，不少人也具备基本知识和技术（图1-20、21）。需要指出的是，就如同各个村寨往往都保留着各自独有的节庆，一些村寨还保留着在某一或某些技术方面的特长，并对周边村落甚至整个流域的社会生活产生了广泛影响。各项生活、生产技艺在村寨之间的非平行发展，一方面与历史背景有关，另一方面也与具有突出才华和群众号召力的个人有着密切关系。随着村寨间的往来，不同村寨在技术专长上的多样性，又一同在区域经济和文化的演进过程中发挥着作用。例如，高步村民以高超的木工技艺著称，在"坪坦乡基建队"中，包括队长在内的8人都来自高步村，他们除了承接本地区大型公共建筑的修建，还在通道县城、三江县城，甚至怀化、长沙等大城市修建侗族建筑；阳烂村有出色的侗医，另外还以制作侗族银饰闻名，鼎盛时期村内有银匠十余户，迄今还有5位传统银匠师傅。

图1-20 皇都侗寨内的侗族织锦展示（2009年）

图1-21 中步侗寨妇女编草鞋

将坪坦河流域部分村寨的代表性技艺列表于下（表1-2）：

表1-2 坪坦河流域的特色技艺

村落	位置	人口（人）	代表性技艺	备注
高友	广西三江林溪乡	1885	侗医和侗药：村内有吴永强及罗氏兄弟等三位知名侗医，他们能够识别当地草药，擅长医治跌打损伤及胃病 茶叶种植和加工：村寨周边早地长期培育茶叶，村内现有三家茶叶作坊，已具备制作绿茶和红茶的技艺	
高步	湖南通道坪坦乡	2500	木工技艺：村民吴庆雄带领其十余名徒弟组建了"坪坦乡基建队"，承接本地及怀化、长沙、三江等地的侗族建筑设计及施工（图1-22）	
阳烂	湖南通道坪坦乡	780	侗族医药：村内有多位知名侗医。如村民龙开娥从小跟随爷爷龙于恩学习家传草药接骨，因医术高超，早年已调入通道县中医院，现迁居县城；龙于恩另一徒杨正永，现仍居阳烂村，以治疗跌打损伤见长；龙建云家族专治皮肤肿瘤；吴述兰长期钻研以本地草药治疗肝胆、脾胃、心脏方面疾病；村卫生所医生杨景业也因家传缘故，长于草药 银器制作：20世纪40年代前后，侗族银饰大为流行，在鼎盛时期，阳烂村有十余户从事银器加工，为坪坦河流域之冠。当年，他们曾走出家门，前往广西、贵州的侗族聚居区从事银饰加工。如今，手工银制品市场萎缩，整个通道县仅阳烂村仍保留有5户银匠，他们一般使用湖南永州或广西梧州的银料（图1-23-1~2、24）	人口截至2012
横岭	湖南通道坪坦乡	1364	侗戏表演：在20世纪80年代，横岭村民一度热衷于学习侗戏，他们将流传下来的曲调略加改编，并加以排练，即可在节庆时表演。如今，中青年多外出打工，只有老年人还有闲暇时光，可以围坐在鼓楼里，集体收看侗戏录像	
中步	湖南通道陇城镇	1018	哆耶、芦笙、琵琶等文艺表演：该村早在1998年就成立了文艺队，由村民杨进余向村民教授芦笙、琵琶、腰鼓、侗歌、侗戏等 侗族草药：村民杨进举长期钻研草药医疗，有着丰富的经验	
芋头	湖南通道双江镇	863	讲款：由于在侗族社会地位特殊，芋头有着深厚的款文化，原本有多位掌握讲款技艺的村民，岁月流逝，如今在世者不超过三人，且都已年过花甲。讲款以侗语为主，主要依靠口耳相传，它要求讲款者不仅语调连贯，还能把握好抑扬顿挫，由于款词内容丰富、包罗万象，如要完全掌握，还需要长期学习、不断背诵和反复练习，所以目前少有年轻人愿意学习	人口截至2010年

图1-22 高步侗寨木匠吴庆熊先生及他的工具

工具箱

模具

图1-23-1 阳烂侗寨银匠的工具

第一篇 ◎ 坪坦河流域的自然环境与社会生活

染　料　　　　　　　　　　　　　设计图

图1-23-2　阳烂侗寨银匠的工具及画样

图1-24　坪坦乡工匠制作的银器

第 二 篇
坪坦河流域的典型侗族村寨

村寨是人类为谋求自身的生存与发展，通过与其他社会成员形成某种联系，以有效地进行物质资料生产与交换，并进一步满足人们的生理和心理需求，从而结成的一种集体聚居形式。不同地区、不同族群、不同时代以及不同的生产方式，会形成千差万别的村寨结构。

伴坪坦河而生的村落，绝大多数是侗族村落，绝大多数居民也被认定为侗族，他们以农耕为主要的营生方式，在清代以前通过"款"的形式结成了跨越村寨层级的联盟，村落间长期存在频繁的往来联系。尽管如此，由于坐落地点、资源条件和交通状况不同，这些村寨在规模、形态、布局等诸多方面都显现出或多或少的差异，彼此相似而不相同，反映了同一侗族聚居内文化的复杂与多样性。

有鉴于此，本书在坪坦河流域内挑选了9座典型侗寨重点考察（图2-1），具体包括：位于坪坦河起源处的高友、高秀侗寨，这两座村寨现隶属于广西三江林溪乡；位于坪坦河上游的高步侗寨，其含高升、高上和克中3个行政村，现隶属于湖南通道坪坦乡；位于坪坦河中游的阳烂、坪坦和横岭侗寨，现隶属于湖南通道坪坦乡；位于坪坦河下游的皇都侗寨，其含新寨、头寨、尾寨、盘寨4个行政村，现隶属于湖南通道黄土乡；位于坪坦河支流梓坛河畔、隶属于湖南通道陇城镇的中步侗寨和坪坦河支流芋头溪畔、隶属于湖南通道双江镇的芋头侗寨[①]。本章将主要基于笔者对这些村落的调查材料梳理坪坦河流域侗族村落的特点。

---

① 关于这些村寨的基本情况，可参见书末"附录一"的介绍。

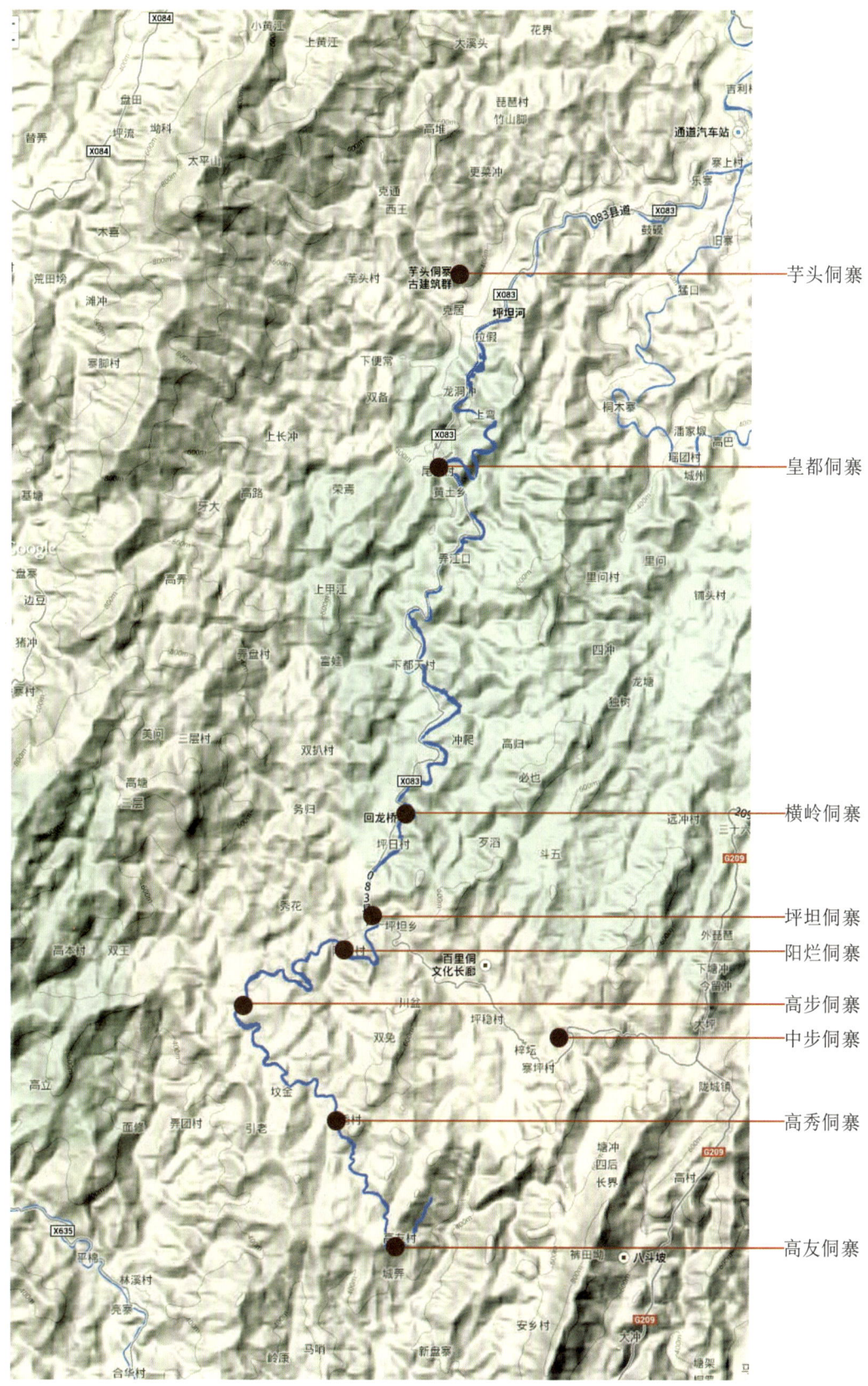

图2-1　坪坦河流域典型村落分布图

一、村落分布

如前所述,坪坦河发源于湘桂交界地带的猫儿山,起初水量小而流速疾,顺山脉走势蜿蜒北行。随着不断接纳来自周边高山或宽阔或细窄的溪水,坪坦河河道渐宽,水量渐大,它不断因山脉走势的变化而拐折,同时也不断冲刷着河岸两侧的土地,从而形成或分散或连续的坪坝,为聚落的生长奠定了资源基础。

隶属于今广西林溪乡的高友、高秀侗寨是位于坪坦河源头的典型村落(图2-2)。高友侗

图2-2　坪坦河流域典型侗族村寨地形图之一(高友、高秀,图像资料由三江文化局提供)

寨海拔约539米①,附近地势北高南低,村寨东北的高山是坪坦河的发源地。坪坦河流经高友后,受村南面山头的阻挡,河道向西北急拐,向北流约2.5公里以后,与被当地人称为"灿溪"的水流相汇。坪坦河与灿溪交汇处,正是海拔545米的高秀侗寨所在。流经高友、高秀的坪坦河段,河道宽度不足十米,河底卵砾较多,含沙少,水质清冽纯净。

离开高秀之后,坪坦河沿西北—东南走向的山谷北流。至海拔480米有余的高步三寨,受村西甫阳山的阻挡,河道拐向东北走势,并与从高步西北而来的陇溪汇流(图2-3)。尽管陇溪只是坪坦河的一条支流,其水量却不小,尤其在中华人民共和国成立前,对坪坦河的航运影响甚大。据曾经从事水上运输的老村民回忆,在中华人民共和国成立以前,从高步往南至高秀

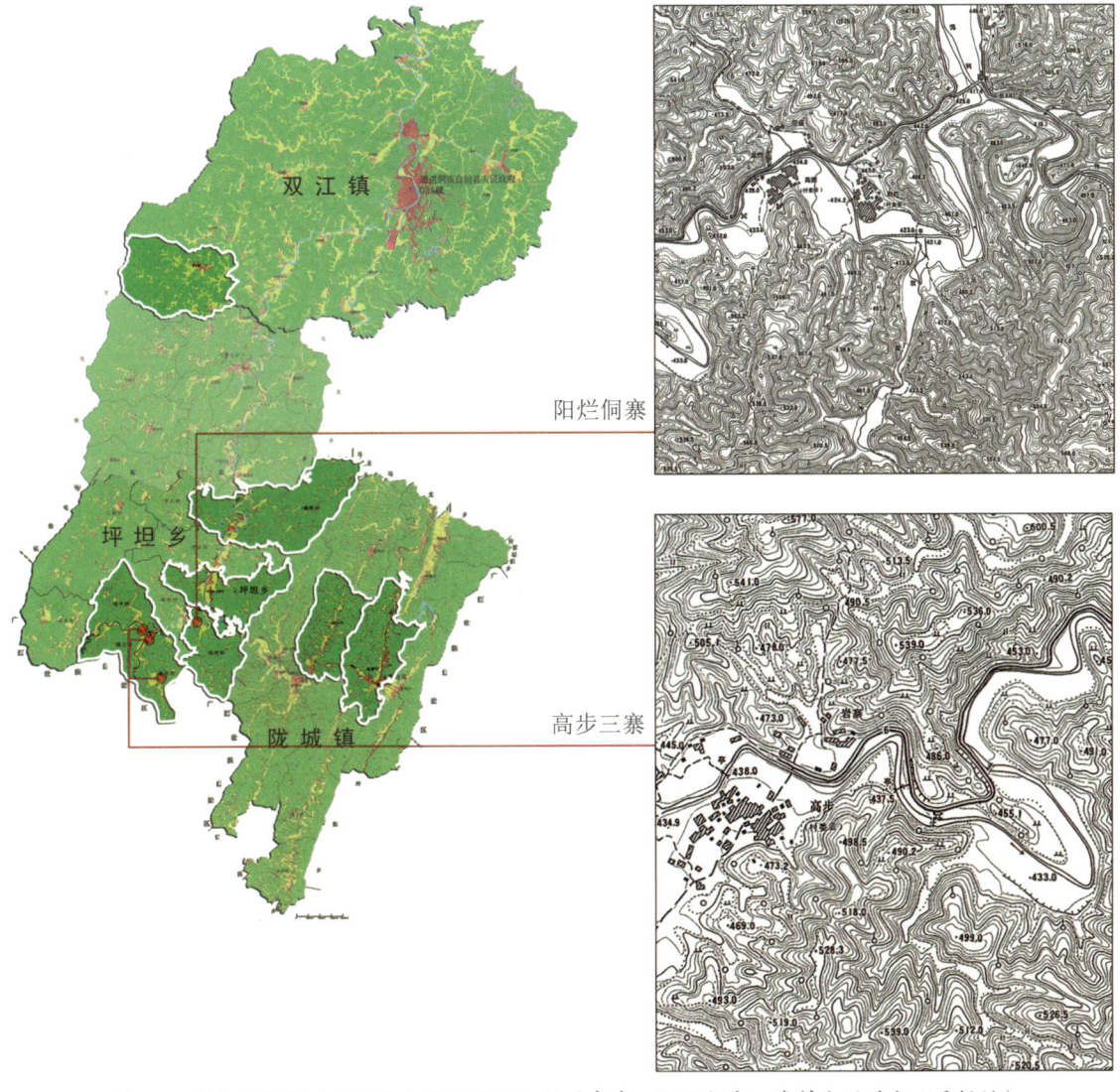

图2-3 坪坦河流域典型侗族村寨地形图之二(高步、阳烂侗寨,资料由通道文化局提供)

---

① 海拔高度数据采用金农网http://www.agri.com.cn,皆以村落中心鼓楼即村落中心处为计。下同。

村，由于河床深度有限，水量不足，若要通行船舶，绝大多数时候必须依靠人力拉拽。获得陇溪水补入之后，坪坦河的水量明显增大，河道的深度和宽度随之增加。因而，在一般情况下，小型船只从高步向北也可以自由航行①。正因为如此，在当地以航运为主要交通方式的年代，坪坦河上第一座正式的船码头就设在高步。

坪坦河往北，又有梓坛河（也称耕耘河、陇梓河，因中步村位于梓坛片区，中步村村民称其梓坛河）等数支溪河的注入，河道继续增宽，沿河小盆地逐渐增多，它们顺河道分布在河岸一侧或两侧，使坪坦河河谷显得更加开敞。在河流中游，河流沿线的村寨虽规模不及高步，但数量众多，村落与村落的间隔往往非常模糊。其中，阳烂侗寨（海拔472米，图2-3）、坪坦侗寨（海拔486米，图2-4）、横岭侗寨（海拔505米，图2-4）是坪坦河中游最具代表性的三座侗族村寨。

据村民回忆，大概从20世纪初开始，坪坦河水量减小，大型船只难以抵达高步。货物常常不得不在坪坦搬运上岸，经由穿行山岭间的栈道，通过陆路向广西运送。因此，北去湘北的稻米，南下桂南的盐，一度以坪坦为中转站。坪坦村的老村民骄傲地回忆，从前最为繁盛的时候，每天有两三百条小篷船抵达坪坦，船事从天刚亮开始，直到下午三四点才结束，船夫由坪坦及其邻近的阳烂、横岭诸村的侗民充当，挑夫则从四面八方而来，有着不同的籍贯和背景。在这种情形下，货物一般要在坪坦村置放一夜，到隔天清晨再挑送上路，所以往来的挑夫都需在坪坦留宿。船夫、挑夫的到来使这座小山村一时间人头攒动，空前热闹。然而，随着坪坦河上游大坝的修筑以及083县道的拉通，坪坦河的航运从20世纪70年代彻底没落，人物繁阜的景象就只能留存在记忆中了。

从横岭侗寨往北，坪坦河水流变缓，河道的宽度达到数十米。由于与县城相接，坪坦河下游沿线村寨受汉文化影响明显，现代化改造较多。因此，本书仅主要考察了位于坪坦河干流上、距离通道县城约十公里的皇都侗寨。皇都侗寨的海拔约448米，位于高盘溪、后冲溪汇入坪坦河处，由于山势影响，河道在皇都村由西北转为东北向，朝着海拔高度400米左右的通道县城双江镇流去（图2-4）。皇都村一直是本地重点开发的旅游观光村。

此外，为了全面展现坪坦河流域的侗文化面貌，本书还考察了位于坪坦河支流上的两个侗族村寨，即中步和芋头。中步侗寨海拔485米，位于坪坦河最大的支流梓坛河之畔，处在坪坦河流域的东端，与陇城镇邻近（图2-5）。芋头侗寨坐落于皇都西北方的丘陵岗地，海拔在473米以上，在既往的侗款组织中，该村有着较高的地位，如今许多存世的侗款款词，都来自该村款首、寨老的口述（图2-5）。

---

① 这与前述地方志的记载略有差异。

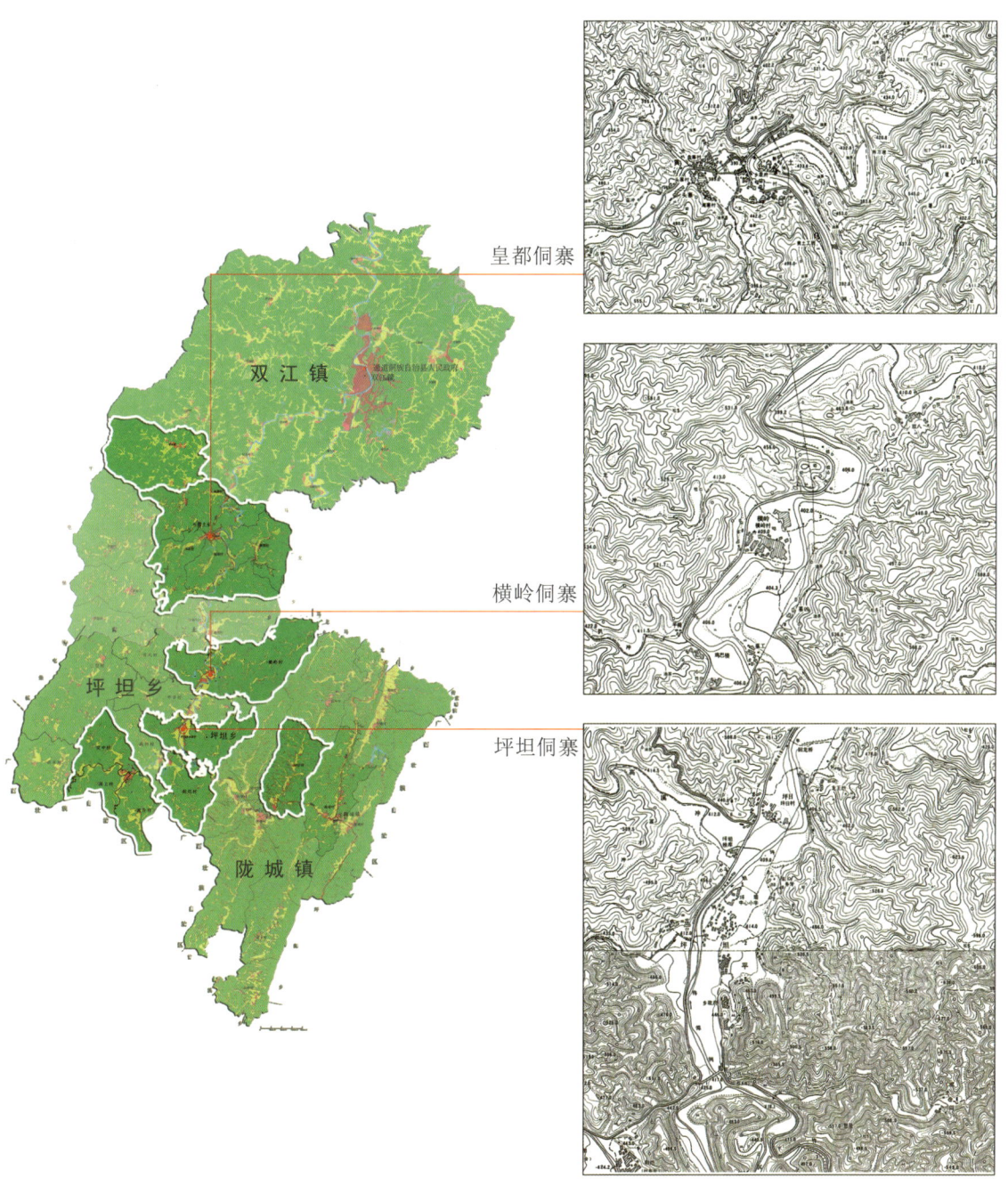

图2-4 坪坦河流域典型侗族村寨地形图之三（坪坦、横岭、皇都侗寨，资料由通道文化局提供）

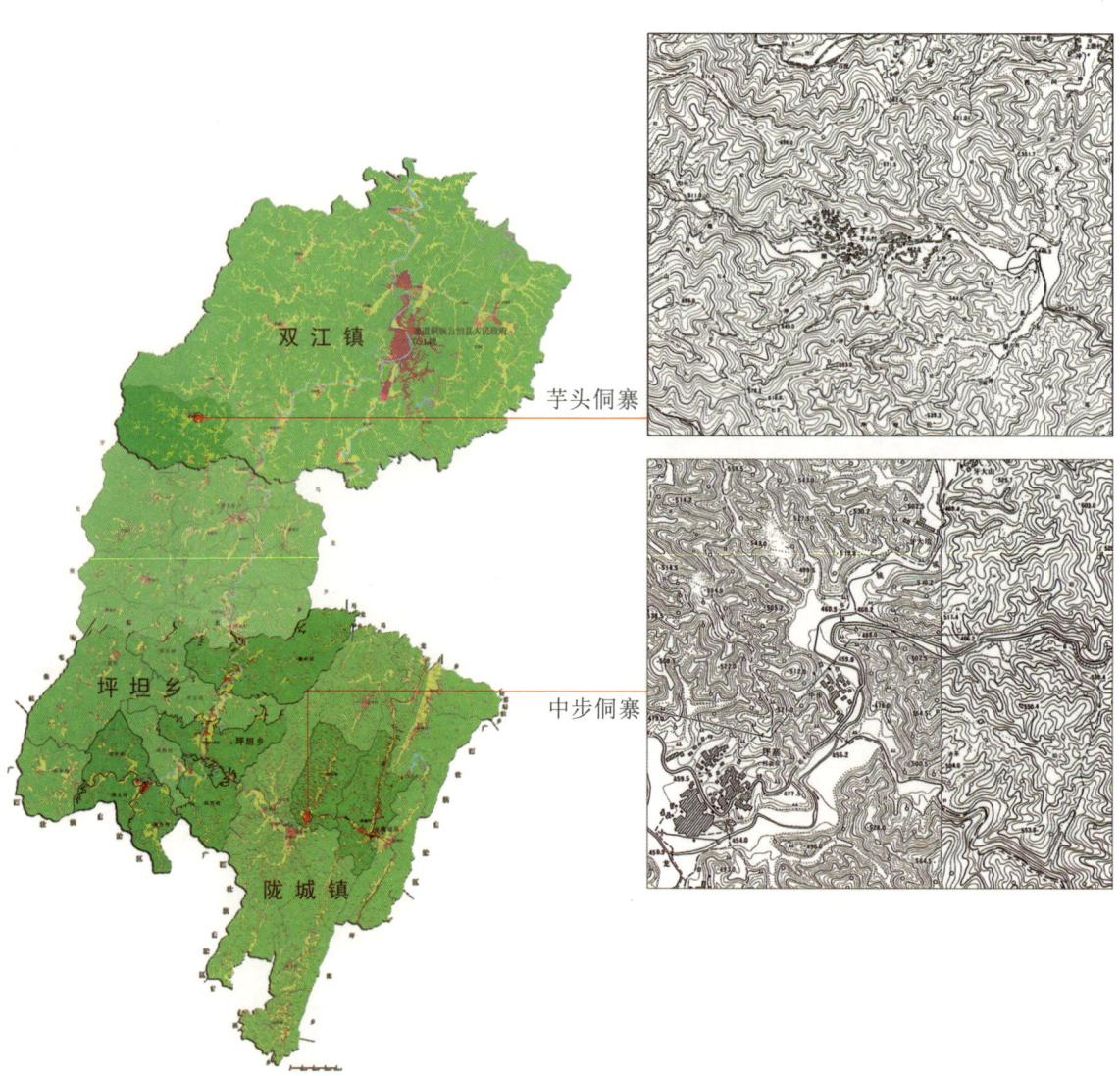

图2-5 坪坦河流域典型侗族村寨地形图之四（中步、芋头侗寨，资料由通道文化局提供）

二、区域中心及其转移

在当今的规划体系中，统一协调区域内多个空间单元的布局、设施、资源、环境和发展目标已日益得到人们的重视。坪坦河流域的诸多村落，以山相隔，以水相连，彼此关系密切，在历史上也曾有"款组织"来平衡各村关系。这说明，这种体系化规划的思想也应当可以应用到对坪坦河流域村落的考察和保护中，在空间上着眼于整个区域，在时间上涵盖过去与当下，综合分析不同村落的地位、性质和作用，梳理不同村落的关系，从而促进整个区域更稳定的发展。

依据调查，高步、坪坦、皇都、芋头四座侗寨是当今坪坦河流域人口较多的村落，由于历史或现状的缘故，它们也肩负着重要的社会组织作用（图2-6）。

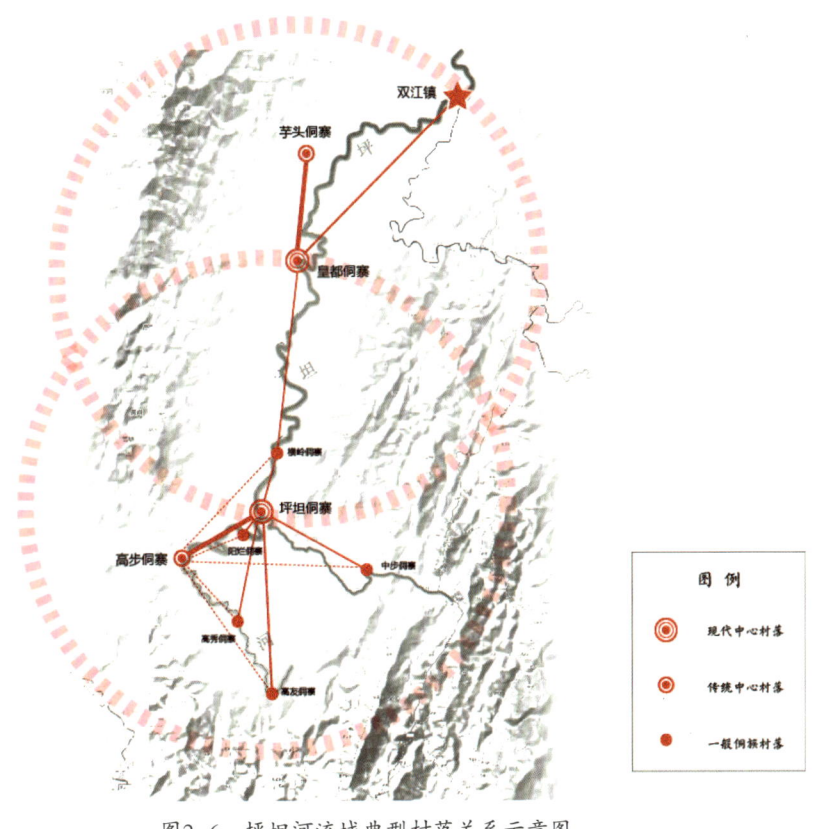

图2-6 坪坦河流域典型村落关系示意图

在通道侗族自治县（当时称道县）成立之前，坪坦河流域的侗寨多归广西辖管，如驻地分别在高步、横岭和皇都侗寨的高步乡、横岭乡和黄土乡。由于处在坪坦河航运的终点，高步尤为繁华。据年长村民回忆，在高步的高升与高上村之间有一条高步街市，这里一度店铺林立，车马喧嚣，是当年远近闻名的市集。如今，尽管高步侗寨的行政职能丧失，但它仍涵盖了三座行政村的范围，是坪坦河沿线人口规模最大的聚居地之一。

1952年，原高步乡以北的村落被划归湖南，仅留高秀、高友等分水岭以南的若干村落归林溪乡。四年后，坪坦乡成立，乡政府驻地由高步迁往坪坦侗寨。2012年调查时，坪坦乡辖横岭、坪坦、平日、双拔、三层、阳烂、高团、高上、高升、克中、高本等11个行政村，合计近2000户，约9000人[①]。半个世纪以来，在坪坦乡政府所在地新建了大坳寨，在083县道途经坪坦村一线也形成了长约300米的新商业街，2012年还在坪坦村修建了新的萨坛。尽管高步仍是坪坦乡人口规模最大的聚居地，但它在区域文化与经济活动中的地位和作用毫无疑问已逐渐被坪坦取代。

经过中华人民共和国成立初期的行政区划调整，黄土村，也即皇都侗寨的主要组成部分，仍保留作为黄土乡政府的驻地。1995年，整合附近头寨、尾寨、盘寨和新寨四个行政村的文化资源，成立"皇都侗寨民俗文化村"。目前，皇都侗寨不仅是坪坦河下游的行政中心，还是坪坦河流域的旅游服务区。

芋头侗寨在坪坦河流域侗款的订立、传承中发挥着重要作用。与此同时，该村的鼓楼、民居等古建筑保留情况较好，因而"芋头侗寨古建筑群"在2001年被列为全国重点文物保护单位。2011–2012年调查时，已有专业公司接管芋头村的旅游服务活动，负责包括收取进村门票、组织歌舞表演和村寨日常保洁等诸多事宜。从通道县城到皇都，再进入芋头，这是普通游客参观坪坦河流域侗族村寨的主要旅游线路。因此，相较于坪坦河上游的村寨，皇都和芋头两座侗寨有更强的展示意味，也显得更为喧嚣。

总的说来，坪坦侗寨和皇都侗寨是区域的行政中心，其经济商贸的活跃程度、医疗教育的条件和文化活动的开展情况都较其他村落更好，由于坐落位置不同，两者服务对象有所差异，坪坦更多地承担服务当地村民的责任，皇都侗寨则更像是外地游客了解坪坦河流域的窗口。高步侗寨和芋头侗寨都曾作为坪坦河流域的中心，在当地侗民心中有着崇高的历史地位，也具备深厚的文化积淀，如今虽行政、经济作用有所下滑，却保留着相当可观的传统建筑和文化事项。"坪坦—高步"与"皇都—芋头"两两相邻，恰好可视作坪坦河流域分居南北的两个核心，它们一方面以不同方式将周边其他村落凝聚起来，另一方面也将这个区域与外部世界相联结。

---

① 据中华人民共和国国家统计局2021年资料，截至2020年6月，坪坦乡下辖16个行政村：坪坦村、横岭村、平日村、高本村、双层村、下盘村、半坡村、皇都村、都天村、中步村、坪寨村、大坪村、双吉村、岭南村、高步村、联坪村，户籍人口约20000人。

三、选址特点

调查发现，在坪坦河流域的不同村寨中，至今仍流传着关于各自村寨定居选址的不同传说。例如，高友的侗民认为，他们的祖先最初居住在一个叫"唐育"（音）的地方，后来有村民发现自己豢养的鸭子总是顺着溪水来到现在高友村所在地下蛋，因而推测母鸭孵化后代的地点一定风水好，村民随后就循着鸭子的足迹来到这里定居；阳烂的侗民则认为，该村的祖先龙氏兄弟最早注意到一对白鹅反复到同一个地方孵卵，所以跟随白鹅搬到这里，从而选定了现今阳烂村的位置；而流传在中步的建寨传说则是，该村的祖先原来住在"双斗"（音）一棵非常大的古树下，那时村庄很小，仅有一两户人家，村民发现他们豢养的鹅每天都会来到今中步村一带下蛋、孵化，再带着小鹅一起回到双斗，于是村民跟随鹅群找到这里，发现这一带环境的确非常好，地理先生也推算这里适宜居住，最终决定搬迁来此。

以上三种口述资料详略不同，具体内容也有所差异，值得注意的是，它们传达了相似的村落选址考量方式。具体说，很有可能侗民最早正是通过了解鸭、鹅等水生家禽的喜好和繁殖的优劣情况来判断一个地方是否适宜人类长久定居和繁衍。参看地图，如高秀侗寨位于灿溪汇入坪坦河处，高步侗寨位于陇溪汇入坪坦河处，坪坦侗寨位于梓坛河与坪坦河交汇处不远，皇都侗寨附近则有坪坦河、高盘溪和后冲溪三条溪河相汇，它们都位于溪河相汇处。而且，这四座侗寨的人口都在1000人以上，是区域内人口规模较大的村落，这说明，村寨的人口规模与相汇的溪河数量、水量很可能存在正比关系。毫无疑问，在溪河交汇之处建寨，不仅能够拥有更加充沛的水源，还能获得更多不同山谷的水生资源，典型如鱼、虾、蟹等食物。尽管侗民的先祖最早是否依赖水生禽类选定村址现在已经难以确知，但从规模可观的侗族村落往往出现在河流相汇之处这一规律来看，溪河水利应是侗族村寨选址至关重要的参考因素。

依据不同的地势条件，侗族村寨一般可分为河湖坪坝、河谷坪坝和高山坡地三类（图2-7）。河湖坪坝类侗寨，村寨位于大江大湖之畔的开阔坪坝，村前分布着大块水面，村后以丘陵为屏障，山水之间有大片良田，人居村落处于溪河、田地之间，房屋一般平地起建，依靠长长的风雨桥相连。典型的河湖坪坝型侗寨如广西程阳大寨。河谷坪坝类侗寨，村寨位于丘陵地带的河谷坪坝中，村前有河流绕行，村后倚靠着高冈，部分房屋在河岸的平地上起建，部分房屋修建于山地，房屋基础随山势升高，沿岗地等高线分布。高山坡地类侗寨，村寨修建于丘陵山冈地带，尽管村中也有溪水穿行，但往往水量较小，因而山体的坡度和走向成为限制房屋布局的主要因素。黔东南的侗寨多数属此种类型。

  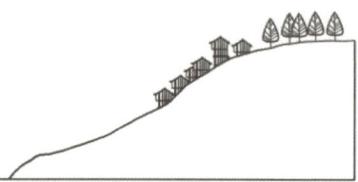

图2-7-1　河湖坪坝侗寨剖面示意图　　图2-7-2　河谷坪坝侗寨剖面示意图　　图2-7-3　高山坡地侗寨剖面示意图

图2-7-4　典型河湖坪坝侗寨——程阳平寨、岩寨、马安侗寨（三江文化局提供）　　图2-7-5　典型河谷坪坝侗寨——高步侗寨（通道文化局提供）　　图2-7-6　典型高山坡地侗寨——芋头侗寨（通道文化局提供）

图2-7　侗族村寨山水环境类型示意图（余晓玲绘）

在坪坦河流域，高步、阳烂、坪坦、横岭、中步都属于较为典型的河谷坪坝村寨（图2-8）。这些村寨兴建之初，由于人口有限，田地边缘的平地即可满足建设需要。因此，这些村

图2-8　横岭侗寨全景（通道文化局提供）

落的中心寨往往位于平地，老房以平地起建居多。随着人口增多，村寨规模扩大，不得不将一些新房修建在坡地上，这才逐渐出现吊脚楼、半边楼等一半临空的民居。在坪坦河的源头和支流上，也有少量高山坡地型村落，例如高友、高秀和芋头侗寨（图2-9）。这些村落海拔较高，周边地势陡峻，为了保留为数不多的平坦土地作为耕地，民居很少能够平地起建，而以依山而建居多。在这些村落中，房屋呈团状，沿山势起伏排列，屋盖层叠错落，鳞次栉比，远望起来显得非常壮观。值得注意的是，无论是哪一类布局的侗寨，村寨中最接近水源、最肥沃平坦的土地往往都被留作耕地，过去未进行任何土木建设。这一布局特点，反映了侗民对资源的珍爱以及侗族社会的高度自律。

图2-9　高友侗寨全景（朱伟摄）

四、家族与人口

坪坦河流域九个典型侗寨创寨家族与时间、现今的家族和人口情况如下（表2-1）：

表2-1：坪坦河流域典型侗寨的家族与人口

名称	传说创寨家族	传说创寨时间	迄今家族构成	迄今人口占优的家族	户数（户）	人口（人）	家庭规模（人/户）	数据时间
高友侗寨	潘（江西太和县）	明天顺年间	杨、吴、李、罗、石、黄、韦、陆、陈等	潘	472	1885	4.0	2012年8月
高秀侗寨	向（也有"吴""杨"说）	约500年前	杨、吴、石、谢、向、陈等	杨	394	1680	4.2	2012年8月
高步侗寨	龙	明洪武年间	吴、龙、杨、陆、冼、李、石、肖等	龙、吴、杨	507	2500	44.9	2012年8月（三村合计）
阳烂侗寨	杨（祖籍江西）	明末清初	龙、杨	龙	153	780	5.1	2012年8月

续　表

名称	传说创寨家族	传说创寨时间	迄今家族构成	迄今人口占优的家族	户数（户）	人口（人）	家庭规模（人/户）	数据时间
坪坦侗寨	石	不详	石、杨、吴等十几种	石、杨、吴（胡）	236	1093	4.6	2012年8月
横岭侗寨	蒙	明天顺年间	蒙、吴、杨等	吴、杨	305	1364	4.5	2012年8月
皇都侗寨	欧（江西太和县）	明洪武年间	欧、吴、李、石、杨、陶、姚、陈、文、粟、龙等11个姓氏	欧、吴、李	605	2739	4.5	2012年8月
中步侗寨	杨	北宋庚辰年间	杨、吴	杨	229	1018	4.5	2012年8月
芋头侗寨	杨（江西太和县）	明洪武年间	杨、粟、龙、熊、袁	杨	190	863	4.5	2010年

通过上表可以发现三个问题：

首先，依据家谱或口述资料，除中步村的历史可能可以追溯到宋元之际以外，其余多数典型村落，如高友、高步、横岭、皇都和芋头侗寨的创立时间大约都在明朝前中期，尤以明洪武、天顺两朝居多，开辟者的祖籍以江西太和县最多。由明至清，不断有其他家族从江西、湖南、广西等地来到这里定居，这些村落不断扩大，逐渐形成了不同家族杂居于同一村落的情况。

其次，九座典型村落，迄今仍保持着多个家族混居共处的状态，有所不同的是，在高友、高秀、阳烂、中步、芋头这五个村落中，往往存在一个人数占绝对优势的家族，这个家族在村寨事务中往往起着绝对主导作用。另四个村寨，高步、坪坦、横岭和皇都，这些村落曾经或仍然承担着乡政府职能，家族情况较为复杂，往往有势力均等的两至三个大家族共同生活。

最后，九座典型侗寨虽处同一流域，其人口和家庭规模却存在较大差异。例如规模较大的高步和皇都侗寨，都是由数个行政村构成的侗族聚居地，人口都在2500人以上；规模最小的阳烂，总人口不到800人，由于其家庭平均每户超过5口人，因此全村只有150余户。相较而言，位于广西境内的高友和高秀侗寨，平均每户仅约4口人，家庭规模趋向小型化，显现出一些现代化家庭的特征。

除此之外，还有一些目前难以厘清的问题，值得在未来的调查中予以关注。首先是坪坦河流域侗族居民的身份及转变问题。当地不少村民告诉我们，他们的祖先是来自长江中下游的汉族移民。这些关于坪坦河流域创寨者身份与族属的口述材料是否可信尚未可知，如果可信，坪坦河流域的民众又是从何时、以何种方式转变为侗民？是否能从民众的风俗习惯、村落的布局形态、建筑的形式结构上找到有力的证据？这些都值得关注。

其次是共处一村、一寨的不同家族是否曾有矛盾？不同家族、房族是如何维持动态平衡形成和平共处模式？例如，关于高秀村的历史，村民有着几种不同的说法，其中一种流传较为广泛的说法是，向家是高秀村最早的居民，他们在大约五百年前建寨，后来被杨、吴两家赶走，由于留下的家族不熟悉高山冷泉的种植技术，无法成功培育稻米，只好又将向家请回高秀。在高步侗寨的龙姓族人中流传着一则相似的故事，大约在民国初年，创寨的龙氏家族被吴、杨二族排挤，不得不迁离村寨，搬到位于广西境内的山坡上居住，但自从龙氏迁走之后，高步农田的收成变差，为了保全收成，吴、杨二族决定请回龙氏，并特地修建了龙姓祠堂。这两则传说具有某种相似性，它们都反映了村寨的创立者、原住民与后来者、新移民之间的矛盾与妥协。坪坦河流域的诸多家族间是否存在矛盾，纠纷由何产生，如何调解，与农业技术和农业活动是否有关，杂姓和平共处、相互协作的机制是如何达成，都值得深入考察。

五、村落的外部形态

侗族是一个以水稻耕作与人工营林为主要生计的民族。除了居民活动区、墓葬区，侗族村落还有耕种养殖区和高山林场，这些要素是一个侗族社群得以生息繁衍的基础，也构成了侗族村寨的外部空间。

侗族村寨外部空间的理想模式呈"同心圆式"。以村寨居民活动区为中心，外扩第一层是不同家族各自集中修建的家族墓地；第二层是养殖耕种区，如将沿河洼地辟作鱼塘、沃土辟作水田，将山地开垦为梯田；最外层是高山林区，村民在此种植杉木、楠竹，捕捉猎物，寻觅名贵的中药材。由于河道的阻隔，坪坦河干流上多数侗寨的外部空间难以构成理想模式，大多有所变异。

图2-10-1　理想模式：同心圆式

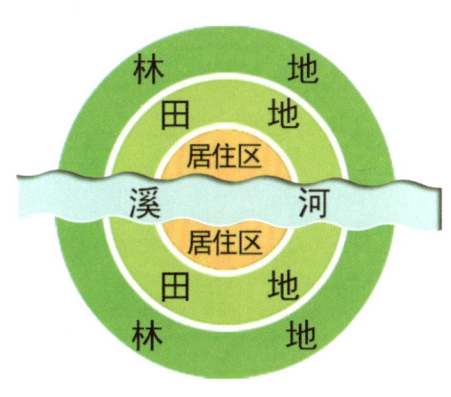

图2-10-2　沿河对称式

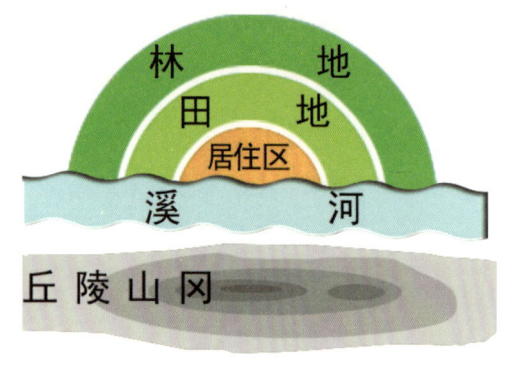
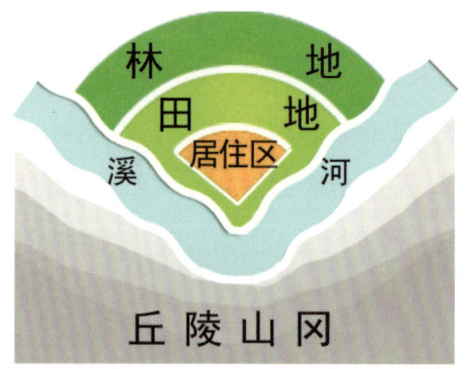

图2-10-3　半圆式　　　　　　　　　　图2-10-4　扇形式

图2-10　坪坦河流域典型侗寨外部空间形态图

第一种变异形式是沿河对称式，即当溪河两侧都有适于建房的平地或缓坡地时，村寨的居民活动区以河流为中心、在河谷两侧分布，田地、林地分别自河谷两侧的居民活动区边缘呈楔状，自内向外扩展，如将河岸两侧的栖居地看作一个整体，则仍呈近理想形式。这类侗寨在坪坦河流域并不多见，高步和皇都侗寨是较为典型的例子。

"高步"侗寨是当地人对高升、高上、克中（2007年之前，它们被称为高楼、典寨和田寨）三个行政村的习惯称谓，事实上，它共辖岩寨、秧田、上寨、里边、龙姓、高坪六个自然寨。这些村寨虽被河水隔开，但居民间多有血缘关系，日常生活也紧密相连，因此又被称为"高步六角"或"高步六寨"。这六个自然寨分居坪坦河两侧，共同构成了一个近似圆形的居住社群，各房族的墓地就近分布在居住区邻近的山腰上，形成若干个墓区（图2-11）。

"皇都"侗寨则是近年来人们对皇都侗族文化村的简称，从行政建置上说，它涵盖了邻近的新寨、头寨、尾寨、盘寨四个行政村，是黄土乡政府所在地。皇都侗寨坐落在坪坦河、高盘溪和后冲溪三条溪河相汇处，其中头寨、尾寨、盘寨是早年形成的三个侗寨。具体来说，头寨和尾寨位于高盘溪南岸、后冲溪西岸，盘寨位于高盘溪北岸，东邻坪坦河，它们彼此毗邻，构成了一片平行于高盘溪走向的居民活动区。从居住区顺高盘溪向东和西，是隶属村落的开阔田地，其中以东面的田地更大，这里是三条溪河的相汇处，坪坦河也在这里出现了一次剧烈的弯折。

第二种变异形式为半圆式，当河岸仅有一侧较为坪坦开阔时，侗民生活劳作的活动区、田地、林地就主要分布在这一侧，理想形式缩小至一半。此种形态的侗寨在坪坦河流域最为普遍，如阳烂、坪坦、横岭、中步侗寨都属于此类。有所不同的是，坪坦村位于直行河段之畔，其余三座侗寨都位于河流发生近直角拐折的河段。

坪坦侗寨由七个较为分散的自然村构成：中心寨是核心村，中心寨东南接高坪寨，沿丘陵向上为大坳寨，即坪坦乡政府的所在地，中心寨的东北侧岗地上为吾牙寨，中心寨西南为与中心寨隔河相望的对门小寨。坪坦河流经坪坦村的河段有着相对平直的岸线，由于河谷的走向，村寨的南北方向视野开阔，仅有东西两侧耸立山冈，如东岸有二斤盖山、龙井山、起钢钟山等，西岸有庙山、区马山等。在河流东岸，坪坝肥沃广阔，坪坦村年代最为久远的屯寨也位于这一侧，早期民居以平地起建为主，即形成了今日中心寨和高坪寨的主体。坪坦村的墓地，按照不同的房族，成片分布在村东的山坡上（图2-12）。

阳烂侗寨三面环山，其东北的高山称鹭鸶鸟山，西南面隔河的高山为一品山，向西遥望大崇山（又称沙帽山），仅朝坪坦河下游的方向较为开阔。坪坦河从阳烂村南而来向西流，再向北略偏西拐，形成了一个接近直角的拐折。阳烂村位于河道向西北拐折之后的河段东岸，村落平行于南北向的河道、呈西北—东南向延伸，墓葬主要集中在阳烂村东的鹭鸶鸟山腰。

横岭侗寨以南、东、北三个方向临水，东西为山冈，其西是高瑶山，东面隔河也有较高的山岭，当地侗民称"务号山"。坪坦河从横岭村南而来，在村口不远出现了接近直角的拐折，最终绕行到村寨东面，再向北略偏西流去。横岭中心寨的居住区平行于东西向的河道、呈西北—东南向延展；墓地按家族分布，如蒙氏墓区位于村西的高瑶山，吴氏墓区则位于村南河对岸的山坡上（图2-13）。

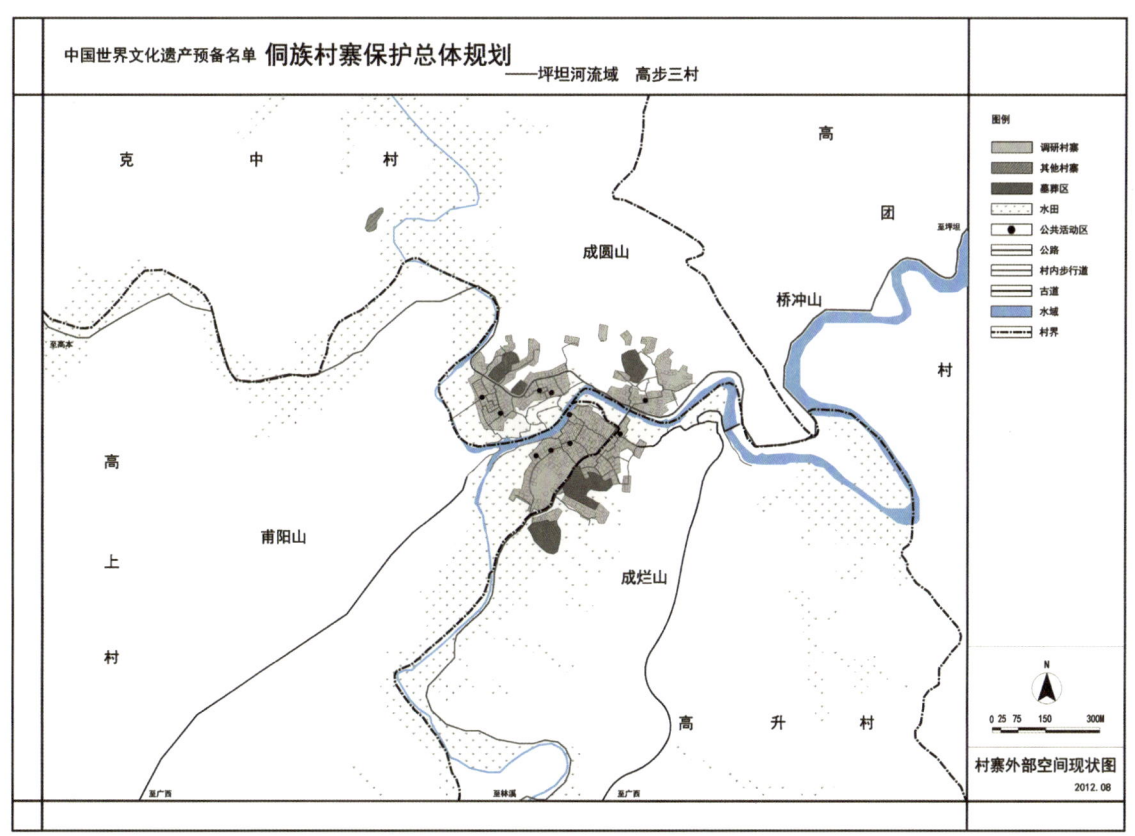

图2-11 高步侗寨外部形态图

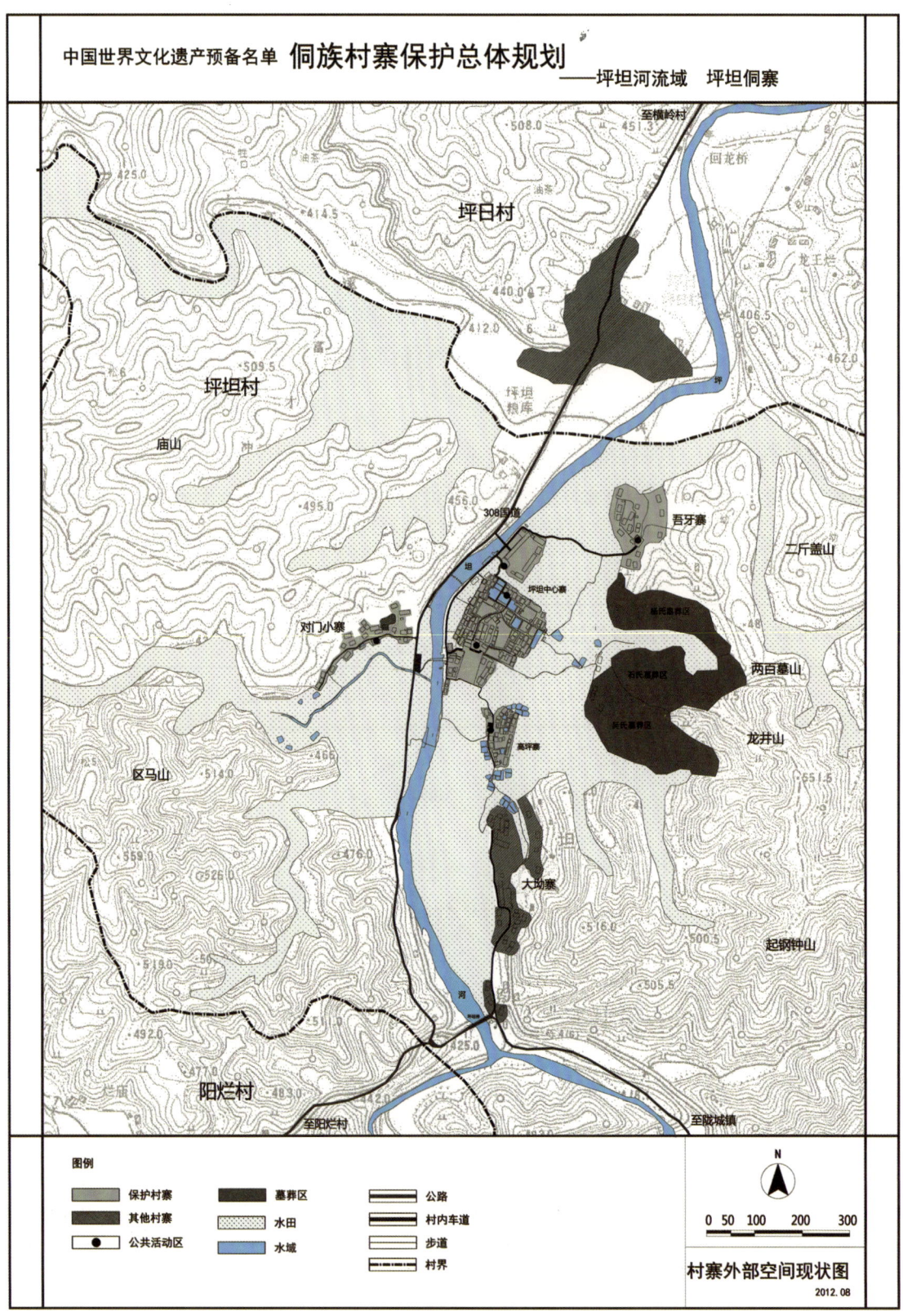

图2-12 坪坦侗寨的外部形态图

图2-13 横岭侗寨的外部形态图

中步大寨位于梓坛河的西岸，其东隔河有对门山、船山，西傍井冲山等。梓坛河在流经中步大寨一带时，发生了一个西北—东南向的S形拐折，再向北与侯冲溪合汇。中步大寨的居住区坐落于S形拐折的南部弯曲处，基本沿着西北—东南向延展，多数墓地集中在村西山冈上。

以上阳烂、横岭和中步侗寨，虽其河道拐折的形式不同，居住区的延展方向不同，但有一个相似之处值得留意，那就是居住区与河道拐折角度或弯曲弧度最大的地段都保持着一定距离。尽管无法得知这种布局设计是否为建寨时刻意为之，但毫无疑问，这从客观上避免了村寨房屋遭受山洪的侵袭。

第三种变异形式是扇形式，这类侗寨在坪坦河流域极少见，最贴切的例子大概是皇都的新寨。由于河流的侧向侵蚀和侧向沉积作用，在邻近皇都侗寨的位置，坪坦河东岸出现了一个马鞍形的坪坝，应旅游的需要，新寨在这里兴建而成，寨内房屋沿河岸堤坝分布，寨东侧有山冈，构成了"扇形"的外部空间（图2-14）。

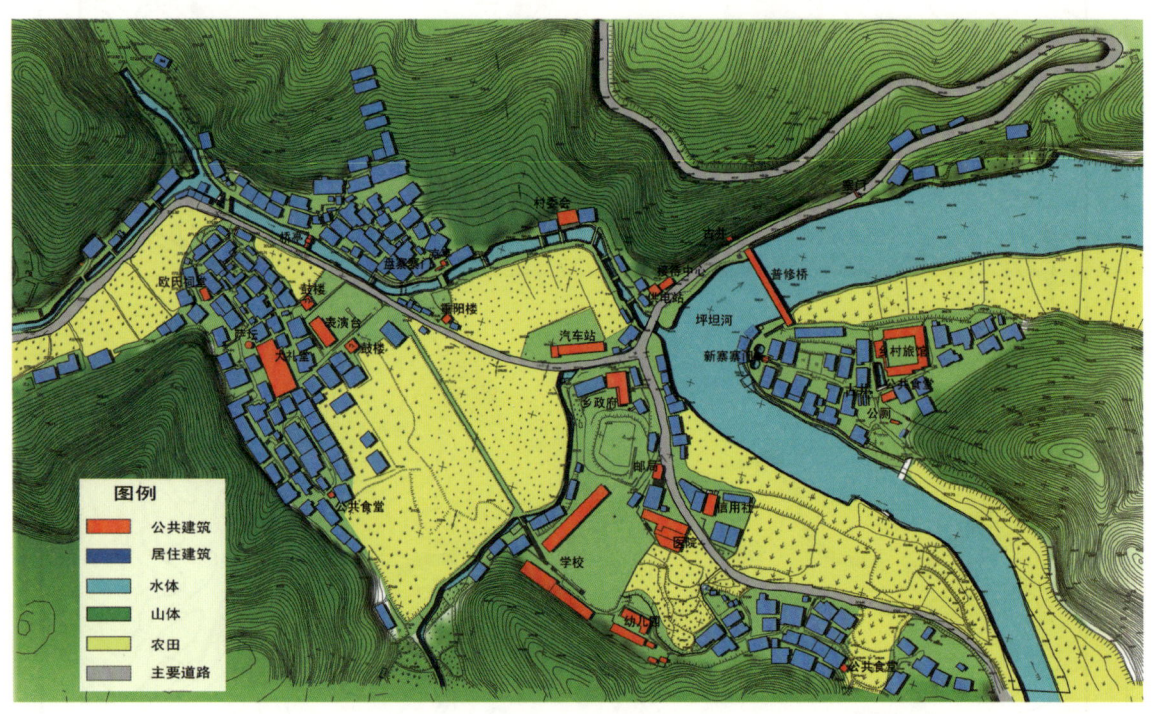

图2-14 皇都侗寨新寨的外部形态图（通道文化局提供）

坐落在高山坡地的侗寨，外部空间形态变化更多地取决于自然平地的规模和形态。如高友侗寨，该村的住房集中坐落于山麓的盆地中，洼地和山腰是农田，林场沿山势呈楔状向四面延展，整体保持了近似理想同心圆的形态（图2-15）。相较而言，芋头侗寨的平坦用地极其有限，这使得整个村寨的居住单元、墓葬区和耕地不得不顺应地形，呈斑块状散布在曲折蜿蜒的山谷里（图2-16）。

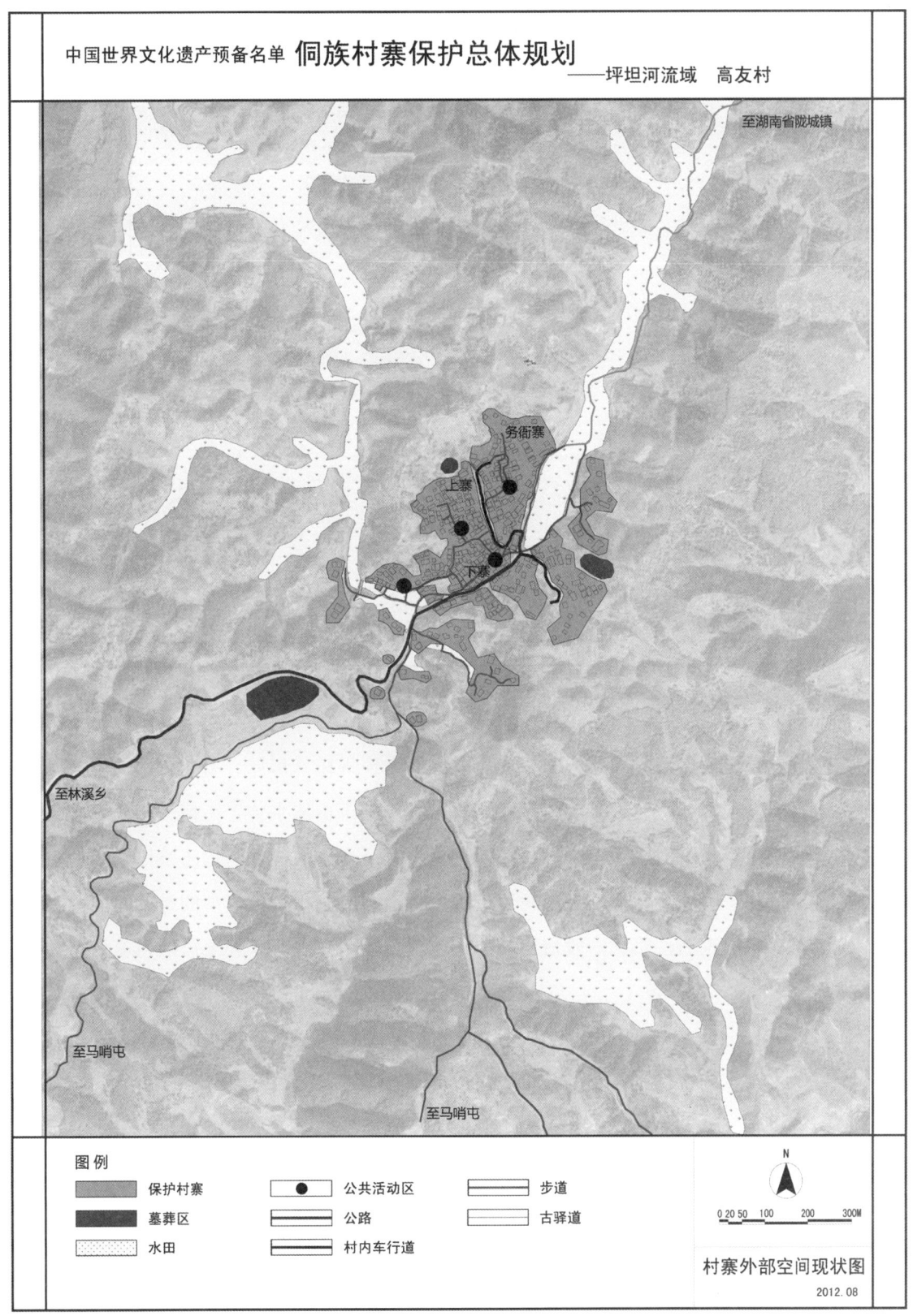

图2-15 高友侗寨的外部形态图

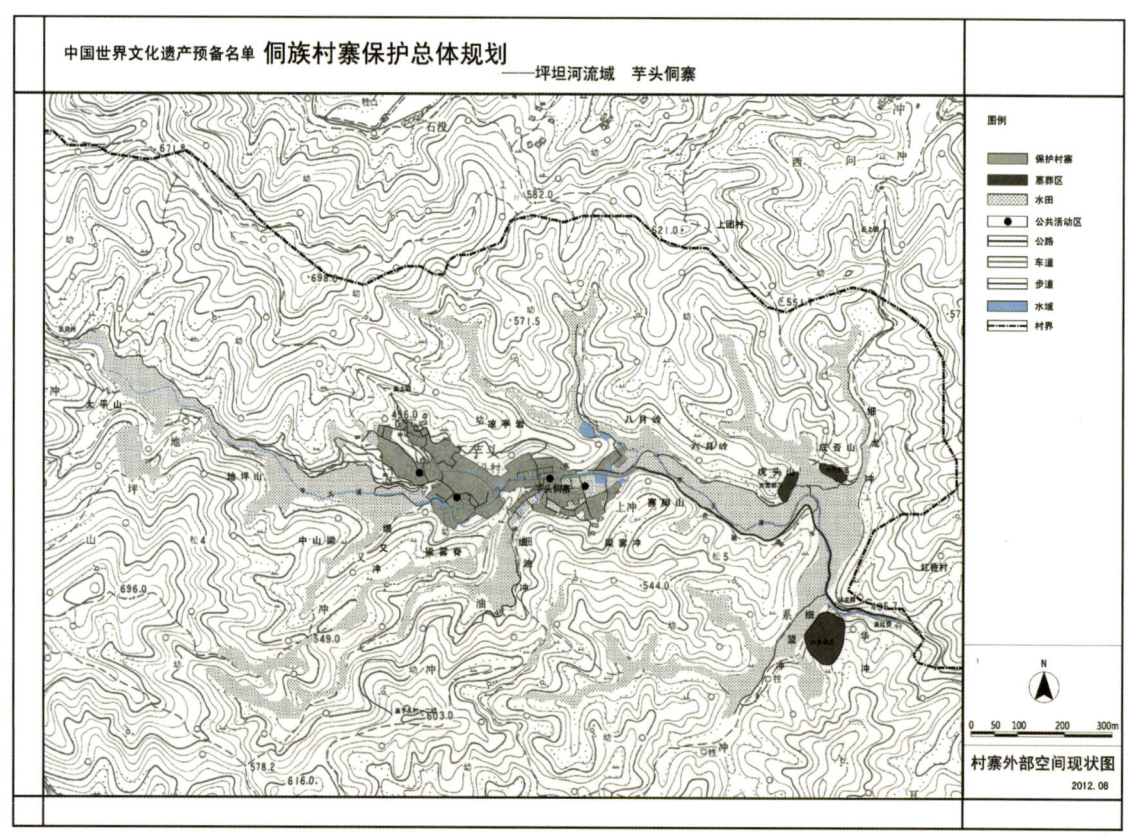

图2-16 芋头侗寨的外部形态图

综上，对于坪坦河流域的侗族村寨而言，村落的占地规模，房屋、墓葬、田地的分布，林地的走势等诸多构成外部空间形态的要素很大程度上受制于山形水势，人们一方面希望尽可能争取更多的居住用地和田地，另一方面又需要合理布置居住区的位置，以防难以预知的自然灾害。与此同时，社会组织对村落外部空间形态的作用也不应忽略，最典型的是墓葬区的数量和分布情况，在坪坦河流域，墓葬一般按房族分成家族墓葬区，多个家族聚居的村寨周边往往分散着多片墓地。

六、村落的内部形态

所谓侗族村寨，实际包含"寨"和"村"两个层次。首先是因血缘关系结成的"寨"（或称"屯""斗"）。自古以来，侗族就有"聚族而居，窟宅之地皆呼为寨，或二三家为一寨，或百数十家为一寨"的说法。最基本的"寨"，一般是由同一血缘的同一族姓或同一房族的人构成，是因父系血缘关系结成的联盟。随着族姓的繁衍和外姓的迁入，大部分侗寨逐渐扩大成"一姓为主，多姓杂居"的聚落。在这一层级上，才有了作为行政单位的"村"的概念。因此，侗族村落往往是若干寨的集合，作为几支血脉、几个房族共享的聚居地，是因地缘关系结成的联盟。

以下从边界、路径、分区和中心四个方面考察坪坦河流域侗族村寨的内部空间特征。

（1）若隐若现的边界

作为生活在山区的农耕族群，侗民十分珍惜土地，不论哪个村落，也不论哪个家族，住房的选址都尽量避开耕地，而彼此紧密地排列在一起，只在房前屋后留下细窄的道路及水渠。由此，环绕村落的溪河、面积开阔的稻田、蜿蜒曲折的田埂小道都可作为村与村、寨与寨之间的隐性轮廓。早年间，侗民曾在村头寨边栽上枫树、楠竹等多年生植物，时至今日，枫叶参天，翠竹成林，村民称它们"风水树""护寨林"，将这些植物视作村落边界的标志物（图2-17）。

图2-17 高步村口的风水林

除了隐性边界，坪坦河流域的侗民还曾经修筑寨墙、寨门以抵御土匪，这些遗存构成了村寨的显性边界（图2-18、19）。清后期，中央政权岌岌可危，边远山区的生活也并不太平。据年长的村民回忆，直至中华人民共和国成立以前，坪坦河流域的村落仍遭受着土匪的侵袭，这些土匪主要来自南面山区，多趁夜黑风高行动，不仅打家劫舍，还放火焚烧村寨，令人胆战心惊。出于安全考虑，坪坦河流域的侗民用石块在村寨外围堆砌起高两米左右的寨墙，在重点部位布设炮台，在道路沿线修建寨门。据横岭村村民介绍，由于该村西有高山，他们只在村落的北、东、南三面砌筑寨墙，就可以将不同家族围拢在内，他们还沿着寨墙埋设了土炮，在村寨东面与北面的东西两端修建了三座寨门。寨墙与寨门，不仅保全了侗寨的生民与财产，也在较长的一段时间里限定了村落的范围。直至20世纪中叶，除了受火灾或洪涝等突发灾害的影响，村内新建民居的选址一般不会超出寨墙范围。如今，不少村落还保留着木构寨门，作为村口的纪念物；而寨墙遗迹，只在高秀等少数村寨能够看到。

图2-18 高秀侗寨的寨墙遗迹

图2-19 高友侗寨的新旧寨门（三江文化局提供）

（2）错综复杂的街巷与水网

侗族村寨的街巷一般可以分为三个层级。

第一层级是经过各个村寨的车行道路。车行道是由水泥铺筑的省道、县道，例如坪坦河干流上的多个村寨就由083县道连接。

第二层级为村寨内的步行干道。干道一般由青石板铺筑，它与公路相接，经过寨门，直通村寨的中心鼓楼，再从鼓楼坪延伸出几条石板路，将几个主要的居住组团联系起来。村寨干道往往是集全村之力铺设而成，每家每户都贡献财力、人力。坪坦河流域的居民以修建整洁宽敞的公共道路为荣。例如，在阳烂村至今仍流传着这样的俗语："阳烂按岩帮，改用着凳拖劳常。"如转换成汉语，大意是，阳烂村的青石板路相当干净，走过以后不用洗脚就可以上床了。

第三层次为入户道路。在干道铺砌完成之后，随着村寨规模的增加，一些干道不能抵达的住户又在门前以乱石、碎石增筑了支路，次级道路的宽度和路面质量往往都次于主干道。

三个层次的道路呈树枝状衔接，车行道路分叉出数条入寨干道，干道分叉出支路连接每一户民居，它们的布局需协调高低起伏的地形和错落有致的建筑（图2-20、21）。

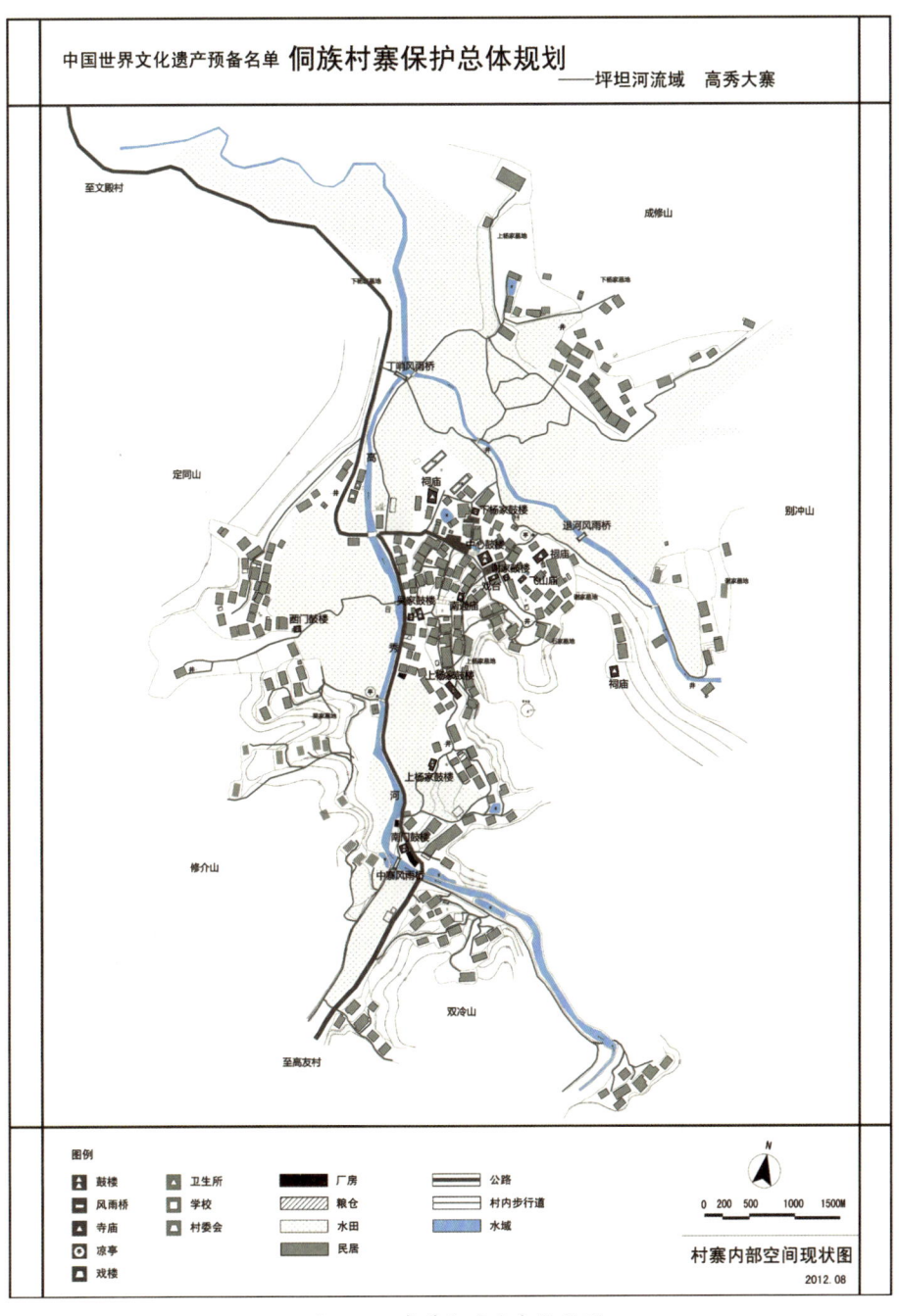

图2-20　高秀侗寨内部格局图

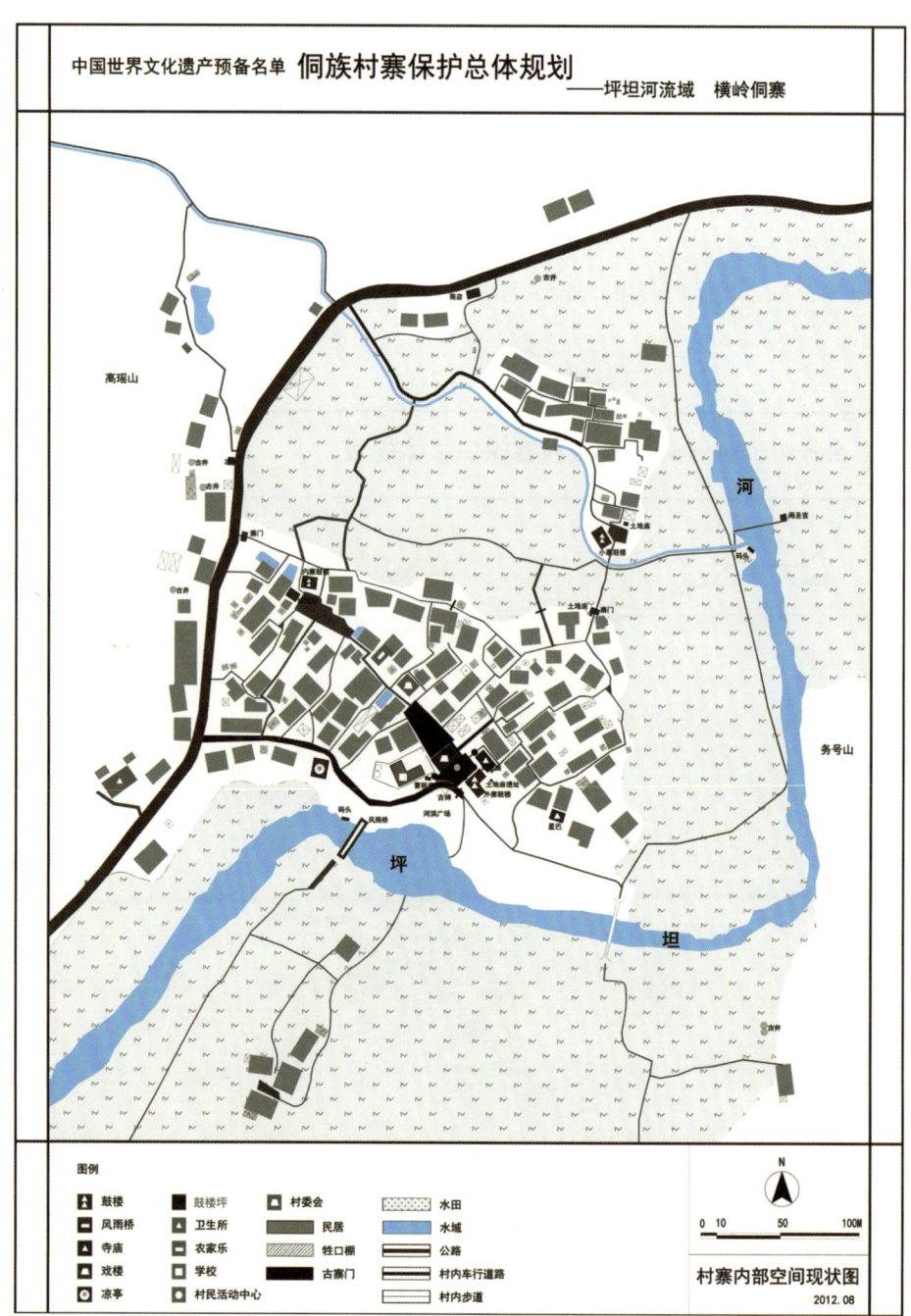

图2-21 横岭侗寨内部格局图

除此之外,坪坦河流域的侗寨内外还有两类特别的道路。其一是古驿道。河谷地带的古驿道,往往沿河而设,青石覆面,例如坪坦、横岭都保留了通往其他村落的古路;在高山之中,驿路则沿山冈修建,以求获得通达其他村落的最短距离,如高步村外围至今还保存了通往多个方向的石板古道。

其二,旅游步道。近年来,为了发展旅游,方便游客以更好的路线、从更佳的位置欣赏村落风光，或以原有的干道、支路为基础，或是重新规划，许多村落修建了整洁的旅游步行道路，这些道路一般与观景台、凉亭串联，形成穿行村寨内外的环路。

河水、高山溪水、井水都是村寨的水源，按照不同的洁净程度，有不同的用途，分别形成了独立的供水系统。一般来说，尽管村寨周边都有溪河，但河水只是用来灌溉和盥洗，村民的饮用水一般还是习惯从水井取用。例如位于山间的高友，一共有十三座水井，水井边常常修建井亭，可遮蔽雨水，村民也可临时乘凉休憩。近年来，很多村寨还开始使用所谓的"自来水"。这些水取自高山上的溪河，通过统一水管运输，再分送到每一户，村民打开家里的自来水龙头就可使用。虽然自来水取用方便，也无须缴费，但村民还是更乐意挑着水桶去水井取水，仅将自来水用于清洗、饮牲。我们的田野调查正值盛夏，坪坦河流域遭遇了旱灾，高处的水田成片干涸，禾苗枯萎，养在水田里的鱼苗也被早早捞出来。

村内的排水渠道分支、干管系统，其线路往往都是沿石板路铺设。一般来说，渠道支管绕行于民居之间，承接各家各户的污废水，最后汇聚至地面沿着地势布置的干管中。为了消防需要，侗族村寨内往往分散布置着大小不等的池塘。因此，侗族村寨内的污废水，一部分从干管直接排进自然河流，另一部分则输送到池塘储备起来。这些池塘不仅可提供消防用水，可以缓解暴雨洪涝的威胁，居民还常常在池塘里养鱼植莲，具有美化景观的作用。排水渠道早年以竹管为管道，近年多用水泥铺筑的水渠，一般沿道路一侧或两侧布置，几乎遍布全村，形成排水、防涝、防灾的集成系统（图2-22、23）。

图2-22　高秀侗寨的石板路与排水渠

图2-23　阳烂侗寨的石板路与排水渠

（3）功能明确的村落分区

在坪坦河流域，侗寨内的功能区现存公共活动区和居住区两类（图2-24、25）。

图2-24　高友侗寨民居鸟瞰（三江文化局提供）

图2-25　皇都侗寨公共建筑与民居鸟瞰（通道文化局提供，杨少权摄）

一般来说，鼓楼、鼓楼坪及其周边的公共建筑是村寨内最重要的公共活动区。在侗族村寨内，鼓楼坪周边往往围绕着鼓楼、祠庙、水井等公共建筑或设施，它是侗族村寨中面积最大、容纳人数最多、也是最为重要的公共活动聚集地。日常生活中，它是村中老人白天相聚聊天的地点，也是男青年夜里歌舞饮酒的场所；当村寨或氏族有重大事件需要商议或裁断时，它是"议事厅""公堂""法庭"；在重大节庆活动中，它还将成为祭祖地、对歌场、赛舞厅。此外，在这一流域，风雨桥往往位于村寨出入口等交通要道沿线，它们临水而架，是夏日纳凉的好地方，也是村寨内一处重要的公共活动区。

居住区往往围绕在公共活动区外围，从占地规模来说，它们是村落的主体。传统的侗族民宅都为穿斗结构，以本地山林出产的杉木为主要建材，屋顶覆盖杉树皮，经济好转后，很多家庭已改铺青瓦或更新的材料。由于村寨地形曲折多变，民宅因地制宜，逐溪靠山而建，尽管每栋房屋的材料和结构可谓千篇一律，组合起来却显得自然灵动。在一个自然村的居住区内，属于同一房族的民居修建在同一个区域内，并且往往以开辟村基者为核心。坪坦河流域的居民仍在一定程度上信赖风水先生的测算，这使得的民居排列往往有序地分布在风水轴线之上，有一致的朝向（图2-26~28）。

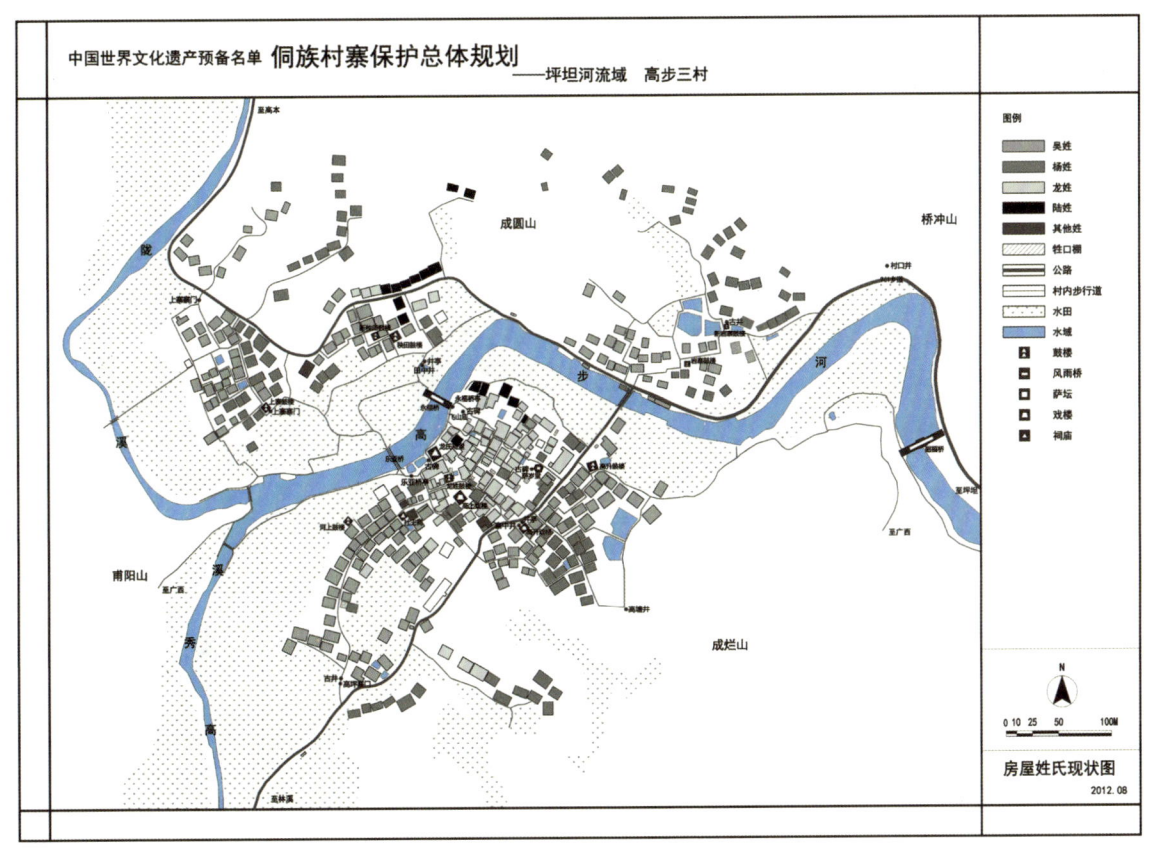

图2-26　高步侗寨房屋姓氏分布图

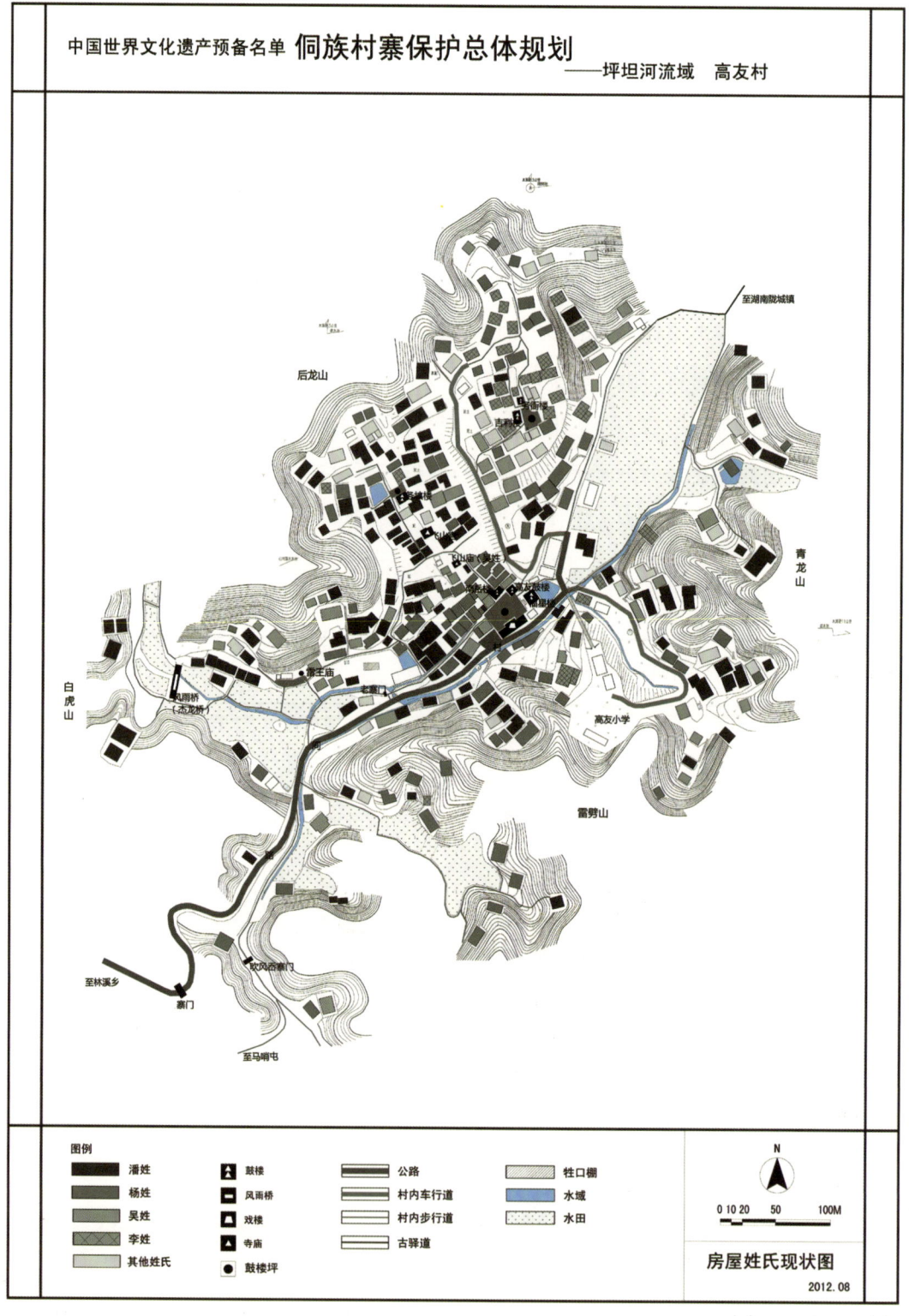

图2-27 高友侗寨房屋姓氏分布图

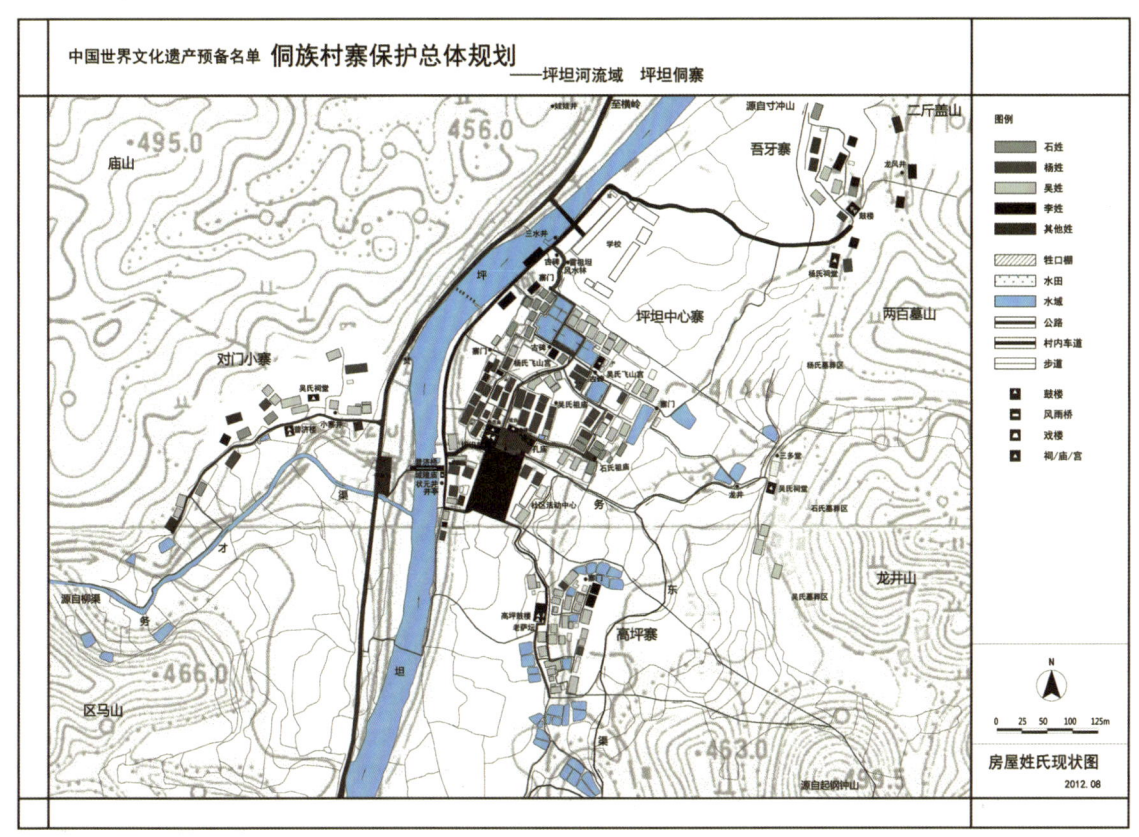

图2-28 坪坦侗寨房屋姓氏分布图

在黔东南等地区，侗族村寨一般还有独立的仓储区。火灾一般发生在民居之内，又由于民房彼此檐角勾连，木壁邻近，一旦一栋房屋走火，往往威胁到整个组团的安危，为了避免粮食受住宅失火的牵连，传统的侗族村寨常常在居住区外辟出一个或几个独立的区域，集中布置粮仓、禾晾和晾坝。在坪坦河流域，随着外出务工人数的逐年增加，侗民生业方式变化，许多家庭减少了贮粮，不再设粮仓建筑，只在家里留一间贮藏用房即可。因此，这一区域的村落内几乎没有发现独立的仓储区。

（4）多层级与团聚式的村落中心

居住区围绕在公共空间周边，使侗族村寨构成了"团聚式"的内部空间。依据公共建筑的不同性质，村落的中心又可分为村中心和寨中心等不同层级。在坪坦河流域，鼓楼一般是以家族为单位的侗寨的中心，萨坛则是村落的中心（图2-29~32）。

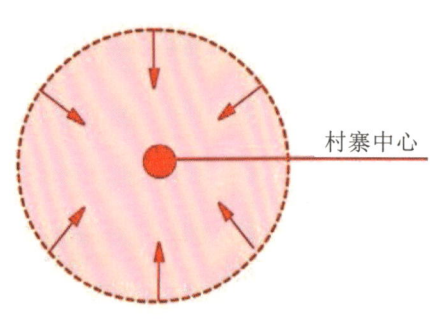
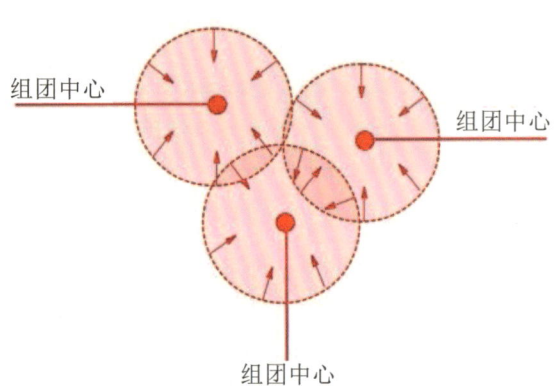

图2-29 单一中心的侗族村寨内部布局示意图　　图2-30 多中心的侗族村寨内部布局示意图

图2-31 中步侗寨鸟瞰（通道文化局提供）

图2-32 高步侗寨鸟瞰（通道文化局提供）

鼓楼及鼓楼坪是侗族特有的公共空间形式，体现了侗民生活空间与社会组织结构的高度统一。鼓楼一般修建在村寨中地势较为高亢的地段，形体较一般民居高大，常与戏台、祠庙等公共建筑彼此呼应，形成村落的视觉轴线。鼓楼及鼓楼坪的规模，鼓楼坪公共建筑数量的多少、类型的多寡往往反映出一座侗寨的富裕程度以及它在整个村落中的地位和号召力。如侗寨规模较小，以一个家族为主，往往只有一座鼓楼；在几支房族共同聚居的村落中，常常有若干座鼓楼，反映了多个次级中心的并存。

在侗族村落层面，萨坛是联结不同自然寨的中心。萨坛是侗族祭祀女性祖先的纪念物，关于它的性质和形态，后文还将做具体介绍。一般来说，一座侗族村寨共享一座萨坛，在村民的意识里，这座萨坛将对村落内不同家族一视同仁，施予同样的保护与庇佑。在本书重点考察的九座侗族村落中，高步、皇都、坪坦、横岭、中步、芋头都有萨坛，其他三个村落也不乏与萨坛有关的记载或物件，它们一般位于村落内定居时间最长、人数最多的家族聚居区的中心，并为全村人所朝供祭拜。

七、演化趋势

（1）居住区的扩大与新民居的离散

中华人民共和国成立后，坪坦河流域的土匪被剿灭，村落的防御工事失去原有作用。大约在"文化大革命"时期，构成村落硬质边界的寨墙、寨门遭到拆除。迄今为止，仅在高步、高秀等少数村落的偏僻地方还可以找到零星的寨墙遗存。寨墙的废弃，也使村寨规模的扩大、边界的模糊成为可能。

2000年以后，坪坦河流域外出打工的村民明显增多，他们在异乡辛勤地工作，省吃俭用攒下积蓄，这些钱多数被用来在家乡修盖新宅。由于老寨拥挤不堪，不利于通风与采光，尤其是消防及疏散不便，因而新建的民居往往选址于老寨以外的开阔地段。这些新建的民居，不再受传统观念的限制，一些挤占了原有耕地、水塘，一些甚至坐落于过去的龙脉禁地，在老寨周边形成了若干或大或小的新区，这使村落的规模扩大，布局分散，也削弱了村落的原有边界（图2-33、34）。

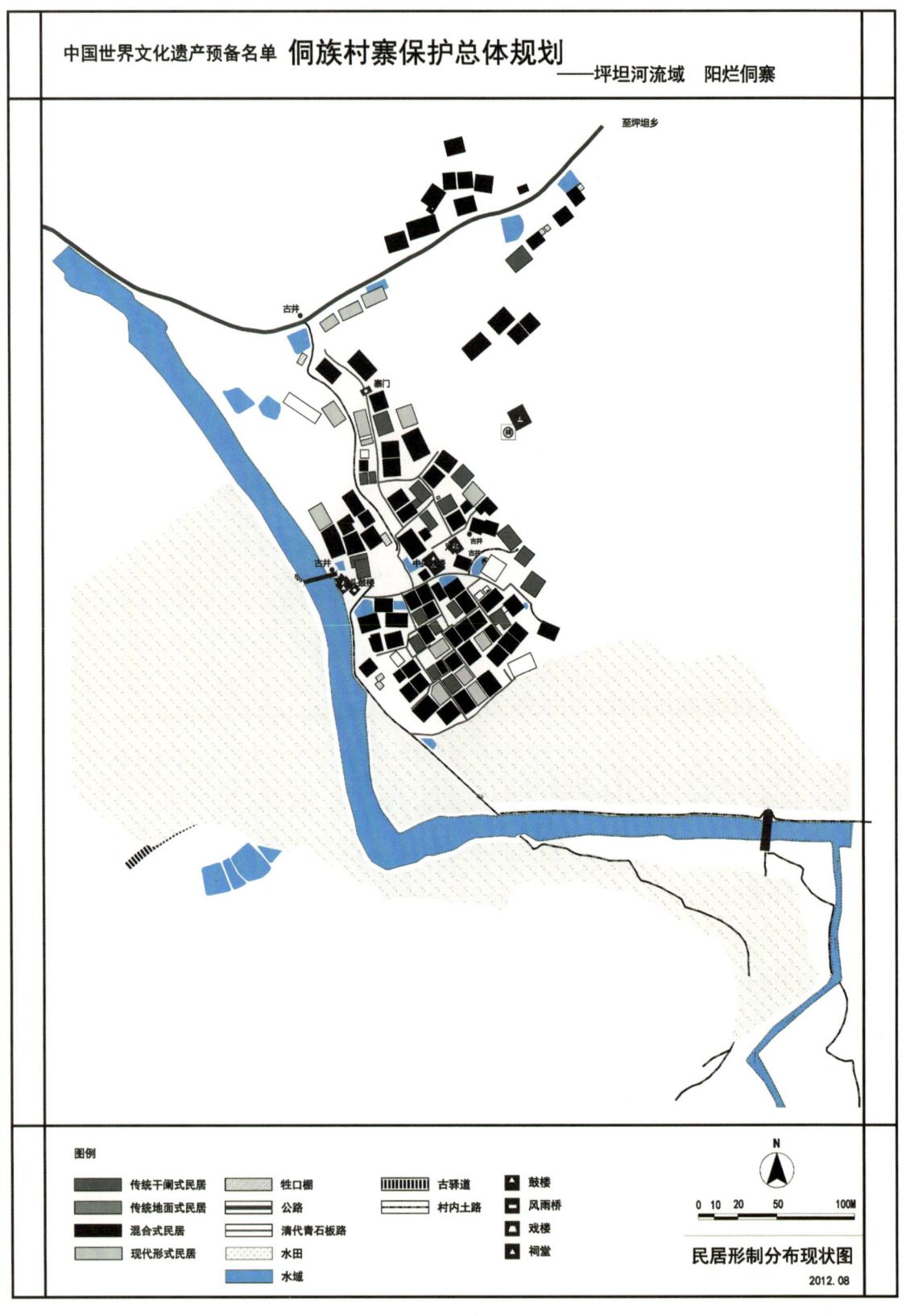

图2-33 阳烂侗寨房屋形制分布图

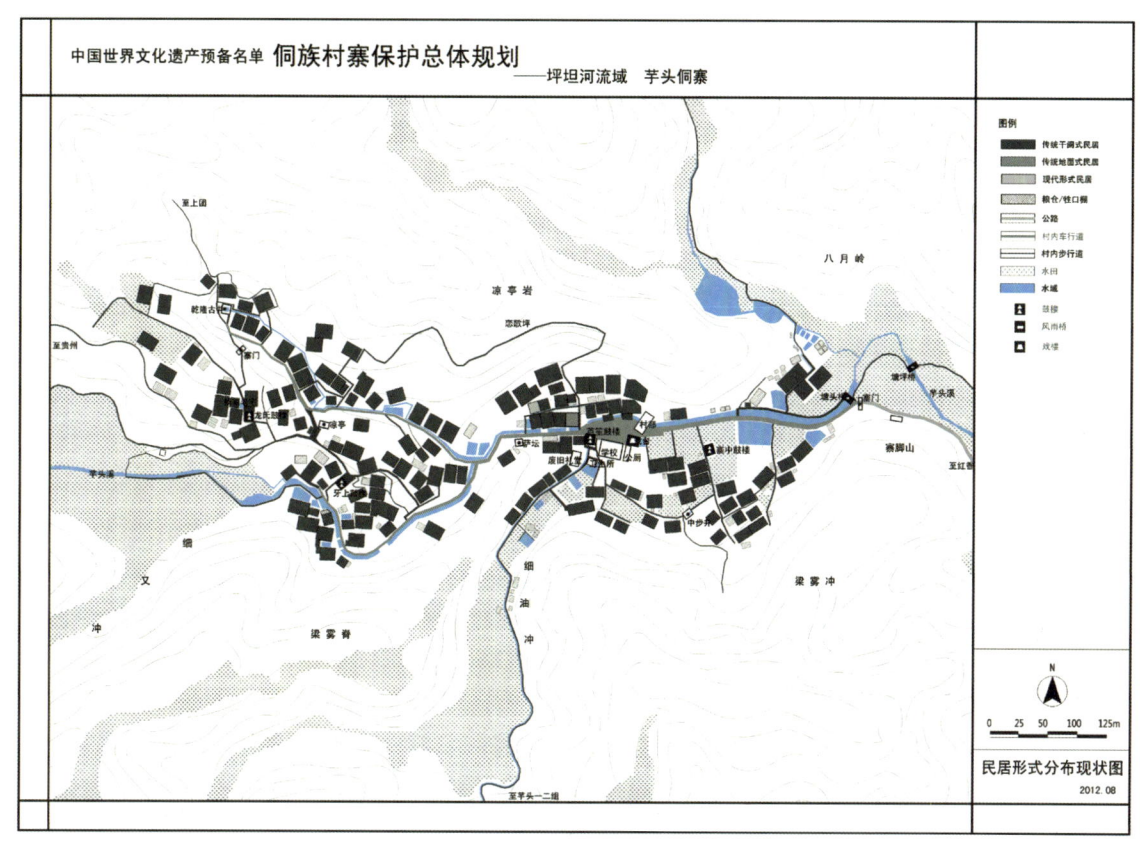

图2-34 芋头侗寨房屋形制分布图

据高秀的居民介绍，直到20世纪40年代，村内的房屋还全部集中在别冲山山坡上、被寨墙围拢的"老寨"之中。此时，寨墙大致东西1500米，南北2000米，高约2米，寨墙顺山势修建，由层层叠叠的石板垒筑而成，虽不规整，却厚重而坚固。1961年，高秀曾遭遇火灾，老寨的西半部分几乎被完全烧毁，无论是鼓楼、祠庙还是住宅、畜棚都难逃厄运。经过十年时间，老寨的西半部分得以复建。随着人口增加，老寨西半部分恢复，整个老寨显得越来越拥挤。就在这段时间里，寨墙被拆除，老寨的用地界限被突破，不断有居民从老寨向外迁移。除了几公里外的马哨屯，高秀村民的新房往往跨过溪河，散落在坪坦河两岸，矗立于别冲山周边的成修山、定同山、修介山上。迄今为止，除了老寨，高秀村还有十余个大大小小的居住组团，村落中心区的范围大约东西4000米，南北6000米，占地约老寨的8倍之多。

（2）公共活动区的功能与空间变化

随着营业和生活方式的变化，坪坦河流域诸多村寨内也出现了新兴的公共建筑。首先是商铺增加，包括各类超市、小卖店，其次是文卫设施增多，不少村落近年来新建了幼儿园、小学和诊疗所，一些村寨内还出现了小型电子游戏厅和网吧，皇都、芋头、高友等已开放旅游的村寨还增建了饭店、客栈、公厕或观景亭等旅游设施。

这些新建的公共建筑往往沿干道分布，改变了原有的点状公共活动区布局，采用了新的建筑材料和形式，在村落中格外显眼。例如，高友小学位于村寨的地势高亢之处，现共有三栋校舍，其中两栋都建于2000年以后，采用砖混结构，外立面与侗族木屋截然不同，这座地势开阔的小学已经成为村寨内重要的集体活动场所（图2-35）。

图2-35　高友侗寨新建小学

（3）村落中心的空间移位

随着坪坦河流域侗寨规模的增大，房屋的布局由集聚变为松散，这也可以从村落路网和中心的分析数据得到反映。如用空间句法软件分析九座典型村落的路网结构，以整合度数据来考察村落中可达性最好、最能吸引人流的地点，可以发现，除了远离公路、近年扩展不大的阳烂、芋头村，其整合度最高的路段仍旧位于传统的村落中心——鼓楼附近，其余如高友、高秀、高步、坪坦、中步村，其整合度最高的路段都已移动到沿坪坦河修建的公路附近。通过村落演变过程比较清楚的高秀、中步村的相关分析数据，可以观察到，在公路尚未修通之前，这两个村落整合度最高的路段处在鼓楼附近（图2-36~38）。如果整合度数据能够如实地反映空间对民众的吸引力，这些数据反映了在经济、旅游发展下的形态变化趋势——侗族村寨内最易于到达的、人流最大的地点有可能迁移，随着村落边界的模糊、公共建筑的增多和外围道路的铺设，侗族村寨传统的空间形态和活动模式有可能发生较大的变化。

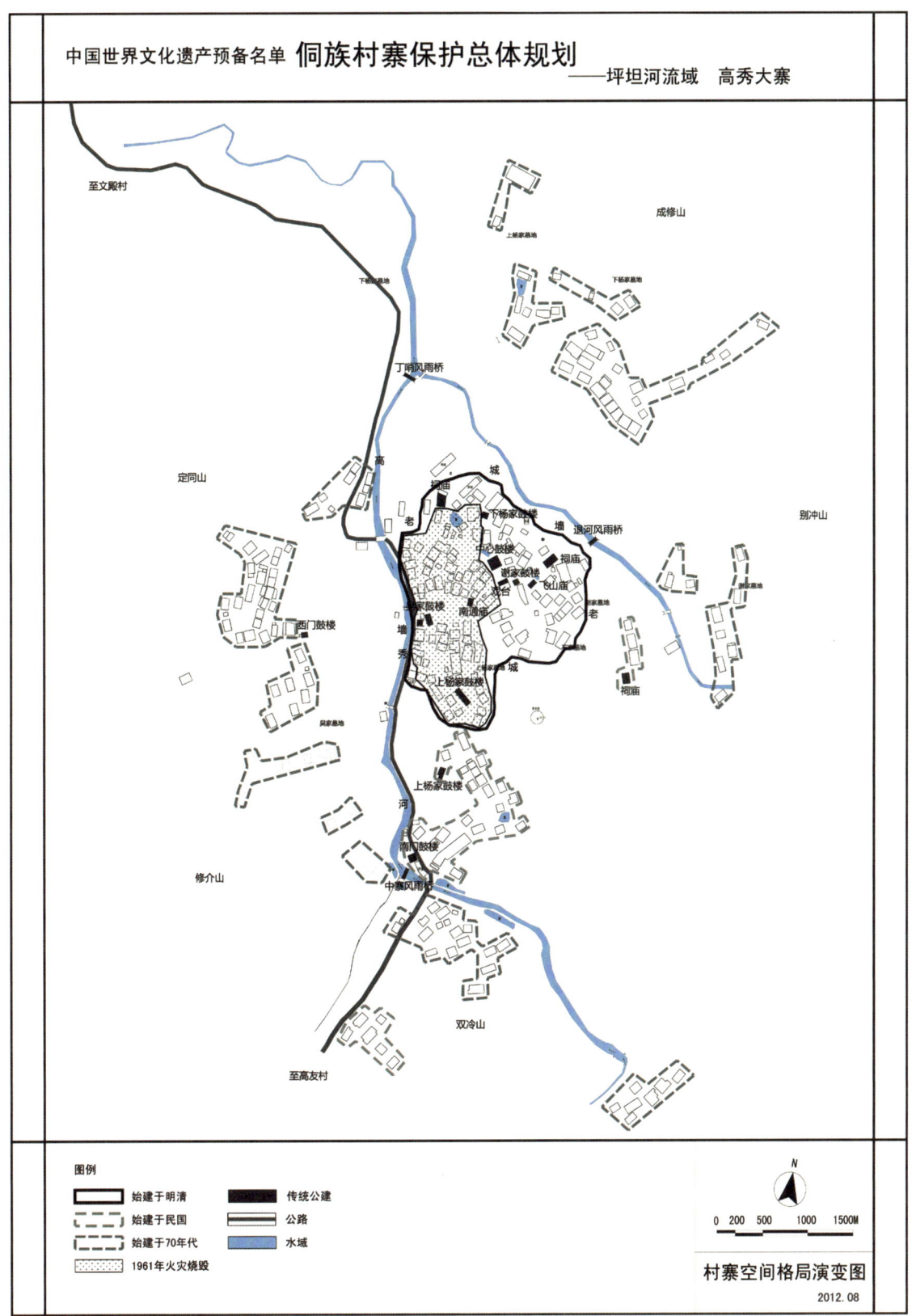

图2-36 高秀侗寨格局演化图

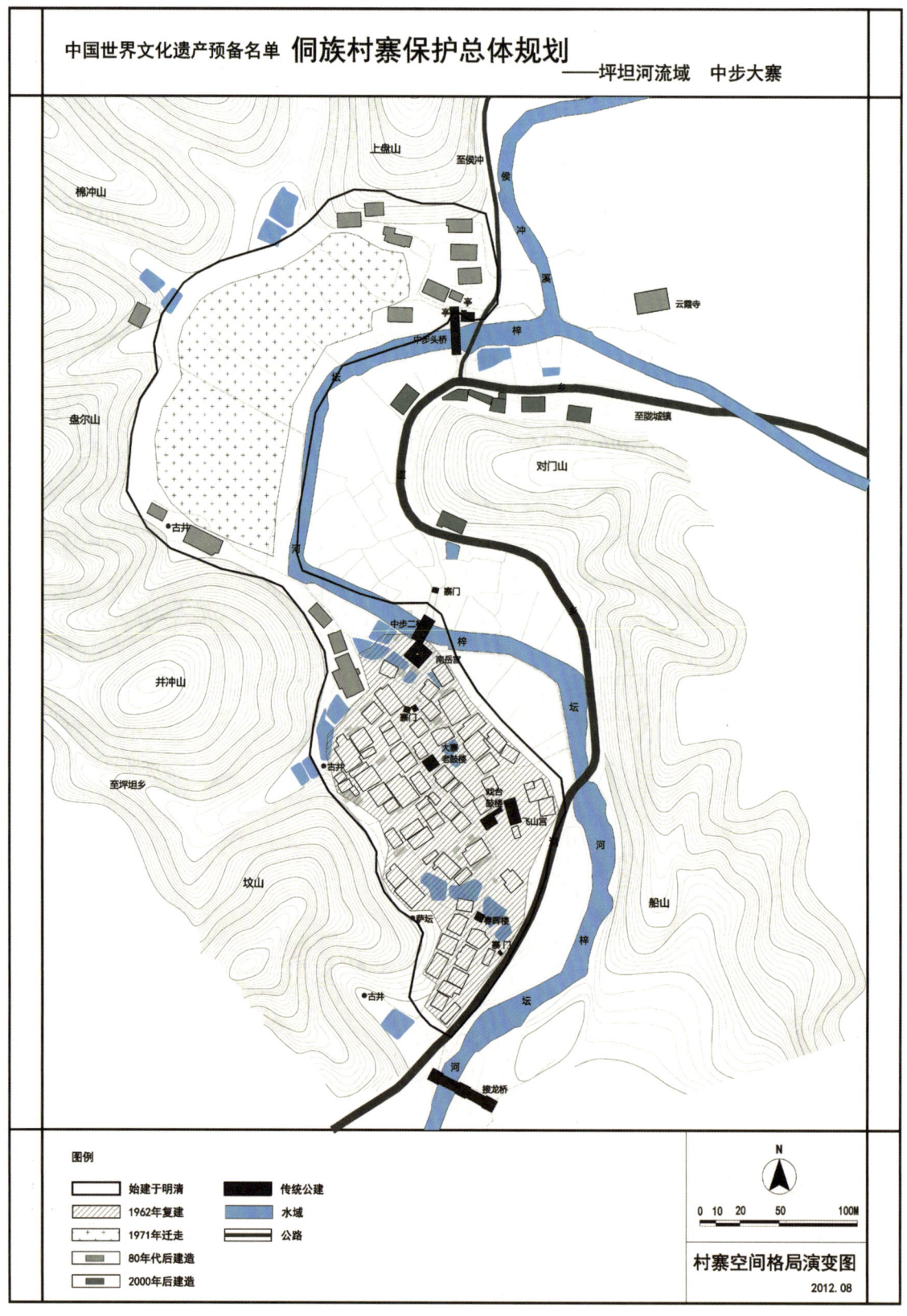

图2-37 中步侗寨格局演化图

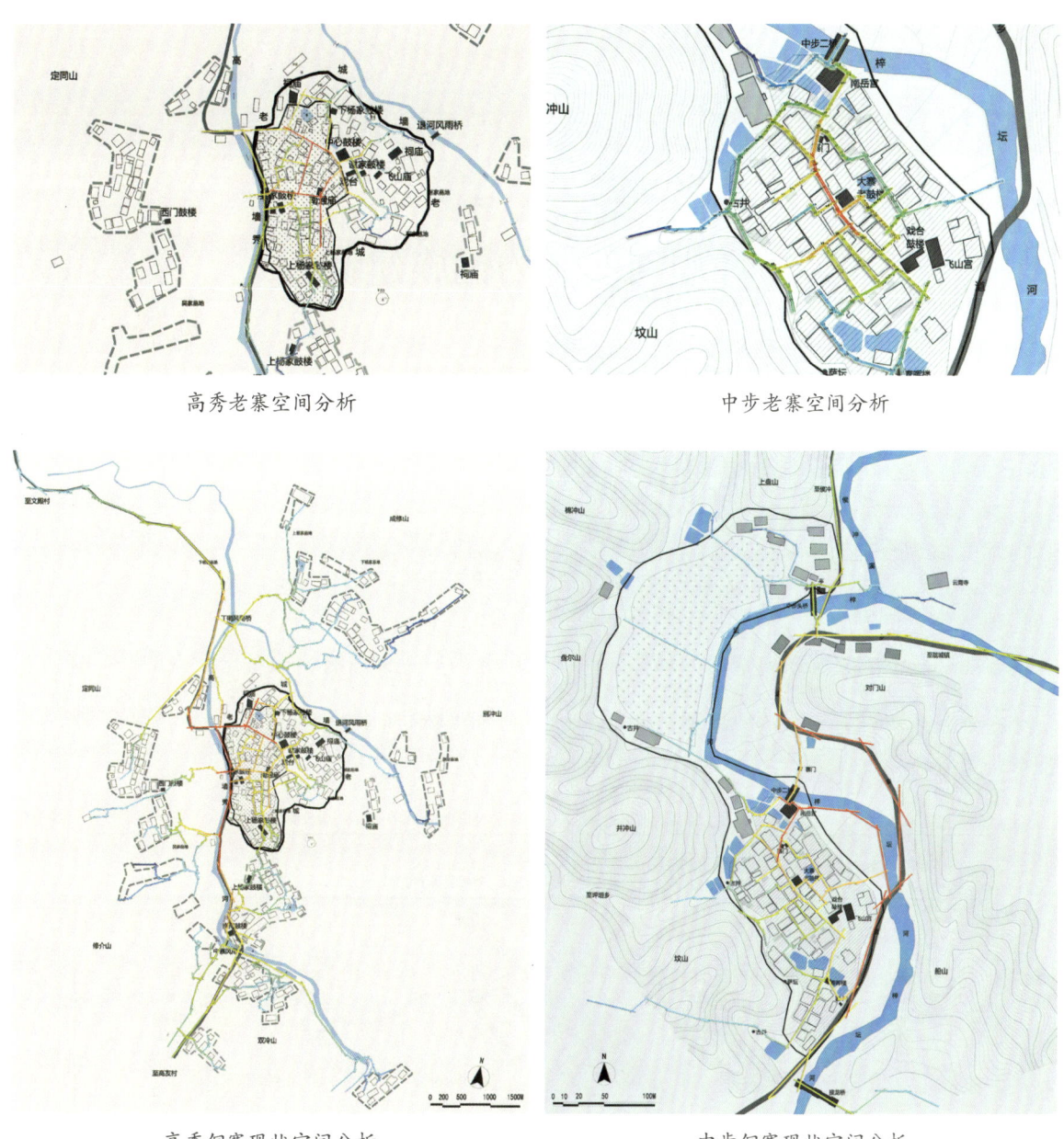

高秀老寨空间分析　　　　　　　　　中步老寨空间分析

高秀侗寨现状空间分析　　　　　　　中步侗寨现状空间分析

图2-38　利用"空间句法"比较坪坦河流域典型侗寨布局图

第三篇
坪坦河流域的侗族建筑

一、类型

按照归属不同，侗族村寨内的单体建筑一般可分为归集体所有、服务于大众的公共建筑和归家庭所有、服务于个人的居住建筑两大类。除了功能以外，两类建筑在位置、数量、形制上都有一定差异。

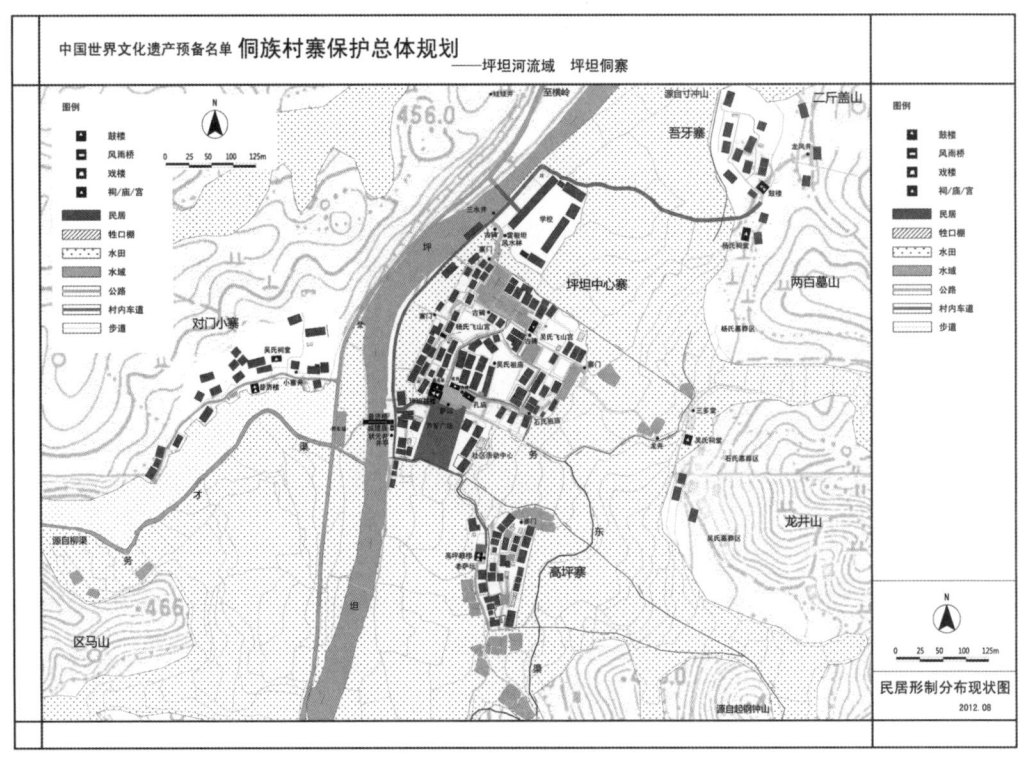

图3-1　坪坦侗寨中心寨公共建筑、居住建筑分布图

图3-2　坪坦侗寨中心寨鸟瞰照片（石斌摄）

在坪坦河流域，传统的公共建筑往往集全寨或全村之力修建，位于村寨的出入口、中心或是其他村民容易接近的地点，以满足村民共同的精神、物质生活需求（图3-1、2）。在这一流域，公共建筑的类型繁多：如高阁、巨塔一般的鼓楼，它们是侗族村寨的标志；如砖石修建的萨坛、南岳庙、飞山宫、土地庙等，它们显示出村民的多元信仰体系；如风雨桥、凉亭、井亭、石板路等，则为村民的日常出行、劳作提供了便利。

其次，在坪坦河流域，每座村寨内公共建筑的数量也相当可观。例如，依据对9座典型村寨的调查（表3-1），在这些人口规模在200-500户之间的村寨中，公共建筑的数量一般在20栋以上，即大约每10户人就拥有一座公共建筑。在萨坛、鼓楼、风雨桥等大型公共建筑附近，往往还修建了大小不等的广场，为侗民的集会、歌舞、宴会等群体性活动提供了开阔的场地。绝大多数公共建筑并不设门，村民可在任意时段随意使用。可以说，公共建筑在坪坦河流域的社会组织中扮演着非同寻常的角色，从另一侧面看，经由公共建筑的形制、技术及相关的仪式，又可了解坪坦河流域侗族聚落的历史与文化特征。

表3-1 坪坦河流域典型侗寨传统公共建筑统计

序号	名称	鼓楼	萨坛	风雨桥	戏楼	其他祠庙	寨门	井亭	其他重要建筑及设施
1	高友	6	（早年拆除）	1	1	2	3	13	石板古道、凉亭等
2	高秀	9	（存婆婆庙1座，或与萨坛有关）	3	1	3	--	7	凉亭、寨墙遗迹等
3	高步	9	1	5	2	3	3	8	款场、凉亭、石板古道等
4	阳烂	2	--	1	1	6	1	4	石板古道、碑廊等
5	坪坦	5	2	1	1	9	2（2座已毁）	7	石板古道、寨墙遗址、芦笙广场等
6	横岭	3	（存1处祭台，或与萨坛有关）	2	1	4	2（1座已毁）	5	古碑、石板古道等
7	皇都	2	1	1	1	1	3	2	重阳楼、凉亭等
8	中步	4	1	3	1（兼作鼓楼）	3（另有宗教遗址7处）	3	4	石板古道等
9	芋头	4	1	4	1	1	2（5座已毁）	3	款场、学馆遗址、迁址学馆、石板桥、石板古道、凉亭等
合计		44	6	21	9	32	19	53	

在团聚式的侗族村落中，居住建筑往往散布在公共建筑周边，因地制宜，高低错落，风格不拘。在这一地区，传统的居住建筑基本上完全以本地杉木建造，高度一般不超过三层，规模狭小，几乎不施装饰，随着木材老化，建筑材料的颜色变暗，显得极为素朴。在它们的衬托下，公共建筑更显出宏伟的气势。尽管只是村落景观中的配角，居住建筑却与侗族家庭的日常生活紧密相连。因而，居住建筑是近年来更新速度最快的建筑类型，居住建筑的选址、选材也对村落景观造成越来越显著的影响。下文将讨论坪坦河流域典型村落中不同年代居住建筑的特点并进行分析和比较，其意义一方面在于了解当地过去的居住传统和村落景观，另一方面，也可以探知当地村民对"现代化"生活的期许。

二、典型公共建筑——萨坛

1. 萨坛的配置与仪式

在侗族人的传统意识里,"萨岁"是村寨最重要的保护神,代表着侗人对于女性祖先的崇拜。侗人建寨首先要考虑萨岁的存在,确定萨坛的位置,如侗歌《祭祖歌》唱道:"未置门楼,先置地祇;未置寨门,先置柄地。"柄地就是侗人供奉萨岁的地方。在老一辈侗民的观念里,不仅每座侗族村寨都应建有萨坛,而且修建、安放和祭拜"萨岁"都应遵守传统仪式。在侗族村落内,作为与鼓楼对立存在的另一类重要象征物,萨坛反映了侗族社会对母系血缘关系的重视,显示出这一族群古老而悠久的历史。

目前,在坪坦河流域的9座典型侗寨中,5座村寨共保留了6座"萨坛",其余4座村寨也零星留存了与萨岁有关的一些物品或传说故事。对于坪坦河流域而言,萨坛是体现当地居民多元化信仰体系不可或缺的物质见证。

(1) 形式与配置

比较现存于坪坦河流域典型村寨中的6座萨坛,5座的形式和配置接近,其中尤以高步村的萨坛形式古朴,形态完整,最具代表性;而位于流域尽北端的芋头村萨坛则采用了与众不同的建造材料和结构,很可能是另一支祭萨传统。

高步萨坛位于高上村内,邻近村寨的商业中心高步街。村民称,这座萨坛修建于1969年,是由村内另一座老萨坛迁建而成的。依据村民的回忆,老萨坛位于高升村后的古井冲一带,远离村落中心,地势较高,为了防止牲畜进入,村民们考虑在老萨坛外围修建围墙,但古井冲恰好位于村寨的龙脉上,不能动砖瓦、兴土木。因此,村民只好在村中重新选择空地,修建新萨坛。

在现存的这座萨坛外围,村民用砖石修建了一个六边形院落,以防家禽牲畜破坏萨坛。在这一院落内,保留了一块光绪七年(1881)立的款碑,碑名"十禁碑",碑文记载的是高步村内十个不能大兴土木的地点。在萨坛院墙的正前方,还有一处款场,款场地表用卵石铺砌成图案,显示出它的神圣性。款碑的年代早于萨坛的修建时间,这说明,在高步迁建萨坛之前,这里已是村民集会的重要地点。

高步萨坛高约半米,用土垒筑,呈圆形,底部直径约2米。在圆坛外壁上,整齐地叠砌着小颗卵石。在小颗卵石的顶面,叠压着7块白色大颗卵石,象征"萨岁"所保佑的七个方位。在萨坛上方中央,栽种着一株高约1.5米的黄杨树,俗称"千年矮"。在萨坛前方,摆放着一具青石供案，供台上摆放着香烛等祭品。在萨坛的侧面，还撑立着一面旧伞（图3-3）。村民回忆，为了萨坛的搬迁，特别是为了将"萨岁"请进新的萨坛，高步村还曾特地举行过一次盛大的迁建仪式，将供奉在老萨坛下的碗、筷子、梳子、砌坛用的白色岩石以及栽种在老萨坛上的千年矮都一齐搬进新萨坛里。高步萨坛的院门大概是整个村落里唯一落锁的公共建筑，村民介绍，这样管理是为了防止家畜破坏，如果谁家需要祭拜，可以自行开门进入。

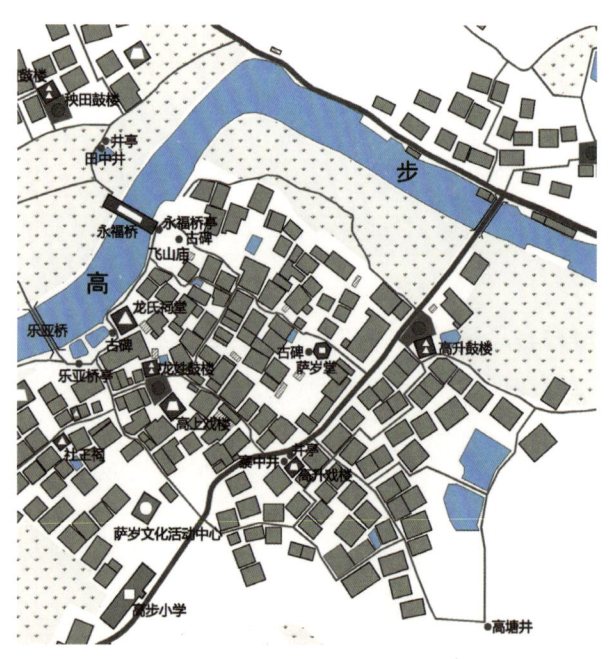

高步萨坛位置示意图

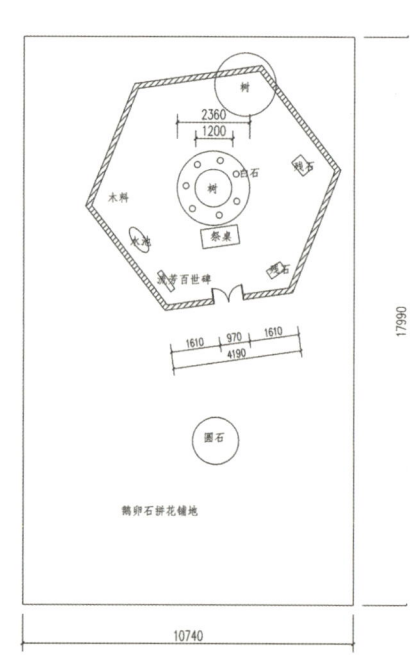

平面布局示意图（袁怡雅绘）

萨坛院外

萨坛院内

图3-3 高步萨坛

相较于另一类村落的象征物——鼓楼，萨坛没有如织的人流，显得安静、神秘很多。人们用厚实的院墙将嘈杂的俗世隔断，这座院落得以安安静静地矗立在村落中心，就像是不愿家中老人的清净被外界所打扰一般。即便是好奇的儿童、偶然经过的游客，往往也只是透过院门门缝窥探里面的情况。侗族对待萨坛的态度，也显示出萨岁在村民心目中特别崇高的地位。

作为坪坦河流域当今的中心村落，坪坦侗寨拥有新、旧两座萨坛。老萨坛位于坪坦高坪寨的寨尾，现已残缺大半，村民认为它始建于宋代。我们注意到，村民占用萨坛的部分用地修建了一座鼓楼。据碑记所示，这座鼓楼修建于清末。由此可以推测，萨坛的修建时间应早于鼓楼。

目前，这座萨坛的残存部分略呈弧形，它的侧壁由石块垒砌而成，存高约1.2米，坛顶植月季一株，坛前置青石香炉1具（图3-4）。通过残存部分推测，它的完整形态应与高步萨坛一样，平面呈圆形。村民回忆，为这座萨坛举行的最后一次集体大规模祭奠大概是在半个世纪以前。目前，对这座萨坛的祭拜，基本上都是以家庭为单位的小规模活动，无须遵守统一的仪式。

坪坦新萨坛修建于2012年农历六月，它选址于坪坦中心寨的中心鼓楼一侧，面朝鼓楼前开阔的芦笙坪，当地称"大寨萨坛"。大寨萨坛底面5米见方，下方掩埋着侗族女性用具，上方以黄土堆筑成圆柱形，外立面垒砌片石加固，顶部以卵石砌筑成连续的三角形凸起，总高4.88米，地面以上达2.88米，萨坛前设长约3米的石供桌（图3-5）。坪坦大寨萨坛是目前坪坦河流域最新建成，也是规模最大的萨坛。结合调查组亲历和记录的萨坛修建仪式，后文还将进一步介绍坪坦大寨萨坛的结构与形制特点。

图3-4　坪坦侗寨老萨坛

图3-5　坪坦侗寨新萨坛（网络图片）

中步萨坛位于村寨南端，同样呈圆形丘堆状，外表贴砌石片。据村民回忆，萨坛顶面的中心原本有一株枝叶繁茂的古树，后来大树倾覆，破坏了萨坛。在整修萨坛时，人们发现，古树的树根下埋着上下叠扣的两个锅子，锅中有少量金银，还有一条粉色的纱巾。整修完毕后，村民在萨坛上重新栽种了一棵小树，后来还在萨坛前方修建了一座水泥小屋，供村民祭拜。

综上，坪坦河流域现存的萨坛多有相似的外观，平面呈圆形，立面似丘堆，外部以石片围砌，坛顶种植低矮的乔木或灌木，土丘前还摆放着供台和供品，部分萨坛外围建有院墙。这些萨坛与贵州黔东南地区侗族村寨的常见萨坛大体相似，略有不同之处在于，黔东南侗寨老萨坛的顶部往往栽种的是茅草，而非这一流域通用的黄杨等低矮灌木（图3-6）。

芋头侗寨的萨坛位于村寨中部，它依山而建，由用椿树做成的柱和梁倚靠着天然石壁搭建而成。屋盖上攀附着藤蔓植物，木架下方铺青石地面，木架内部中央设有一座小型石供台，供台后的石壁被凿开，设有存放香炉等祭祀用品的龛洞。总的说来，芋头萨坛更接近遮风避雨的棚架或厅堂，而非丘堆（图3-7）。村民介绍，每到过年前后，他们就会以家庭为单位，在石龛前摆上供品，焚点香烛，燃放鞭炮，向"萨岁"祈求来年的顺遂。芋头萨坛的修造时间和背景不详，它的形式何以如此特别，承袭自怎样的传统，我们向不少年长村民求问，却未能获得答案。

图3-6　贵州大利侗寨萨坛

图3-7　芋头侗寨萨坛

（2）仪式

在坪坦村大寨萨坛建成之前，高步萨坛是坪坦河流域规模最大、保存最为完好的侗族萨坛。同时，关于祭奠"萨岁"的历史和仪式，也以高步村民口述的材料最为丰富。高步年长村民介绍，早年高步村修建萨坛，最初打算从湖南靖州牙屯堡祖庙请"萨岁"，但不知是何原因，未能成功修建萨坛；次年，有人指出，牙屯堡的"萨岁"实际来自贵州黎平，必须到黎平才能请到"萨岁"。高步村民照此办理，终于成功建好萨坛。萨坛建成之后，高步村民发现，村寨还是没能成功受到"萨岁"的保护；这时，又有人说，在高步村民从黎平接"萨岁"的过程中，接"萨岁"的轿子在中途落地，不合礼数，所以"萨岁"并没能真正"落户"高步；高步村民最后不得不按照轿子不得落地的要求，重新举行了一次接萨仪式，这才终于将"萨岁"请到高步。

对萨坛大祭的时间，高步村民有两种说法，其一认为没有固定的时间，其二认为视"千年矮"（即坛顶灌木）的长势而定。事实上，高步萨坛最近一次大祭举行于1998年，据说场面非常隆重，许多高步村民仍能绘声绘色地描述整个过程（图3-8）。村民介绍，这次祭拜活动从天刚刚亮时就开始了,全体村民皆着盛装,在萨坛前列队等候;列队完毕后,风水先生开始在萨坛前吟诵祭辞,与此同时,娱萨的表演队伍在萨坛院落外的小广场吹奏芦笙;接着,全村人跟随托举着祭品的寨老,沿村寨干道在村落范围内游行,一般来说,寨老走在最前面,男人、妇女和小孩各结成一队依次跟随;在巡游过程中,寨老常在特定地点稍作停留,其间由寨老和风水先生祷告,以象征"萨岁"的抵临与庇佑;此后,这些"萨岁"抵达的地点将被保护起来,禁止大规模的土木建设。

图3-8　高步侗寨祭萨仪式(通道文化局提供)

通过上述故事可以了解到,萨坛的修建和祭祀,尽管带有"迷信"的成分,但也不得不承认,它从客观上促进了不同区域民众的往来和文化的交流,这些非理性的力量也在一定程度上起到了保护村落公共空间完整性的作用。在上述故事中,无论是不得破坏老萨坛院墙的"龙脉",还是不得进行土木建设的"萨岁"神所经之点,实际都限制和约束了村民改造自然的范围和程度,对于依赖自然得以生息繁衍的村民来说,这些机制起到了保护侗寨景观,为后代保留下可持续发展空间的重要作用。随着迷信被科学所取代,村民扩建房屋不再需要遵守昔日的禁忌,不少曾被视作"龙脉"的山头、田地被人工建筑物所占据。这些现状,也促使我们反思传统约束和禁忌的意义。

2012年,恰逢我们的田野考察期间,坪坦侗寨新建大寨萨坛,并按照传统完成了接萨、安萨和娱萨等修建萨坛必须经历的环节,这使我们有机会目睹修造侗族萨坛的完整程序。在政府的支持下,坪坦新建萨坛工程从2012年春即开始筹备,同年7月20日(农历六月)在新萨坛的选址进行了植树与接萨典礼,23日举行安萨仪式,至年底完成萨坛全部建设,前后历时近一年。

其中，接萨与安萨是修建萨坛最重要的环节，我们也有幸全程参与和记录。

在修建大寨萨坛之初，村民首先在预定地点挖凿了一个深约6米、直径约5米的圆柱形坑洞。挖凿完毕，用片石垒筑坑壁，并在坑顶外围安插了8块木牌，以标示空间方位。最后，在坑洞旁栽种四株桂花树，宣告接萨准备工作完成（图3-9）。

图3-9　坪坦侗寨接萨准备

接萨仪式一般在同一天、分别在两个地点进行。一面是"迎"——清晨，坪坦村民代表从象征着侗族祖庭所在的黔东南村寨将"萨岁"自老萨坛中请出来；另一面是"接"——夜晚，风尘仆仆的迎萨队伍将"萨岁"象征性地安放在坪坦村预先准备好的新萨坛设立地点。

据村民介绍，迎萨也有复杂的仪式。在黔东南侗寨，首先需向旧萨坛祭拜，读念经文，撑开旧萨坛前的红伞，象征召唤萨的灵魂附着在伞上。接着，由侗族妇女将旧萨坛上的一团泥巴与32块小石头收集到一个竹篮内，两位来自坪坦村的侗族妇女将这个竹篮抬回坪坦。当天夜里十点，这个竹篮已被抬到坪坦村口，接着，它被送入一顶红色轿子内。在鞭炮的轰鸣声中，在芦笙的协奏曲里，在老年妇女持煤油灯的加护引导下，在全村上下的列队欢迎中，泥巴、石子、竹篮，这些来自黔东南的"萨岁"的信物，被四位侗族壮汉一路扛抬进村。这一仪式象征着"萨岁"的抵达。接近预先挖好的坑洞以后，轿夫踏着楼梯将载有信物的竹篮和轿子一起放入坑底。直到此时，红轿才能落地。最后，参与仪式的村民合唱颂歌，歌词大意为："萨岁"经过长途的跋涉来到这里，希望整个村寨安详、平顺。接萨仪式至此完毕。坪坦村的接萨仪式在午夜前后举行，尽管此时的坪坦河谷已是黑夜沉沉，但坪坦村的村民却是兴致盎然，不论男女老幼都争相参与，彻夜歌唱、舞蹈（图3-10）。

图3-10　坪坦侗寨接萨仪式

安萨、娱萨仪式是新建萨坛过程中最隆重的环节，往往在接萨后的几天举行，是坪坦河流域的集体庆典。当天一大早，周边村落的侗民就挑着盛有糯米、腊肉的扁担，穿着色彩斑斓的服装，佩戴着让人眼花缭乱的银饰，带着自己的表演道具，从四面八方赶到坪坦村，一时间将坪坦街头围得水泄不通。在政府的组织下，这些侗民将代表各自村寨参加巡寨、歌舞表演等环节，他们带来的食物被集中到学校广场，以备庆典结束后的合拢宴。

坪坦村内的仪式从黎明已开始。首先，红轿被从深坑中抬出来，在手持红伞的寨老的引领下，在老年妇女、风水先生和全体村民的簇拥下，红轿被四名青年扛抬，从中心鼓楼开始绕行全村，这被称为"绕寨"仪式。在经过村寨的鼓楼、祠庙、风雨桥、寨门等地点时，常常需要落轿，并由寨老吟诵祝辞，以示意"萨岁"的到来（图3-11、12）。这些地点，被视作受到萨岁的特别庇佑。游行一圈结束后，红轿被送回深坑。此后，村民们开始向深坑一遍又一遍地送入各种侗族女性的生活用品和生产用具，包括侗衣、银饰、锅碗瓢盆、纺织机、象征子孙繁盛的浮萍、象征各寨团结的两河交汇处的溪水、象征侗族坚忍的葡萄藤、象征天空的竹编大畚箕，这些物品几乎填满了轿子四周及上方的空间。接下来，村民向坑洞填土，将洞口完全封闭起来。最后，宣读颂词，杀猪宰鸡，用燧石点火，在萨坛前的供桌上摆放香烛、祭品，全体村民列队，一一向萨坛祭拜（图3-13）。

正午临近，侗民开始在坪坦村的广场上摆出合拢宴，一些食物是客人们早晨带到坪坦村的，另一些则由坪坦村提供。随着杯盏交接，民众的情绪也达到最高点。举行宴会的同时，另一些村民仍在新萨坛前载歌载舞，这是最后的"娱萨"环节，也是安萨仪式的尾声（图3-14）。

图3-11　坪坦侗寨安萨仪式——绕寨

图3-12　坪坦侗寨安萨仪式——祷告

图3-13　坪坦侗寨安萨仪式——祭拜

图3-14　坪坦侗寨安萨仪式——娱萨

与鼓楼、风雨桥等大型公共建筑相较，萨坛如丘堆般的形象并不引人注意，尤其是对于不熟悉侗族信仰的外人而言，更是容易忽略的村落构筑物。修建萨坛所需遵守的复杂的程序和烦冗的禁忌，以及涉及的广泛人群，多多少少让我们感到意外。这一工程，不仅让坪坦村民前前后后忙碌了一年有余，还影响到坪坦河流域、黔东南地区的数十个侗族村落，传统意义上与坪坦村有关的小款、中款和大款等处于不同层级的社会单元都参与其中。坪坦大寨萨坛修建过程中遵守的一些仪轨和规矩，如萨神需迎自贵州、接萨过程中轿子不得落地、安萨过程中需绕寨祷告等，都与高步村民记忆中数十年前高步萨坛修建、祭奠的仪式相近。然而，由于未能在本地找到能够完整指导修建萨坛及所需仪式的合适人选，这次坪坦大寨萨坛的修建实际是在黎平侗民的指导下、参照黔东南侗族的仪轨才得以完成的。这说明，尽管萨坛仍在坪坦河侗民的心目中有着崇高的地位，但关于萨坛修建、祭奠的传统呈现出逐渐淡化、甚至消亡的趋势。

三、典型公共建筑——鼓楼

鼓楼，顾名思义，是安置侗鼓的公共建筑，当村落发生重大险情或有重大集体性议事时，击鼓以示全体村民。随着通讯方式的变化，坪坦河流域的居民近年已很少在鼓楼中藏鼓。功能的变化，并未削弱鼓楼的重要性，相反，新建鼓楼的规模日渐增大，在村民心中，鼓楼是侗族村落的视觉标志。

1. 功能与寓意

史料记载，古人对鼓楼有"独角楼""高楼""罗汉楼"或"聚堂"等多种称谓。在侗语中，鼓楼被称为"百""楼""堂卡"或"堂瓦"。这些称谓，集中体现了鼓楼的两方面形象特征，一是"楼"，反映了鼓楼在村落中的相对高度；二是"堂"，反映了鼓楼的聚会功能。

鼓楼的功能之一是防御。鼓楼的位置，一般高于普通民宅，这便于眺望，从而观察村庄内外的警讯。古代，鼓楼上架有大鼓，遇外敌侵袭或遇村内危情，寨老或鼓楼管理者就敲响大鼓，向全村发布警示信息。20世纪50年代以后，坪坦河流域的土匪被剿灭，侗民生活安定，无须担忧外患。随着现代设备的传入，村寨内的通讯方式也日渐革新，再也不会通过敲鼓来发布信息。因此，收藏在鼓楼里的大鼓纷纷被撤下，鼓楼的防御功能解除。

鼓楼的第二项功能是集会。传统上，寨老决议村民间的纠纷，青年人"行歌坐夜"，都发生在鼓楼里。如今，寨老的威望下降，青年人多外出打工，但鼓楼的聚会功能依旧延续。在鼓楼内部，一般中央设有火塘，四周环以弧形或条形的座椅，严寒的冬季，村民可以聚集在这里烹煮、取暖。鼓楼侧面的窗户一般有两层，外层是竖条的木栏，内层是封闭的木板，酷热的盛夏，村民揭开内层木板，让山风吹进鼓楼，是午后纳凉的最佳地点。在鼓楼前方，往往还有一块开放的露天空地——鼓楼坪。作为村寨内的最大公共广场，鼓楼坪的旁边一般还修建着戏楼、井亭、土地庙等公共建筑。因而，在坪坦河流域，鼓楼坪是村落中最热闹的地方，重大节庆举行的全村规模的歌舞表演和合拢宴会往往都将鼓楼坪作为首选地点（图3-15~17）。

图3-15 高步侗寨鼓楼坪前载歌载舞
（通道文化局提供）

图3-16 高友侗寨鼓楼内的
"六月六"仪式（朱伟摄）

图3-17 横岭鼓楼内的村民聚会（通道文化局提供）

除了实用性，侗族鼓楼还象征着以父系血缘关系结成的房族。一般来说，鼓楼的修建往往由某一房族发起，鼓楼的规模往往取决于该家族集资的多少，它选址于该房族的中心，周围环绕居住着同一房族的成员，鼓楼还常常以房族之名来命名。因此，如一座村落人口稀少，仅有一个主要房族，那么常常只建一座鼓楼；如一座村落由多个房族共同居住，那么往往建有多座鼓楼。在侗族聚居区，只需看鼓楼的数量，就可以大致了解各个村落的构成和规模，进入一个侗族村落，只需对比各寨同一时间修建的鼓楼，就可以大致推测对应房族的位置、内部凝聚力、经济实力以及外联关系的多寡。如同坪坦河流域其他的大型公共建筑，鼓楼的额枋位置往往都会悬挂一圈牌匾，上面记录着鼓楼修建的情况，工程主持者、木匠、捐款人、出工者的贡献和居住地。修建鼓楼，不仅仅是一项土木工程，还是对房族社会关系和社会形象的一次重塑。

鼓楼给人们留下最深刻的印象大概是攒尖的屋顶，翘起的屋角，逐渐扩大的密檐屋面，还有如宝塔一般宏伟耸立的形象。为何侗民要将标志性建筑塑造成这样？学界有不同的观点：有人认为这是侗民模仿当地最常见的树种杉树；也有人认为这是模仿侗族人常用的伞盖；如果考虑到鼓楼与父系家族的对应关系，还有人推测，鼓楼的形象暗含着男性体态特征的寓意。

时至今日，坪坦河流域仍保留着修建于清代初年到现在不同时段的鼓楼数十座，它们显示出修建鼓楼的古老传统和当代生命力，也反映出鼓楼设计思想与工艺技术的演变。

截至2013年调查前后，在坪坦河流域9座典型侗寨中共能找到44座鼓楼。根据这些实例，可将坪坦河流域侗族鼓楼的屋盖形式概括为四种类型，分别是悬山式、歇山式、攒尖式以及上述三种形式两两组合构成的组合式。在20世纪中叶之前，坪坦河流域的鼓楼以采用悬山和歇山式屋顶的居多；大约从20世纪中叶开始，逐渐有新建鼓楼开始采用形如宝塔的攒尖式；21世纪以来，随着老鼓楼的改建、新鼓楼的修造，攒尖式鼓楼已经成为数量居多的"主流形式"。在鼓楼外观推陈出新的同时，鼓楼内部的梁架结构也在发生着变化。这两种变化，时而彼此呼应，时而又循着各自的规律，显示出乡村建筑的复杂性。

根据屋盖形式的变化，下文将坪坦河流域鼓楼建筑的演化分三个阶段叙述。

（1）修建于20世纪50年代之前的老鼓楼

结合碑记、梁底题记和年长村民的回忆，迄今为止，坪坦河流域9座典型侗寨至少保留了14座修建于20世纪50年代之前且近年没有大规模改建的老鼓楼（表3-2）。这14座老鼓楼的屋顶主要采用了悬山和歇山这两种基本形式，做法却各有特点。

表3-2 坪坦河流域现存修建于20世纪50年代之前的鼓楼形态分类

类型一：单层悬山式鼓楼		类型二：三层歇山式鼓楼		类型三：组合鼓楼	
	清乾隆二十九年，阳烂中心鼓楼				
	清乾隆五十二年，芋头龙氏鼓楼①				清乾隆五十二年，阳烂河边龙头鼓楼
			清乾隆五十四年，芋头牙上鼓楼②		
			清咸丰三年，高友下鼓楼		清咸丰五年，横岭外寨鼓楼③
					清咸丰十一年，坪坦中心鼓楼
	清光绪年间，横岭小寨鼓楼		清光绪二十七年，高友南岳鼓楼		

① 据题记，该鼓楼曾在清嘉庆二年、道光二十年、光绪六年维修。
② 据题记，该鼓楼曾在嘉庆五年重修，光绪七年大修。
③ 据题记，该鼓楼曾在同治三年、光绪九年增建。

续　表

类型一： 单层悬山式鼓楼		类型二： 三层歇山式鼓楼		类型三： 组合鼓楼	
			清光绪年间， 高友务衔鼓楼		
			清末，高秀 谢家鼓楼		
			清末，坪坦 高坪鼓楼①		
	1930年代， 高步旧秧田 鼓楼②				
	1943年，高 友务坟鼓楼				

　　具体来说，采用悬山顶的鼓楼共5栋，它们往往仅单层，屋面平直，整体显得低矮而朴素，就像是中国西南地区常见的木凉亭（图3-18），只是部分在顶部或侧面加设气楼或披檐，使得各自形象略有差异。采用歇山顶的鼓楼共6栋。较之悬山顶鼓楼，一方面，这些鼓楼的屋盖高度占整座鼓楼的比例更大，看上去更加高耸，有着更鲜明的形象特征；另一方面，不同村落的歇山式鼓楼的相似程度较高，就像是标准化的结果。在基座以上部分，歇山式鼓楼的形式基本相同，平面方正，各立面四柱三开间，屋檐上下相叠，共三重，檐角翘起，从而形成下大上小的曲线轮廓。歇山式鼓楼的差异主要在于基址条件和基座形式，如坐落于平地，则以碎石砌筑台基，如选址于山坡，则以干栏木架支撑。

---

① 具体年代不详，村民认为该建筑的始建年代距今250-300年。
② 据村民回忆。另一说称该鼓楼建于1941年（田寨鼓楼）。

图3-18 湖南高椅侗寨"一甲凉亭"

从外形上看,坪坦河流域的歇山式老鼓楼与中国南方汉族聚居区明清时期的楼阁式建筑有着相似的外观。例如,在湖南的省会长沙,自明代开始,其城楼东南部最高处就矗立着一座天心阁。文献记载,因军事需要,天心阁在清嘉庆二十五年(1820)重建,其主阁部分面朝城墙外侧,共有三层,每层设屋檐,顶部采用歇山屋盖,以"察灾祥,时观游"。从清末民国时期的天心阁老照片来看,它与坪坦河流域的歇山式老鼓楼形制非常接近,只是规模更大,不仅外有三重屋檐,内部也有三层楼面(图3-19)。

1869年长沙天心阁侧面影像

1928年长沙天心阁正面影像

图3-19 1938年"文夕大火"前长沙天心阁旧貌
(摘自《天心阁体量辩——由〈天心阁史话〉一书引发的探究》)

此外，坪坦河流域目前还有三座采用组合式屋顶的老鼓楼：阳烂河边龙头鼓楼，它的主体采用三重檐的歇山屋顶，前方加建牌坊，后方加建凉亭，整座建筑又兼作寨门；横岭外寨鼓楼，它的主体为重檐歇山式顶，前方加建悬山式房屋；坪坦中心鼓楼，它的组合方式较为特别，其最下一重檐为悬山顶，再从悬山顶的中部起建三重檐的歇山式屋盖。这些组合的基本元素虽只有悬山和歇山两类屋盖，但看起来让人眼花缭乱，展示了匠师的巧妙用心。

坪坦河流域老鼓楼的形象，无论是看起来像民间凉亭的悬山式鼓楼，还是与汉地楼阁相仿的歇山式鼓楼，都与人们最熟悉的宝塔式侗族鼓楼的模样相去甚远。坪坦河老鼓楼的设计匠心，还可通过老鼓楼题记加以推测。例如，在修建于清乾隆五十四年的芋头村牙上鼓楼的碑记上写道："闻之，宋濂记阅江楼，范仲淹记岳阳楼，黄州之竹林楼王禹偁记之……吾团此地，田有古楼一座……深为便众，首目系起意，从新修造……。"在这段文字中，鼓楼被称为"古楼"，并以汉族聚居区的著名楼阁阅江楼、岳阳楼、竹林楼作为比兴。将我们所称的鼓楼写作"古楼"，联系前后文来看，很可能并不是通假。

从建筑形象到碑记内容，似乎传达了一个相似的信号，那就是侗族先民修造这类建筑的初衷或许有别于我们今日的解读，甚至有别于当今村民对于鼓楼的理解。考虑到鼓楼深邃的文化寓意，这一差异反映的可能是坪坦河流域的老居民与他们的后代在文化身份和观念上的差异。

从结构上，依据蔡凌先生对鼓楼结构的分类和研究（图3-20），坪坦河流域的侗族鼓楼在20世纪80年代以前基本上全是采用抬梁穿斗混合式结构（含"梁型"和"穿型"）和穿斗式中的"非中心柱型"结构，其与贵州侗族的"中心柱型"结构的穿斗式鼓楼存在显著差异，代表了该地区鼓楼建筑的结构特征及传统[①]。按照这一分类，坪坦河流域老鼓楼的结构存在两个细微的规律值得注意：首先，在同一时期、同一村落内，即便是外观形式不同的鼓楼，亦可以采用同一类构架或做法来修建；其次，同一类结构做法在特定的地域范围内更为普遍地流行。

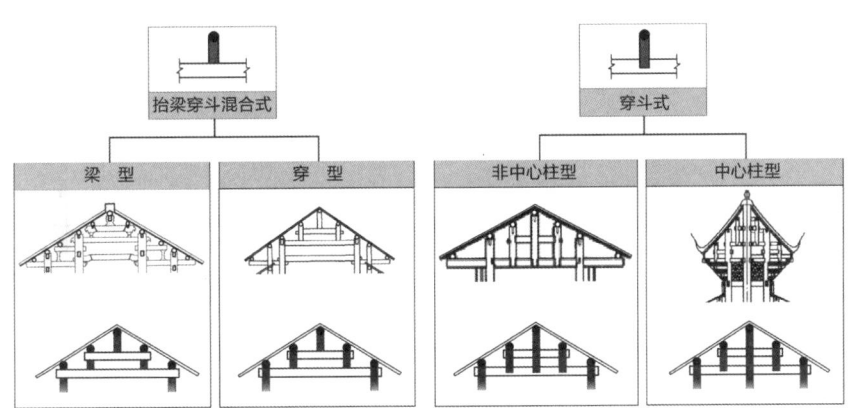

图3-20　按照蔡凌的分类所绘侗族鼓楼屋架分类示意图

[①] 蔡凌：《侗族聚居区的传统村落与建筑》，北京：中国建筑工业出版社，2007年。

关于第一个规律，可以通过芋头侗寨的两幢老鼓楼加以说明。依据题记，在乾隆五十二、五十四年，芋头村分别采用悬山顶和歇山顶修建了龙氏和牙上鼓楼，尽管两者从形象上分属不同类型，但在木工艺上，两者采用的都是抬梁穿斗混合式结构中的"梁型"做法。关于第二个问题，简单来说，在位于坪坦河上游的高友、高秀村，保存至今的老鼓楼，无论屋顶形式如何，几乎全都是纯穿斗结构；沿着河水往下，在高步、阳烂等村落，老鼓楼的屋架往往采用梁穿斗混合式结构中的"穿型"做法；然后到了流域北端，则以"梁型"做法最常见（表3-3~5）。从田野调查来看，在如今的坪坦河流域，木工技艺的传授、木工队伍的组织仍是遵从着传统的师徒关系。木工精湛的匠人承接建筑工程，同时也通过血缘、地缘关系接收弟子，在工程推进的过程中，将木工技艺以言传身教的方式传授给弟子，日积月累，逐渐形成自己的队伍和技术风格。以高步村的吴庆雄师傅为例，他的弟子已有十余人，在坪坦河流域已有不小名气，除了承担三江、怀化等地的大型工程，他的工程队承接的项目主要位于邻近村寨，对高步及周边村落的传统木作技艺有着较大影响。坪坦河流域老鼓楼内部构造的地域化趋同特点，或许就与乡村工匠团体的组织传统有关。

A 悬山顶

表3-3 坪坦河流域现存悬山式屋盖的构架做法

结构类型	"梁式"抬梁穿斗混合结构	"穿式"抬梁穿斗混合结构	"非中心柱型"穿斗结构	
剖面示意图				
鼓楼名称	芋头龙氏鼓楼（清乾隆五十二年，引用自蔡凌书）	阳烂中心鼓楼（乾隆二十九年，赵彤绘）	高步旧秧田鼓楼（1930年代，袁怡雅绘）	高步女鼓楼（2010年，袁怡雅绘）
剖面示意图				
鼓楼名称		横岭小寨鼓楼（清光绪年间）	高秀上杨家2号鼓楼心间剖面（1962年，赵春晓绘）	高秀上杨家2号鼓楼次间剖面（1962年，赵春晓绘）

B 歇山顶

表3-4 坪坦河流域现存歇山式屋盖的构架做法

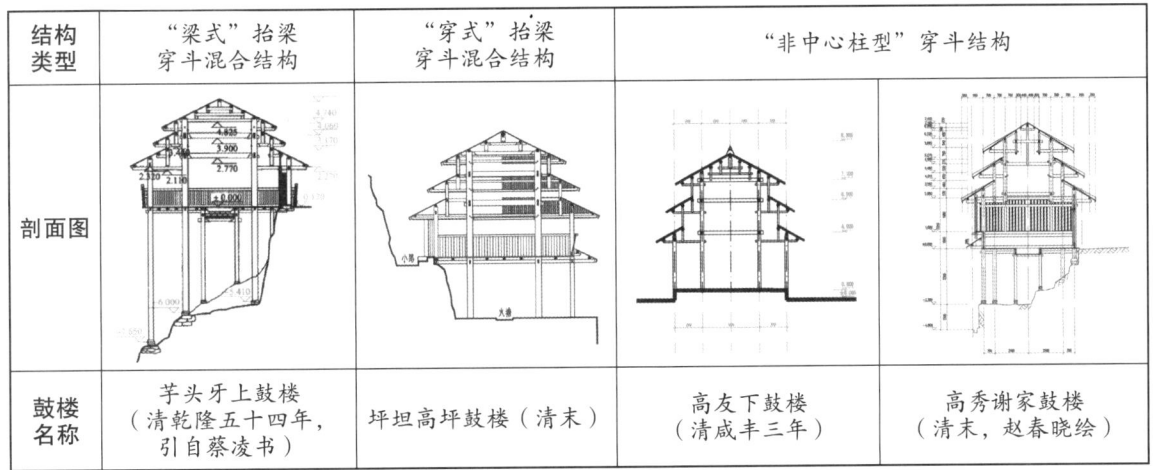

C 组合屋顶

表3-5 坪坦河流域现存组合式屋盖的构架做法

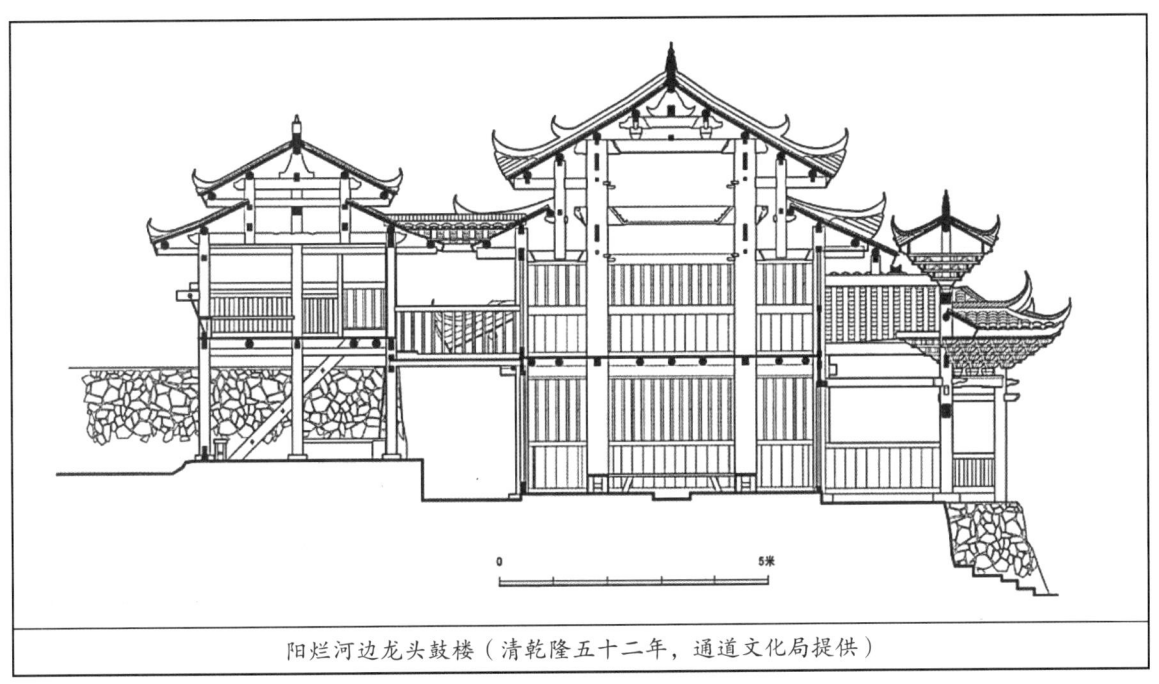

（2）20世纪50年代至90年代坪坦河流域的鼓楼形式

目前，在坪坦河流域的9座典型侗寨中，至少保存了12座始建或改建于1950至1990年间的鼓楼（表3-6）。在数量上，外观采用悬山顶和歇山顶的鼓楼尽管仍旧占有优势，但另一变化也值得注意，那就是攒尖式鼓楼的兴起。

表3-6　坪坦河流域现存修建于20世纪50至90年代的鼓楼形态分类

类型一： 单檐悬山式鼓楼（5）		类型二： 重檐歇山式鼓楼（3）		类型三： 重檐攒尖式屋顶（4，现存3座）	
	1950年，高秀上杨家1号鼓楼				1950年代，横岭内寨鼓楼
	1962年，高秀上杨家2号鼓楼				
1962年，高秀吴家2号鼓楼（缺图）					1963年建中步鼓楼；1970年代破坏，今为歇山顶
	1962年，高秀下杨家鼓楼		1972年，芋头田中鼓楼		
					1983年高秀吴家1号鼓楼改建为攒尖顶
			1986年，高步高上村河上鼓楼		1985年，皇都尾寨鼓楼

续　表

类型一： 单檐悬山式鼓楼（5）	类型二： 重檐歇山式鼓楼（3）	类型三： 重檐攒尖式屋顶（4，现存3座）
	1987年，皇都头寨鼓楼	
1989年，横岭岩上鼓楼		

据村民回忆，中步侗寨在1963年修建了一座九重檐的鼓楼，采用攒尖顶，因形式别致，被称为梓坛地区"第一楼"。由于历史原因，这幢鼓楼现仅存底座。目前，我们在坪坦河流域见到的年代最早的攒尖式鼓楼是改建于1957年的横岭内寨鼓楼。村民称，横岭内寨鼓楼始建于清光绪年间，毁于1947年大火，1957年在原址上重建。其为组合式鼓楼，共有八重檐，底座平面呈方形，高两层，设两重檐，局部出悬山屋盖，三重檐及其上采用攒尖式屋顶，平面呈八边形，共有六重檐，屋脊起翘，顶刹置宝葫芦。坪坦河流域鼓楼的檐数往往为奇数，而这座鼓楼以两重檐和六重檐的单体组合成八重檐，非常罕见。从以上两例来看，攒尖式鼓楼进入坪坦河流域的时间应在20世纪中叶前后。

或许与攒尖式鼓楼的出现有关，这一阶段新建的歇山式鼓楼在规模上也有增高、变大的趋势。例如，芋头侗寨在1972年修建的田中鼓楼，尽管保留了歇山顶，却突破传统，采用了五重屋檐，特别强调了没有实用功能的屋顶造型。

在1950年代以前，坪坦河流域并没有修建攒尖式鼓楼的传统，而从1950至1990年代，这些新建的攒尖式鼓楼已具备了较为成熟的设计与技术水平，这说明，这类鼓楼形制并非本土的创造，而更有可能是主动或被动接受外来影响的结果。依据现存古建筑，在20世纪以前，攒尖式鼓楼主要集中出现在两个区域，其一在贵州黎从榕侗族聚居区，位于坪坦河流域以西，另一个在今广西龙胜平等镇一带，位于坪坦河流域以东，目前仍保留了多座清代鼓楼（图3-21）。略加比较可知，两个地区的传统鼓楼在局部有所差异，黔东南的侗家鼓楼往往在冠檐下方用如意斗栱建成"蜜蜂窝"，从而将鼓楼的顶端高高托起；平等镇的老鼓楼一般不设"蜜蜂窝"，而是采用相同形状、不同大小的屋檐重重相叠，远看更像木构的密檐塔。从外观上看，坪坦河流域在20世纪下半叶修建的鼓楼更接近于平等镇老鼓楼。

贵州从江往洞增冲鼓楼	广西龙胜平等冲边鼓楼
（修建于康熙十一年，贵州省文物局提供）	（修建于雍正十一年，网络图片）

图3-21 攒尖式侗族老鼓楼

攒尖式鼓楼一般采用的是"纯穿斗式"中心柱型结构。攒尖式鼓楼在坪坦河流域的兴建，不仅带来了鼓楼形态的革新，引入了"中心柱"穿斗结构，还扩大了纯穿斗结构在这一流域的通用范围。在新的鼓楼造型传入坪坦河流域的过程中，建筑形式的传播对结构工艺的变化有着决定性的影响。

（3）20世纪90年代至今坪坦河流域的鼓楼形式

截至2013年，在坪坦河流域9座典型侗寨中，共有18座修建或主体改建于20世纪90年代以后的鼓楼（表3-7）。具体来说，在18座鼓楼中，采用悬山顶的仅1座，采用歇山顶的4座，余下13座都是攒尖顶盖。

表3-7 坪坦河流域现存修建于20世纪90年代以后的鼓楼形态分类

类型一： 单层悬山式鼓楼	类型二： 多层歇山式鼓楼	类型三： 多层攒尖式鼓楼	
			1990年，改建高步高上村龙姓鼓楼[①]

---

① 据村民介绍，改建前为人字坡单层鼓楼，即悬山式鼓楼。始建于清。

续　表

类型一： 单层悬山式鼓楼		类型二： 多层歇山式鼓楼		类型三： 多层攒尖式鼓楼	
					1991年，改建高步克中村岩寨鼓楼①
					1993年，芋头芦笙鼓楼
					2000年，坪坦吾牙鼓楼
			2002年，中步复兴楼		2002年，改建高步克中村上寨鼓楼②
					2004年，中步梦辉楼

① 据村民介绍，改建前为人字坡单层鼓楼，即悬山式鼓楼。
② 据村民介绍，改建前为攒尖顶屋盖。

续 表

类型一： 单层悬山式鼓楼	类型二： 多层歇山式鼓楼	类型三： 多层攒尖式鼓楼	
			2005年，高友福星楼
			2005年，高秀南门鼓楼
			2007年，高步克中村新岩寨鼓楼
			2007年，高步克中村秧田鼓楼①
			2007年，坪坦高观鼓楼

① 据村民介绍，改建前为人字坡单层鼓楼，即悬山式鼓楼。

续　表

类型一： 单层悬山式鼓楼		类型二： 多层歇山式鼓楼		类型三： 多层攒尖式鼓楼	
			2009年，中步霁月楼		2008年，高秀中心鼓楼
	2010年，高步克中村女鼓楼		2010年，坪坦普济楼		2009年，改建高步高升鼓楼①
			2011年，改建高友吉利楼		

不同形式的新鼓楼的数量，首先反映的是，最早出现在黔东南和桂北龙胜地区、如高塔一般的鼓楼形式，经过数十年时间，终于取代了本地的传统样式，成为坪坦河流域当下最常见的形式。1990、1991年，高步侗寨的高步村、克中村先后将各自村内两座人字坡单层老鼓楼龙姓鼓楼、岩寨鼓楼改建成攒尖屋顶，前者顶部以檐部的"蜜蜂窝"托起楼冠，高7层，后者高5层，两幢鼓楼在改建后都拥有了更加壮丽的外观。这些改造案例也从另一个侧面显示出新形式的压倒性优势。

其次，即便是采用传统的歇山屋顶的新鼓楼，它们同样深受外来样式的影响。例如，中步复兴楼、坪坦普济楼都有7重密檐，中步霁月楼更在歇山顶的端部增加了一段"蜜蜂窝"。这些局部的改动带来了建筑高度和气势的转变，使得新旧鼓楼给人不同的感觉。

最后，行政区划调整之后，位于坪坦河源头的高友、高秀等侗寨与三江地区往来频繁，与通道侗寨因没有通勤班车，渐渐疏远，这两个村落近年的新建鼓楼也明显更接近三江地区新鼓楼的形象，较坪坦河下游的新建鼓楼高大很多。如高友村福星楼含楼冠共13重檐，高秀村中心鼓楼含双层楼冠竟有19重檐，规模殊大，气势不凡。位于高山谷地的高友、高秀诸村，四面环山，尽管仿建了

---

① 据村民介绍，改建前为人字坡单层鼓楼，即悬山式鼓楼。1949年始建。

三江地区的鼓楼,却常常由于用地局促,无法开辟相应规模的鼓楼坪,给人不甚协调的观感。

尽管新形式的植入颠覆了坪坦河流域鼓楼建筑的形制,甚至改变了整个流域的风貌,但可以注意到的是,坪坦河流域鼓楼形式的多样性并未遭到削弱,流域内鼓楼造型并未变得千篇一律。相较以往,鼓楼的多样性不再局限于歇山或悬山式屋顶上,而更多地表现为攒尖屋檐的异化与层数上,如屋檐层数的多少,如是否修建楼冠承托屋顶,如楼冠以上的屋盖是攒尖或歇山式样,等等。总的说来,坪坦河流域不同村落的鼓楼有着符合其经济水平的规模,有着特别的设计,新意迭出,不存在统一的标准或规则,侗族村落的标志建筑仍给人以近似而又不完全相同的感觉。坪坦河流域侗族鼓楼造型的多样性与其自组织营建机制有着密不可分的联系。

20世纪后半叶,中心柱型穿斗式屋架结构与攒尖式屋盖相伴在坪坦河流域出现,它们逐渐成为该地区的主流结构与外观形式。在这一过程中,特殊的屋盖形式依附于特定的屋架结构,形成了固定的组合关系。然而,这种组合关系,也在不断发生变化。一方面,梁柱局部仍有水平构件承托垂直构件的做法保留下来,使得梁架成为一种合理而多元的组合;另一方面,坪坦河流域出现的歇山式楼冠,部分是由攒尖式鼓楼演化而来,如此种种推陈出新的新做法,又使得结构与形式的对应关系再一次变得模糊起来。

以时间为线索,上述段落对坪坦河流域9座典型侗寨中现存的44栋鼓楼进行了形态和结构分析。这些分析说明,无论古今,坪坦河流域同一屋盖形式往往可由不同类型的构架方式搭接而成,构架与形式之间并无固定组合关系。由于屋盖与屋架形式的多样性,也由于屋盖与屋架组合关系的多样性,坪坦河流域的鼓楼形式呈现出一种相当复杂的面貌,故侗族鼓楼难以被简单地归结为某几种类型,可能以描述的方式能更好地展现出当地鼓楼各时期的特点。

从乡土建筑的层面,其主要启示可总结为三个方面。第一,乡土建筑的动态性。坪坦河流域最为古老的一批鼓楼始建于清乾隆年间,距今不过三百年左右,然而无论是它们的内部结构、外观风格,还是当时人们对于鼓楼的理解,都已与近年新建的鼓楼有了显著的差别。这种变化体现出乡村建筑文化的动态性,也提示日后对于村落的研究和保护可以更多地考虑从时间纬度出发。第二,乡土建筑的复杂性。坪坦河流域修造的新鼓楼,尽管往往采用了不同于本地传统的新样式,但无论在外形还是构架局部上,仍可见传统式样的遗痕,显现出鼓楼文化在这一流域的杂交趋势,以及这一建筑文化交汇所带来的村落景观的丰富色彩。第三,乡土建筑的文化性。乡土建筑的动态性与复杂性,直接来源于它的文化属性,也即乡土建筑不仅仅是特别的形式或工艺,而应视作生机勃勃的乡村生活的体现,视作社会变迁、民族演化的参照。从鼓楼的题记可以了解到,鼓楼的营建往往不是单方面意志决定的结果,而是由以寨老等首领为主导,房族人共同筹集资金和材料,数名工匠搭建主体构架,再由房族人及其亲属共同出工出力,这样一个复杂而有机的自组织过程来完成的。有别于城市建筑的严密设计化,乡土建筑是自上而下自组织的结果，这使得村民能够以不同立场、不同身份深度参与这一活动。村落首领和普通村民通过建筑形式表达自己的诉求和意见，工匠技师则发挥自己的专业能力决定构架形式，从而使得乡村的公共建筑呈现出异常复杂的面貌，也同时为解读乡村文化及变迁提供了丰富的物质材料。

四、典型公共建筑——祠庙

在坪坦河流域的侗族村寨中，除萨坛以外，用于祈求福祉的公共建筑一般还有飞山宫（庙）、城隍庙、土地庙等不同类型的祠庙（表3-8）。这些祠庙建筑代表了不同的信仰，形象上也有特别之处，它们往往以青砖修建，外表饰以白灰，呈现出有别于萨坛、鼓楼或普通民房等纯木构建筑的风貌，进一步显示出多元文化在该地区的交汇与融合。

表3-8 坪坦河流域祠庙类型统计

序号		1	2	3	4	5	6	7	8	9
村寨		高友	高秀	高步	阳烂	坪坦	横岭	皇都	中步	芋头
飞山宫	建否	√	√	√	√	√			√	
	名称			现存遗址		吴氏、杨氏飞山宫				
南岳庙	建否		√	√	√	√	√	√		
	名称		本村称南通庙	现存遗址						
家族祠堂	建否			√	√	√	√			√
	名称			龙氏祠堂	龙氏、杨氏祠堂	石氏、吴氏祖庙	欧氏祠堂			先贤祠堂（后改礼堂）
雷祖庙	建否	√				√	√	√		
	名称	称雷王庙				现存遗址				
城隍庙	建否					√	√			
其他	名称	土地庙等	来祖大神庙、土地庙等	社王祠、香岭求子庙、三月三庙（河神庙）遗址、土地庙等	满船庙、土地庙等	孔庙、李王庙遗址、螺祖坛、土地庙等	两圣宫、土地庙等	土地庙等	云霞寺、土地庙等	学馆遗址（存碑记）等
现存祠庙数量		2	3	3	6	9	4	1	3	1

在坪坦河流域，性质不同的祠庙建筑往往有着不同的数量和分布特点。首先，代表着衡山南岳信仰、靖州飞山信仰和儒学信仰的南岳宫（庙）、飞山宫、文庙，一般一座村落独享一座，它们的规模常常可与老鼓楼比肩，一般坐落于村落中心，即与中心鼓楼一同环绕在鼓楼坪周边（图3-22~25）。其次，用于祭拜家族祖先的祠庙，往往由家族集资修建，所以一座村落往往有一座以上，分布在相应家族聚居区的中心地带。在某些村落，一些村民也将飞山宫用作家族祠庙，在这些村落中，飞山宫也可以有多座。此外，还有如河神庙、土地庙、雷神庙等祭拜特定自然神的祠庙，它们往往点缀在居住区的边缘，在不同村落，数量有所不同。

坪坦侗寨南岳庙（石斌摄）

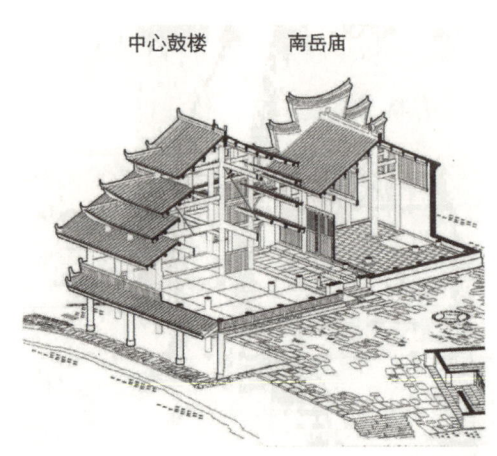

坪坦侗寨南岳庙剖面示意图（通道县文化局提供）

横岭侗寨南岳庙（通道县文化局提供）

中步侗寨南岳宫

图3-22 坪坦河流域的典型南岳庙

坪坦侗寨吴氏飞山宫（通道文化局提供）

高友侗寨飞山庙

坪坦侗寨杨氏飞山宫

高秀侗寨飞山宫

图3-23　坪坦河流域的典型飞山宫

高步侗寨龙姓祠堂

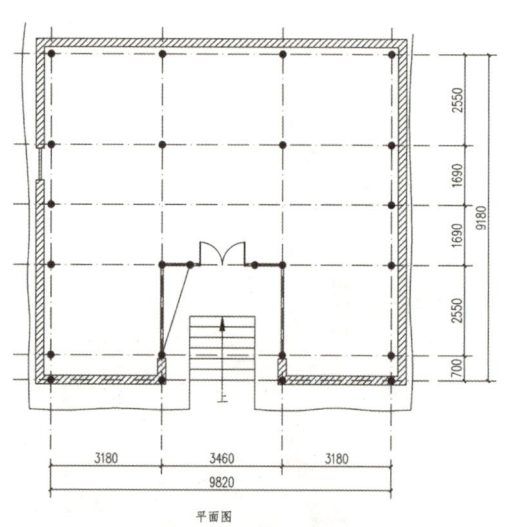
高步侗寨龙姓祠堂平面示意图（袁怡雅绘）

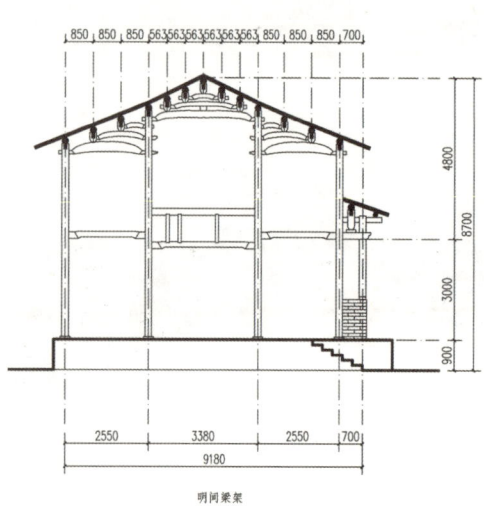
高步侗寨龙姓祠堂剖面示意图（袁怡雅绘）

坪坦侗寨石氏祖庙

阳烂侗寨祖祠

图3-24 坪坦河流域的典型家祠

高友侗寨雷王庙

高步侗寨社王祠

坪坦侗寨城隍庙

坪坦侗寨孔庙（网络图片）

横岭侗寨两圣宫

横岭侗寨城隍庙

图3-25 坪坦河流域其他祠庙

不同类型的祠庙建筑，尽管在规模和数量上有所差异，但它们却有别于普通的侗族民居，其原因，大概可总结为三个方面：首先，绝大多数祠庙建筑都会使用在传统侗族村落中很少用到的建筑材料——青砖，如砖材有限，则仅用来修建建筑的山面，如材料充足，则整座房屋都以青砖包裹。其次，祠庙建筑的形制也有别于典型的侗族建筑，其底部往往用石块垒筑基座，很少采用常见于侗族民居的木构干栏底座；一般采用山墙高过檐口和屋脊的硬山式屋顶，而非常见于侗族民居的悬山屋顶。最后，祠庙建筑的颜色也很别致，往往在墙面上成片涂抹白灰，色泽洁白，它们与深褐色的木造鼓楼、风雨桥、民居等构成了鲜明的视觉对比。因此，坪坦河流域的祠庙建筑往往呈现出"粉墙—黛瓦—马头墙"的模样，这不由得让人联想起湘中民居的风貌。

从整个流域来看，一座村落所拥有祠庙建筑的数量，往往与其在整个流域社会组织中的地位有关。20世纪50年代以前，高步侗寨曾是坪坦河流域的政治、经济中心之一。据年长村民回忆，当时的村寨内有不同类型的祠庙十余座，蔚为壮观；中华人民共和国成立后，南岳庙、飞山宫、多座家祠以及"三月三（河神）庙"相继毁弃，目前仅有龙氏祠堂、社王祠、香岭求子庙等几座留存下来。由于乡政府的迁移，高步的繁华不再，旧祠庙遗址无人问津，也不再有足够的人力、物力修建新祠庙。从20世纪70年代开始，坪坦村取代高步成为乡政府所在地，迄今村寨内祠庙建筑数量众多，类型也相当丰富。沿坪坦河岸，村口建有城隍庙、雷祖坛，环绕中心鼓楼坪，有戏台、南岳庙、孔庙；深入村寨内部的居住组团，还可以看到属于不同家族的祠庙，如吴氏飞山宫、吴氏祖庙、吴氏祠堂、杨氏飞山宫、石氏祖庙，等等。

五、典型公共建筑——风雨桥

对于伴水而居的侗民而言，横跨溪河的桥梁是不可或缺的交通设施。侗族地区的桥梁，有木石结构的廊桥、悬臂梁石板桥、单孔拱券石桥等，材料不同，形制多样。在坪坦河流域，村寨以坐落于河谷坪坝地带居多，受资源条件的限制，桥梁以叠石为桥基、杉木为屋身的石木结构廊桥最具代表性（图3-26）。

图3-26　坪坦侗寨风雨桥（通道文化局提供）

廊桥俗称风雨桥，又称福桥、花桥等，作为一种木结构桥梁，它的最大特点是用或简或繁的廊、亭将桥身部分覆盖起来，远看上去，就像是一座横跨河流的精美建筑物，引人驻足欣赏。坪坦河流域地处亚热带山区，湿热气候对桥跨的木材尤为不利，从维护的角度来说，加建房屋覆顶，不仅能美化桥身，还能保护木质桥面及桥跨免受日晒雨淋，延长桥梁的寿命。选址于高冈的侗族村寨，由于村寨内外一般仅有水量有限的溪河流经，即便修建风雨桥，桥梁的规模一般也不大，构架相对简单。选址于开阔坪坝的侗族村寨，由于村寨内外至少有一条流量较大的溪河流经，村寨的公共建筑、民居、道路、耕地、林地等一般位于河湖同侧，所以风雨桥一般架设在村寨外围的交通线上，虽规模宏大，但数量有限，且与村民的日常生活往往有一定距离。相较而言，选址于河谷坪坝的侗族村寨，河流的数量和水量介于上述两者之间，所以这些侗族村寨往往有多座风雨桥，不但规模可观，形态灵活，还与村民的日常生活、娱乐有着密不可分的关系。在坪坦河流域的侗族村寨中，风雨桥还兼具桥梁、鼓楼、凉亭和寨门等不同建筑的功能，使得廊桥不仅提供交通上的便利，还能成为村民聚会小憩的休闲场所。

在本书重点考察的9座村寨中，目前仍保存着21座风雨桥，这些桥梁的构架不受"法式"约束，因地制宜，依据河流宽度的变化，跨溪的长度、廊亭的数量和桥梁的复杂程度都有所不同。一般来说，坐落在坪坦河源头或支流上的风雨桥，跨度仅数米；位于坪坦河干流上的大型风雨桥，跨度可达十余米。桥梁跨度的不同，进一步又影响了桥亭的形制与组合。因此，从坪坦河的上游至下游，随着河道由窄变宽，风雨桥的跨度由小变大，桥亭的数量往往由少变多，屋顶构架和形态由简单变得复杂，将风雨桥灵活多变的特点发挥得淋漓尽致。在坪坦河流域，高步村的永福桥、回福桥，阳烂村的文星桥，阳烂村西高团侗寨的永定桥，坪坦村的普济桥，横岭村北坪日侗寨的回龙桥，中步村的中步头桥、中步二桥，以及中步村南路塘村的观月桥等7座风雨桥，因结构合理，布局独特，造型美观，被列为第六批全国重点文物保护单位（表3-9）。

表3-9　坪坦河流域典型风雨桥

名称	永福桥
位置	坪坦乡高步村
修建时间	1946年
特征	单跨，双桥亭

续 表

名称	回福桥
位置	坪坦乡高步村
修建时间	1940年
特征	双跨，三桥亭

名称	文星桥
位置	坪坦乡阳烂村
修建时间	1954年
特征	单跨，两坡顶

名称	永定桥
位置	坪坦乡高团村
修建时间	20世纪前后
特征	单跨，两坡顶

名称	普济桥
位置	坪坦乡坪坦村
修建时间	始建于清乾隆年间，光绪二十一年（1895）修复，1914年维修
特征	单跨，两坡顶

续　表

名称	回龙桥	
位置	坪坦乡坪日村	
修建时间	始建于清乾隆年间，1931年修复	
特征	双跨，三桥亭	
名称	中步头桥	中步二桥
位置	陇城镇中步村	陇城镇中步村
修建时间	始建于清咸丰年间，光绪二十年（1894）重建，1923年大修。	始建于清嘉庆年间，1921年修复
特征	双跨，两坡顶	单跨，两坡顶，人畜分道
名称	观月桥	
位置	陇城镇路塘村	
修建时间	始建于清康熙年间，1982年重建	
特征	双跨，三桥亭	

参考这9座国保风雨桥，可将坪坦河流域风雨桥在选址和结构上的特点总结如下：

首先，在选址上，坪坦河流域的风雨桥多位于村口或村尾的河道直行区。在丘陵地带，河水的水流速度与河道的形状关系密切。在河道拐折处，不仅水流湍急，常常还出现漩涡，相较而言，河道直行段的水流速度则会大幅减缓。因此，为了减少河水对桥墩的冲击破坏，风雨桥较为理想的架设地点是河流直行段。

其次，在结构上，坪坦河流域的风雨桥一般以青石砌筑的墩台作为桥基、以悬臂木结构托架桥面，以桥廊、楼亭相组合，搭建桥屋及屋盖。坪坦河流域的风雨桥，以单跨和两跨两种形制居多。如是单跨桥梁,则无须设桥墩,桥跨直接架设在加固后的岸堤上;如是两跨桥梁,其桥墩一般先用大块的青石砌筑成六棱柱体外壳,外壳首尾两端被砌筑成锐角,以减少水流的冲击破坏,再向桥墩内填塞石料,以增加桥墩的稳定性。

最后,坪坦河流域的风雨桥普遍采用密布式悬臂梁支撑屋面。具体来说,这种结构的特点是自桥墩开始交错铺设纵横方向的木枋,以平行于桥身的纵梁出挑,承受桥面梁的弯矩,以垂直于桥身的横梁作为隔垫,均匀传递压力,并在尾部凿榫镶枋固结纵横梁枋。随着平行于桥身的纵向梁枋逐渐增长,逐层向上承托,减少桥面梁的跨度和桥的挠度,从而形成稳定支撑屋身的伸臂悬梁。与一般桥梁的纵梁均水平搁置有所不同,回龙桥和普济桥的纵梁均呈45°斜向放置,通过在纵梁与桥墩交接处的上方填压石块,较好地解决了因桥面受力给伸臂承重带来的斜度分力影响,增加了桥身的稳定性(图3-27~29)。

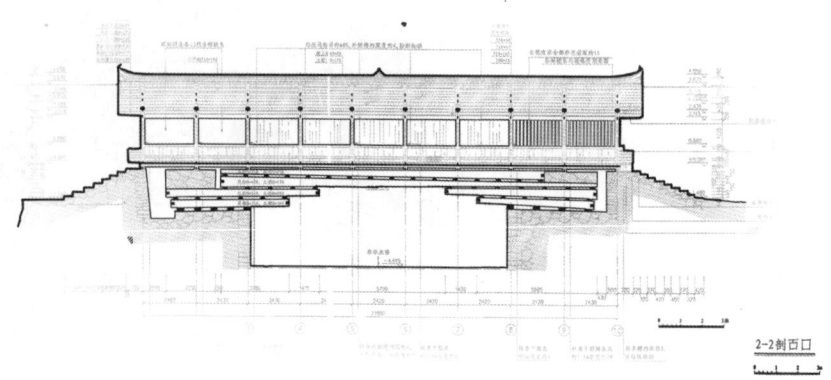

图3-27 文星桥剖面示意图(改绘自通道文化局资料)

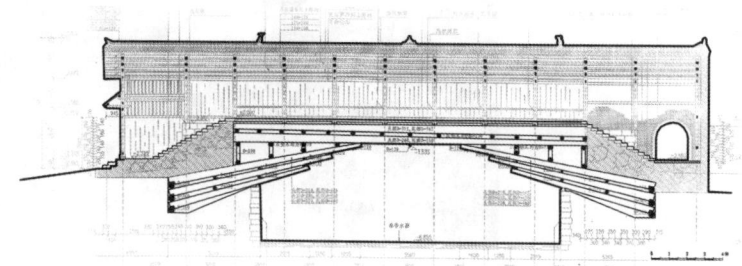

图3-28 普济桥剖面示意图(改绘自通道文化局资料)

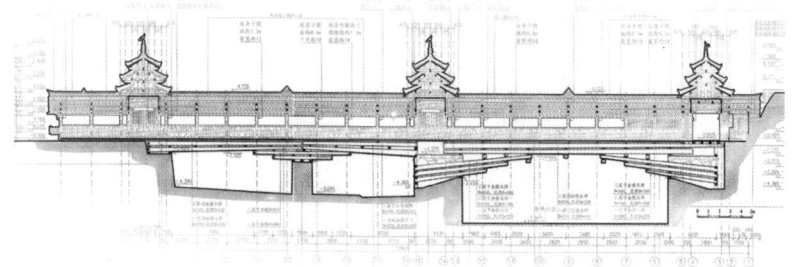

图3-29 回龙桥剖面示意图(改绘自通道文化局资料)

在坪坦河流域，单跨的桥梁一般覆盖两面坡屋顶，两跨的桥梁则常常在廊桥的首尾及中部增建重檐歇山或攒尖屋顶，这些颇具匠心的点缀，使得原本平直的屋面线出现凹凸变化，为简朴的桥梁增添了几分灵动飘逸的风姿。

有人写道："坪坦河上的桥，不只是为过桥而设。"的确，坪坦河流域的桥还反映着当地的社会习俗、文化情趣与多元信仰。部分风雨桥位于寨头或寨尾，踏上风雨桥便意味着进入村寨，这使风雨桥也扮演着寨门的角色，隐约提示着村落的边界。一些位于村落中心的风雨桥，起到了连接各寨的作用，它们为村民提供了不定期聚会的场所。典型如高步村的永福桥，它坐落于高步三寨的中心，这是三村居民往来的必经之路，也是人们最钟爱的纳凉地点，每天午后，都有大批村民来到永福桥，或是倚着直棱窗午睡，或是三五成群打牌，或是邀约好友一同纺纱，人群几乎占满了桥梁4米宽的过道——村民说，永福桥是全村最凉爽的地方，也是全村最热闹的地方。

侗族人讲究清洁卫生，尤其是公共卫生，这在风雨桥上也有所体现。例如，中步二桥辟有人行道和牲畜行道，其中人行道宽4.01米，北面还特地辟出一条宽仅1.34米的通道，供给牲口和赶牲口的人通行。在当地村民的观念里，福祉和财运随溪水流转，如能阻挡住河流，那么也就能将好运留在自己的村寨中，基于这一考虑，在寨尾附近的风雨桥往往不在面朝溪河下游的方向设窗，只安装封闭的木板，希望这能暗示对水流、福祉流逝的阻挡，在回福桥和文星桥都可以见到这样的设计。

在风雨桥内部，承重柱之间普遍搭设宽敞舒适的坐台，木柱上还常悬挂着为过桥路人预备的草鞋，桥跨较大的风雨桥内部通常还设供奉关公、文昌、魁星、判官、土地神的像龛，对于孤独而疲惫的旅客而言，这些陈设提供了物质与精神的双重关怀（图3-30）。

高步侗寨永福桥

中步侗寨中步头桥

图3-30　风雨桥内的村民聚会

六、居住建筑的传统与更新

在《宅形与文化》一书中，拉普卜特写道"民间的盖房习惯则下意识地把文化需求与价值，以及愿望、梦想和人的情感转化为物质形式"，因此，住宅建筑是"微缩的世界图景，是建筑和聚落中显露出的'理想'人居环境，不需要设计师、艺术家或建筑师来'班门弄斧'"[①]，它们反映了民众最真实、最恳切的需求。在坪坦河流域，传统民居以本地杉木为主要材料，屋架通常采取穿斗结构，平面上以开敞宽大的前廊、神秘深邃的火塘间和祭拜先祖天地的堂屋为核心空间。作为侗族村寨中数量最多、占地总面积最大的一类构成单元，居住建筑的外在形态影响着村落的整体景观，平面形制则是每个社会基本单位生活模式的真实写照。除了居住建筑，侗族村寨中往往还有与侗族传统生活、生产模式密切相关的房屋，如厕所、粮仓、晾架、榨油房等，它们体量一般不大，作为住宅的附属部分零散分布，它们那简陋的构架、独特的形态，让今人追忆起前工业时代农业劳作的艰辛与人类意志的顽强。

1. 传统居住建筑的演变

在坪坦河侗族聚居区，传统民居的选材和建构都基于山区谷地的资源和气候条件，遵循着简朴、实用的原则，一般没有太过夸张的装饰或陈设。在坪坦河流域的9座典型侗族村寨中，目前以修建于20世纪后半叶，即1950年代至1990年代的住宅居多。这些住宅往往就地取材，即整座房屋的梁架、楼板、墙板、窗扇甚至屋顶，几乎全部采用当地出产的杉木修造。常见民居一般高三层，多数情况下，面阔三间，每间宽度在3米左右，进深两间，每间深度约3.5米。从平面布局上，以独栋式建筑为主，不设私密庭院，入户道路直通主体建筑的入口，辅助用房依附或脱离于主体建筑修造。村民回忆，在中华人民共和国成立以前，仅高步村有数座合院民居，由于人为或自然原因，目前仅残存一处，即位于高上村龙姓屯的杨富业宅[②]。

当地民居的房屋单体一般由檩条连接数个平行排架构成，平面呈横长方形，排架根据柱网平面的不同，立三或五个瓜柱不等。屋顶形式以悬山两坡式样居多，部分房屋在山面加建披檐，形成俗称"半边楼"的组合式屋盖，从而更好地阻挡丘陵河谷地区常见的飘雨。屋面一般采用五分水，陡者可用六分水。屋面通常不做灰背，早先通过檩上覆盖杉木皮作为屋盖，随着

---

① 阿摩斯·拉普卜特著，常青等译：《宅形与文化》，北京：中国建筑工业出版社，2007年，第2页。
② 住户称，他们的房子已有数百年历史，20世纪70年代拆除了位于院落北侧的房屋，所以如今也已不是完整的合院。

生活条件的改善，在稍晚一些时候，屋面逐渐改进为在檩上钉挂瓦条，再铺小青瓦，最后在檐檩外设木质封檐板的做法。

20世纪后半叶以来修建的住宅建筑，其首层主要作为堆放杂物、饲养家禽的场地，内部空间仅有简单分隔。房屋二层及其上作为起居空间。其平面布局与汉族民居不同，入口处设楼梯，可直通二层的前廊。前廊宽度约2米，临街一侧有通长的座椅，是全家团聚起居的主体空间。在二层背街一面，中央往往是堂屋，摆放着神龛、祖先牌位，供全家人祭拜。在堂屋后方是厨房，中央设火塘。在堂屋间两侧，分设仓房和长辈的卧室。三层设多间卧室，它们一般位于房屋的中央，由木板分隔而成，供家中年轻人居住。环绕卧室，往往设外挑的走廊，作为观景和晾晒之用。三层以上还有数米高的三角形屋架层，为了利于通风，屋架两山面并不封闭，其内或用来堆放农业生产器具，或用来晾晒粮食。计算下来，这些住宅一般占地约70平方米，作为起居生活使用的面积大约在100至150平方米之间，单间卧室较小，一般仅有10平方米左右。

目前，坪坦河流域最为古老的住宅大约建于清代中晚期，由于火灾、洪涝、自然老化和更新改建等缘故，能够保存到今天的房屋数量极少，在9座典型侗寨中，总计不超过10幢。其中，保存较好的有高步村龙姓屯的杨富业宅、阳烂村龙建景宅、横岭村杨盛刚宅和芋头村的杨正安宅（图3-31~35）。经过初步测绘可知，这4处老房子尽管分布在不同村落，却反映了一些有别于当地常见民居的特征。

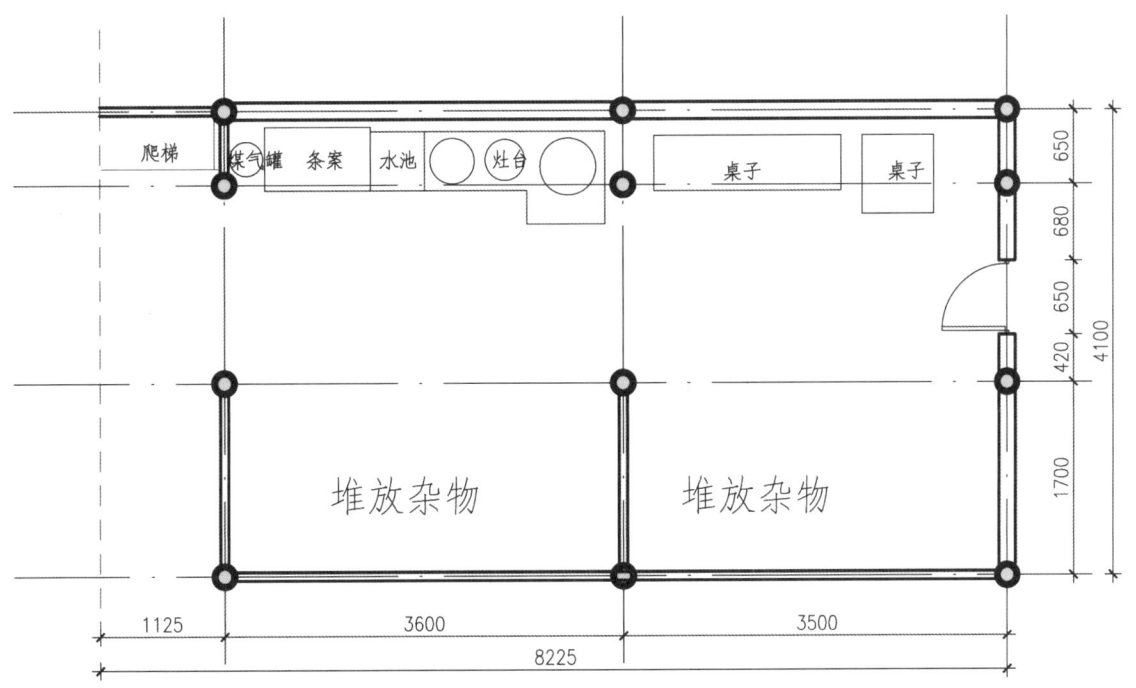

<u>**二层平面图**</u>

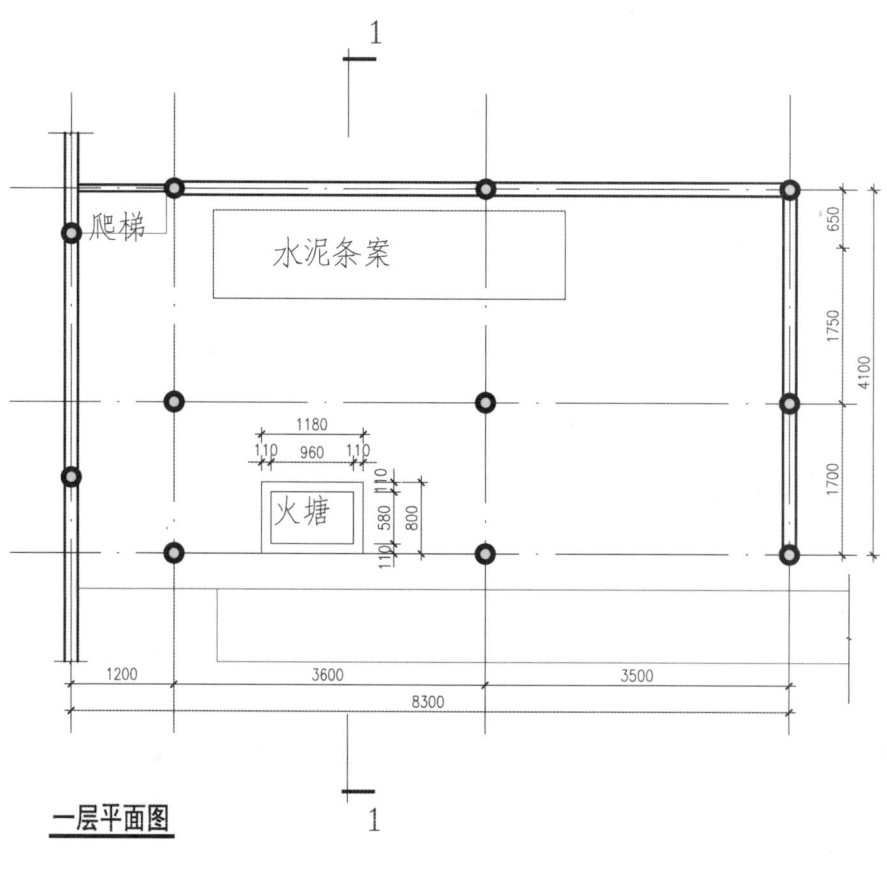

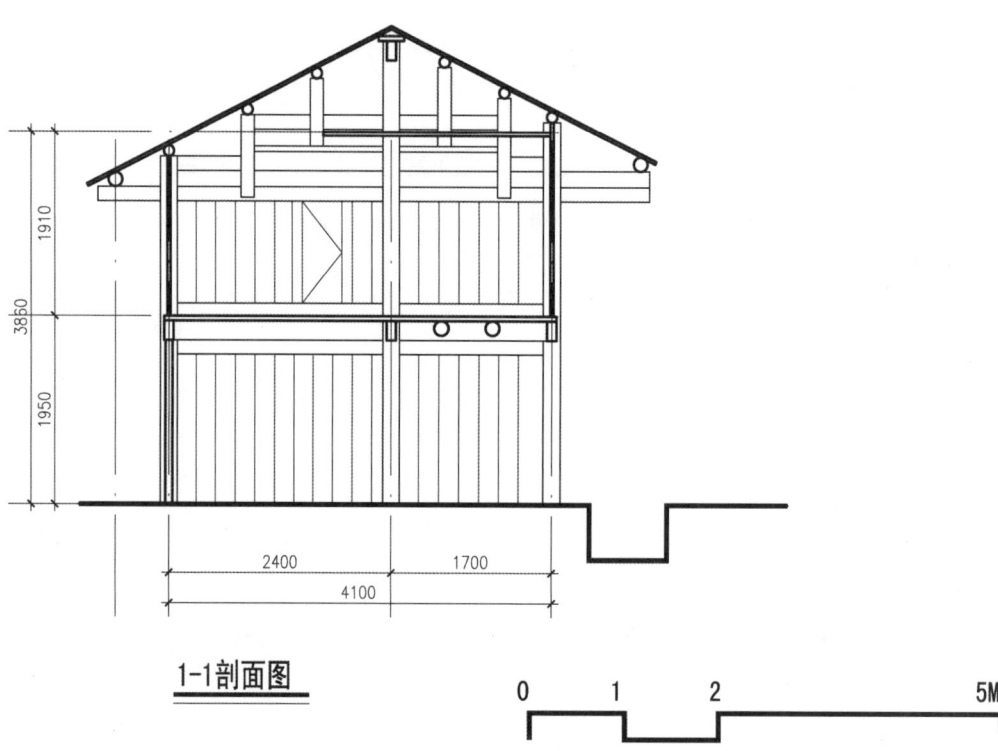

图3-31 阳烂侗寨龙建景宅示意图（赵彤绘）

图3-32　高步侗寨杨富业宅

图3-33　阳烂侗寨龙建景宅

图3-34　横岭侗寨杨盛刚宅

图3-35-1　芋头侗寨杨正安宅

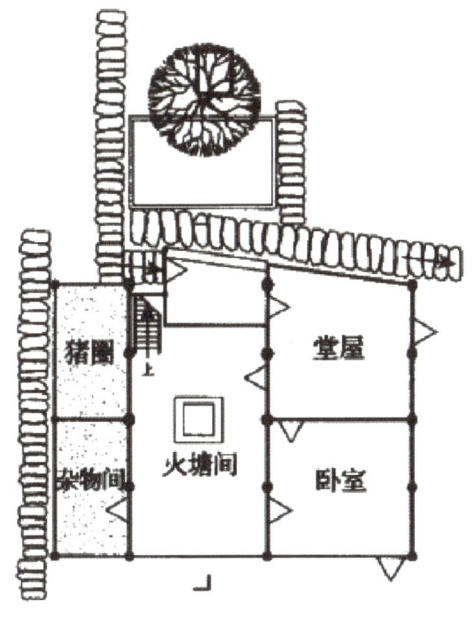

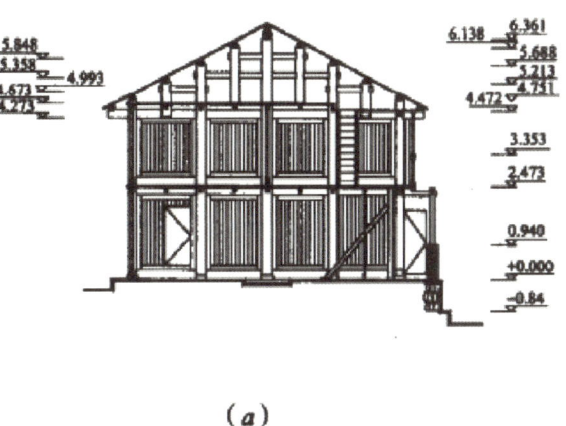

(a)

图3-35-2　芋头侗寨杨正安宅示意图（引自蔡凌著作）

第一，四栋老宅的主体建筑都只有两层，且每层层高往往不足两米，相较于村寨一般传统民居，它们明显矮小很多。第二，四栋老宅的基底采用的都是片石堆砌，形成一个略高于地面的台基，这不同于当地年代较晚的木构民居，在建筑底部以干栏修建架空防潮层。第三，四栋老宅的首层原本都是居住层，厕所、谷仓单独修建，这与当前常见的住宅也有所不同，后者往往将首层用来存储杂物或豢养家畜，居住房间主要位于第二、三层。第四，从剖面上可以看到，这些老民居临近街道一侧很少采用悬挑的檐柱，很难看到如今被视作侗族建筑特色的"吊脚楼"做法。

比较可知，自清代到近代，坪坦河流域的传统民居从体量到结构均已发生变化，其高度自低变高，平面由小变大，房间的数量增多，功能越来越复杂，甚至一些当前被认作"民族特色"的做法，实际在百余年前并未见得流行于这个地区。这些变化的原因，既来自于社会结构的变化，例如家庭规模的增加，也有经济条件、技术能力改善的影响，同时也与人们观念的改变有关。联系前文对鼓楼演变的分析，还可以试探坪坦河流域在百余年前的风貌：那时，这一带的鼓楼的屋檐应不过三重，气势虽不及现在流行的塔式鼓楼，却远远高于当时仅有两层高且层高约两米的民居，正因为如此，如今看起来略显低矮的老鼓楼，在当时的村落中仍是最为挺拔高耸的建筑，仍是村落的视觉标志。

一些居住的传统，从新、老民居的对比中，可以见到前后延续的痕迹，典型如前廊、火塘和堂屋。前廊一般设于房屋的临街面，进深一间，宽度与房屋面阔相同，它是介于室内外的过渡空间。前廊面向街道一侧常常向外悬挑栏板形成一排座椅，侗家人倚栏而坐，既可遥望山地上的稻田，也能与来往亲友聊天，相当于侗民家中的客厅。在侗族人的生活传统中，火塘间集炊事、取暖、照明三种功能于一体，是传统祭祀祖先和神灵的场所，它不仅是家庭生活的中心，还是最基本的社会单位——家庭的象征。堂屋也是坪坦河流域侗族家庭的礼仪空间，安设神龛和牌位，用于祭拜天地、先祖，举办各类婚丧嫁娶庆典。在坪坦河流域，火塘间与堂屋都起到凝聚小家庭的作用，有部分功能上的重合，同一幢民居内兼有这两类房间的情形相当常见。

在坪坦河流域，传统住宅的修建往往遵循着较为固定的程序。在建宅之初，需聘请风水先生确定房屋的适宜朝向以及测算房屋各建造步骤的恰当时间。传统住宅的设计和施工由富有经验的木工主持，一般来自本村或邻村，这一主持者，一般被尊称为"墨匠"。接下来，"墨匠"依照风水先生的指示，结合基址条件，设计房屋的构架，即排架的数量和形式，推算房屋的平面规模和控制高度，并将这些数字在一根丈杆上用墨线标识出，包括立柱、穿枋的长度，然后，在若干小片竹篾上标示瓜柱、穿枋以及榫卯等细部尺寸，获得所需木料的预算。待木料备齐后，在风水师测算的吉日，可破土、动工、上梁。一般来说，坪坦河地区的传统民居需两至三名木工合力修造,半年时间可完成主体木构架的搭建,而门窗等细节则视各家的经济水平逐渐完善,也可以在入住之后再行添加。

2. 传统生活生产辅助设施

受到技术、经济条件限制,并非所有的生活、生产辅助设施都能设置在传统侗族民居中,如井亭、牲棚、厕所、粮仓、禾晾和榨油房等。它们常常在住宅之外独立修建,以便几户共享(图3-36、37)。一般来说,这些辅助用房体量矮小,结构简单,外观简陋,极不起眼,尽管如此,它们类型多样,形态特殊,反映了丘陵地区传统农耕型村落的生活和生业方式。

图3-36　高步侗寨井亭

图3-37　横岭侗寨牲口棚

早期的侗族住宅内中并不设厕所,而是数户将厕所屋舍合设于同一便于排污的场地,如田间,如池塘边,如田埂一侧。厕所的搭建只需要四根主要的柱子,它们围成一个方形,周边以木板围合遮挡,再利用柱子搭建出踩踏的地板,地板上留出排泄洞口。厕所往往不设屋顶。

谷仓是存放谷物粮食的仓储类建筑。为了防止火灾、鼠患等对粮食的大面积破坏,一般将全村的谷仓远离住宅区,集中修建在村边或是架设在水塘、溪河之上。村民称,当地的传统粮仓往往进深一间,面阔一间或数间,呈正方或长方形,高度不超过两层,底层一般架空以防潮。禾晾是一种肋木形式的高木架生产设施,侗语里称"liangn"或"langn"。它们一般竖立在村寨周边或寨中向阳地,禾晾旁边一般有开敞的晒坝,供周围数户共用。因此,一个村庄或一个组团中常常有多组禾晾和晒坝。同时,也有禾晾与谷仓合建的情况,即在谷仓外侧设一圈廊柱,周匝设横向栏杆,作为晾晒之用。

此外,坪坦河流域的村民种植茶树,以茶油作为收入来源,所以还曾修建炼制茶油的榨油房。榨油房的底部由黄泥建成，为烧柴的空腔，底板上分隔为数个独立的小木格，每个家庭将各自采集的茶油果放入不同的木格中。摆放好茶油果之后，开始对榨油房底部加热烘烤，木格里的茶油果受热崩裂，茶油就可汇集在木格里，冷却后收集即可（图3-38）。

残榨油房

榨油房

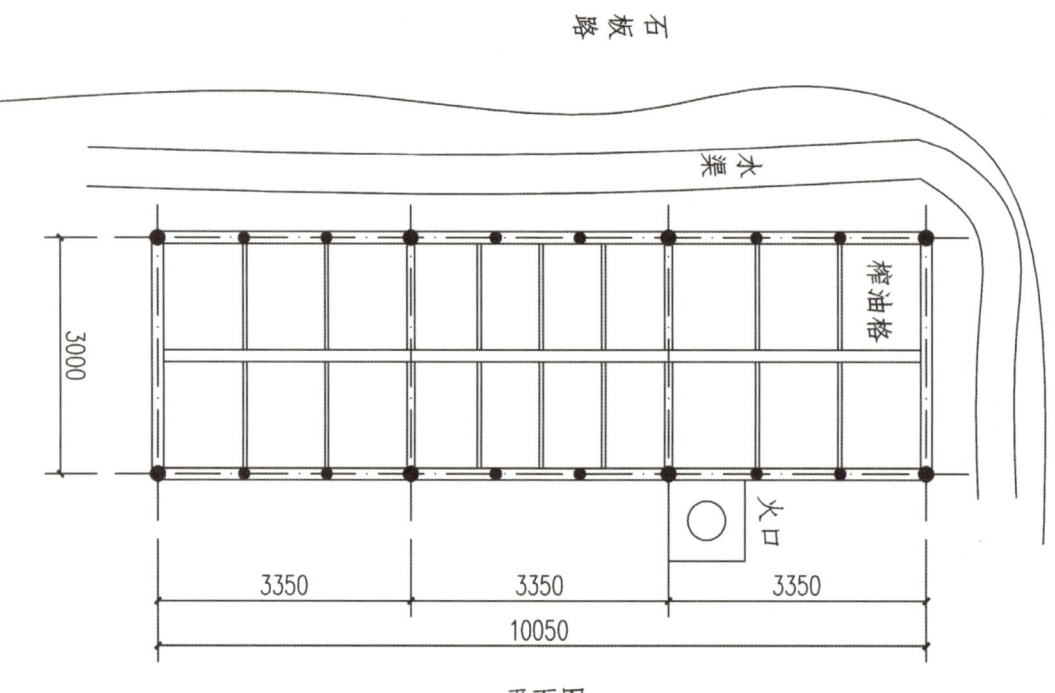
平面图

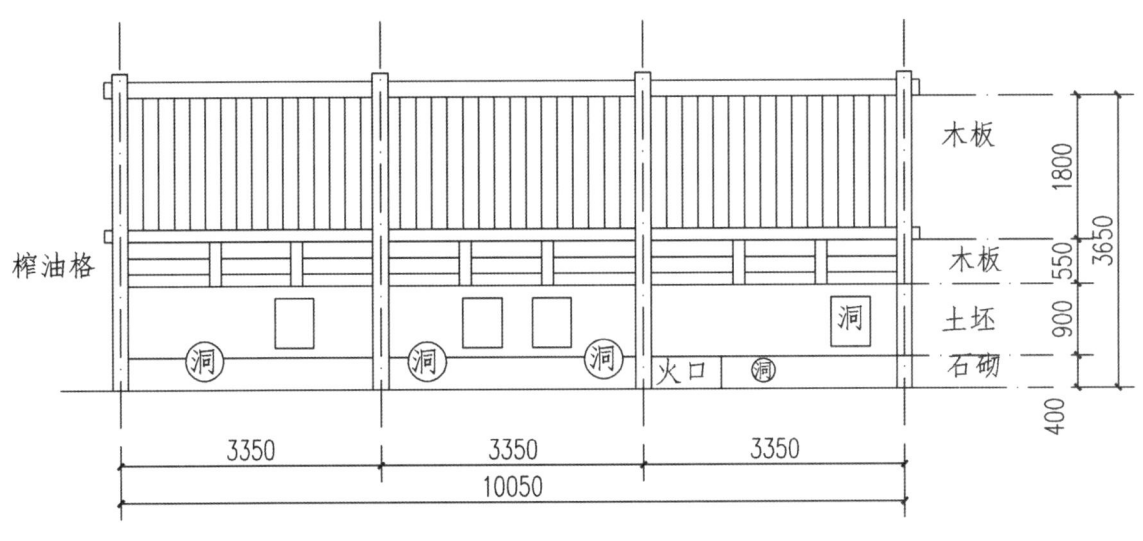

残榨油房平、剖面示意图（袁怡雅绘）

图3-38 高步侗寨榨油房

近十余年来，坪坦河流域侗民的生业和生活方式发生了较大的变化。厕所和谷仓一般已集中到住宅内部，榨油可以采取更机械的方法进行，人们往往通过外出打工而非务农来获得生活费，不再需要豢养家禽家畜。这些变化使得上述辅助建筑或拆或毁，在村落里即便能零星保留下来，也往往只剩下让今人或缅怀、或遗憾、或疑惑的骨架和残骸。

3. 传统侗族民居存在的问题

在特殊的历史阶段，基于特定的技术条件，侗族民众探索了木结构房屋的架构方式，利用本土材料创造了独具特色的民居形式，其贡献无可置疑。然而，基于现代生活的需求，传统的侗族民居也存在若干缺陷，可总结为以下三个方面。

首先，厨卫性能和卫生条件不佳。在传统的侗族民居中，火塘间即是厨房，一家人烧煮、烹饪都在这里进行，不仅使楼板、墙板易被烟火熏黑，还存在火患威胁。由于厕所设在室外，不仅日常生活多有不便，也无法提供洗浴设施。

其次，外墙的保温与采光条件较差。在中国的西南山区，早晚、冬夏都有较大温差，侗族民居的外墙一般是单层木板，保温性能有限。为了遮挡山风、保证房间内的温度，侗族民居临山一面的墙面上往往仅开巴掌大小的窗洞，洞口处安装可移位的木板，通过控制洞口的开闭，来控制室内温度和采光。如在温暖的午后及夏季，洞口的木板被移开，直射光可照进室内；在阴冷的早晚及冬季，以木板挡住洞口，室内照明无法利用自然光，室内光环境不佳。然而，即便在午后及夏季，窗板移开、窗洞打开时，由于窗洞过小、室内外明暗反差太大，房间内有时会出现眩光。

最后，墙、楼板的隔音条件较差。在坪坦河流域，民居的墙板、楼板多数情况下仅采用单层木板，虽能阻挡不同房间的视线干扰，却很难减弱透射声能、阻挡声音的传播，使得左右、上下相邻房间的相互干扰严重。

此外，考虑到现实情况，侗族民居的设计还应更多地照顾儿童和老人的需要。坪坦河流域侗族村落现以主干家庭为主，家庭成员一般包括夫妻、夫家的父母（或直系长辈）及未成年子女，大约7口人。然而，由于青壮年悉数外出打工，除了节假日，一栋三层的住宅常常只有老幼4口人使用，但家居设计常常无法照顾到老人和小孩的特殊需要，存在一定的安全隐患。

4. 侗族民居的更新趋势与问题

2000年以后，坪坦河流域的新建或改建的住宅，多为侗民自发建设，大胆采用了砖、玻璃、混凝土等建筑材料，添置了现代家居设备，尤其对厨房、卫生间、淋浴间进行了改造，很大程度上提升了居住舒适度，也带来了一些值得注意的问题（图3-39、40）。总结起来主要有以下几个方面：

图3-39　高步侗寨新建民居

图3-40　坪坦侗寨新建民居

第一，房屋规模的扩大与建筑材料的浪费。

近年来，当地的新建住宅已有四层或超过四层的情况，伴随着基底面积的增大，房屋的整体体量明显变大。随着外出打工的机会增多，侗民收入增加，他们往往将大部分收入用来修盖新房，改善家中老幼的居住条件，无形中滋生出一些攀比风气，这是房屋规模扩大的一方面原因。

房屋规模的扩大，使新建住宅内的房间功能得到细化，可以新设干净宽敞的淋浴间，也可以整合原本分散的卫生间和粮仓，还可能分别配置人、畜灶台，这无疑改善了侗民的居住条件。然而，民居规模增大也带来一些负面影响。从整个村寨来说，住宅基底扩大，往往需要侵占更多农田；住宅高度增加到几乎可与老鼓楼比肩，削弱了鼓楼的标志性，也弱化了团聚式村落的天际线特有的美感。从家庭内部来说，盲目扩大房屋规模和房间数量，过度消耗了房屋建设的预留经费，使用于房屋装修、装饰的资金变得非常有限。

第二，新旧建筑材料与结构的结合与冲突。

除了经济条件改善，房屋规模增大另一方面原因是新材料和新结构的引入。公路开通以前，砖瓦类建材对于坪坦河流域的侗民来说是奢侈品，仅主要用于宗社祠堂等礼仪建筑的修建。到如今，新的建筑材料，如红砖、混凝土、不锈钢、玻璃、瓷砖等都可以源源不断地送到当地，住宅的建设在用材和结构上有了更多选择。因此，当地新建民房采用整体或局部砖混、砖木的情况不在少数，全木结构新民居实际已很难见到。

具体来说，目前最常见的构架方式有两种，第一是建筑主体结构柱从上至下都为木柱，底层以红砖替代木板作为围护结构；第二是底层修建成砖混结构，木构架从二层起建，木柱与底层砖柱相接。此外，近年也出现了少量纯砖混结构的民居，它们的表层贴饰瓷砖，外观亮丽，风貌与传统民居反差极大。这些新的构架方式，都可以使房屋的木构部分与土地脱离，提高住宅防火、防潮性能，居民往往将首层设为厨房、卫浴，在地面铺水泥或瓷砖地面，弥补传统木屋的不足。在房屋上部，由于采用不锈钢窗框和玻璃，窗洞面积增加，住宅的采光也得到了改善。然而，新的构架方式也带来了一些问题，其中以色彩和风貌问题尤为突出。从屋顶色彩看，原本的杉树皮、小青瓦屋面，逐渐混入红色、蓝色波形瓦；从墙体颜色看，原本褐色的木楼群，逐渐混入白色、蓝色、红色的瓷砖。为了控制风貌，一些村落又在贴瓷砖的新房外部包裹杉树板，装饰成传统民居的模样。如何协调新材料、结构的优势与弊端，寻求村落整体景观与个体房屋改造的平衡，是坪坦河流域亟需解决的问题。

5. 房屋设备的更新与安置

随着经济状况的改善，坪坦河流域侗族住宅的功能性房间，如卫生间、浴室、厨房，也增加了很多新的设备，尤其是新建住宅，在条件好的家庭，已经开始使用成套的炉灶、浴霸及其他淋浴设备。然而，这些增设的厨卫房间一般采用砖混结构，自由加建在老房子外围，对道路界面的完整性产生了不利影响。除了厨卫设施，不少侗民还购置了彩电、冰箱，部分家庭还有电脑。这些家用电器，使侗民有了更多机会了解外界，但同时也给住宅的设计和改造提出了新的要求。例如卫星信号接收器，如何在屋顶布置它们，才能同时兼顾电视信号的接收和屋顶风貌的和谐，也有待探索。

就调查所见，高步村吴航丽宅是将新兴建材与传统风貌结合较好的新建民居。首先，其住宅高三层，主体为木结构，为了安设楼梯间及厨房、卫浴，底层及配楼采用砖混结构。这样一来，这栋房屋的每一层都设有卫生间，老人使用起来尤为方便。其次，这栋房屋二层的墙板都采用双层木板，有效改善了传统侗族木楼的隔音问题，使客厅的活动不会影响同层卧室的使用。最后，这座房屋的二层、三层装配的都是不锈钢框玻璃窗，房屋内光线充足，三层还保留了传统侗居外环廊的做法，使建筑的立面，即便加入了现代元素的窗扇，仍有传统的意味。通过访问了解到，这栋房屋的主人吴航丽是一位土木建筑专业的大学生，这栋房屋正是她自己的设计作品（图3-41）。我们认为，这栋住宅既保留了侗族民居的传统和精彩，也巧妙地通过现代材料和技术克服了传统侗族住宅的一些缺陷，既利于家居使用，也宜于村落风貌，体现了侗族传统文化保留区民居更新的理想趋势。

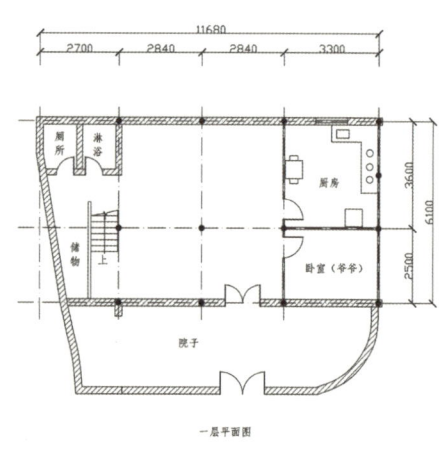

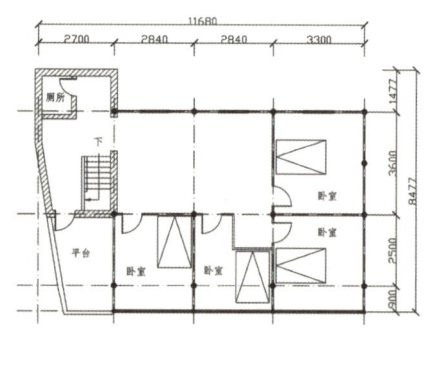

图3-41　高步侗寨吴航丽宅（袁怡雅绘）

对坪坦河流域传统建筑的研究，我们的关注点主要有二。第一是关注其在地域维度上的多样化，即便同在坪坦河流域，不同的村落仍然能彰显出各自不同的文化特征。具体到建筑文化上，由于自然条件、经济条件和社会结构的不同，鼓楼的形式、体量、结构做法，祠庙的多少、类型，风雨桥的形态、规模，都有着明显的差异，几乎从未给人以雷同的感觉。第二是考察时间维度上的多变性，尽管在坪坦河流域很少看到建筑文化的骤变或突变，但无论从鼓楼还是民居上，都能看到乡土建筑的渐变性，感受到建筑特征推陈出新的不断演化，这让我们反思以往将某一做法与民族身份建立对等关系的传统观念。

在不受规划约束的民间村落里，没有能够统筹一切的专业建筑师。似乎恰是这一缺失，使得每一位村民都必须独立设计自己的生活，自己评断，自己取舍，自己决策，修建满足自己生活、生产需求，与自己经济条件相符的居住房屋。正因为村落的建设来源于多个自组织单元的有机结合和推动，从而使乡土建筑展现出时空双重维度上无穷无尽的变化。这些变化，也许极其细微，却让村落永远保持着活力。在日益工业化、追求标准化的当下，村落的多元性与城市的千篇一律构成了鲜明的对比，也让人反思建筑设计、城市规划存在的意义以及怎样的保护介入才是恰当的，才不会造成对村落自更新的负面影响。

想到这些，在观察、欣赏、记录村落的同时，我们会疑虑，作为一个外人，究竟应以何种态度、立场来评断和改造传统民居。村落保护者的介入，是否有可能破坏村落数百年来自我更新的机制，是否有利于村落的有机发展，我们认为"好的"举措是否是村民所需。换一个角度来说，在村落文化景观的更新和保护中，研究者和规划者是否能以一种新的角度介入，向村民介绍科学的、可行的更新和改造技术，提出有关村落基础设施和景观改造的建议，而决定权仍留给村民，让他们决定自己的未来和保护模式。让人颇感欣慰的是，如吴航丽家的新房子，由于屋主掌握了一些现代建筑学、房屋学知识，很好地平衡了旧传统与新需要，在调整房屋布局，增添新兴设备的同时，又很好地保留了木材料的使用传统和传统住宅的空间趣味。鼓励更多掌握专业知识的当地年轻人返回家乡、服务家乡，鼓励村民在新宅选址和设计中预先考虑对村落公共景观的影响，鼓励村民主动参与村落公共设施的更新和维护，这将是保护传统村落文化遗产的一条可持续路径。

第四篇
坪坦河流域侗族村落文化景观的价值与保护

1992年，世界遗产委员会在第16届会议中正式提出"文化景观"这一遗产类型，打破了原有的人与自然二元割裂的认识，人与自然环境的互动关系成为村落遗产价值的重要载体。对村落文化景观遗产价值载体的认识不断扩展，从聚落内部要素（如传统布局、建筑、设施、道路等）到聚落外部要素（如地形地貌、河湖水系、农田林地等），从房屋单体（如传统民居）到村落整体（如天际线），从遗产本体等物质要素到"活的文化"等非物质要素。这不仅扩大了保护工作的对象，也对保护方法提出了新的要求。本节将基于前述对坪坦河流域侗族村落的研究，从世界遗产的角度阐述坪坦河流域侗族村寨文化景观的价值及载体，结合对侗族村寨与其他村落文化景观类型遗产的比较，初步讨论保护和管理活态遗产的可行方法与策略。

一、坪坦河流域侗族村寨的活态特征

有别于古建筑和遗址类的文化遗产，村落的内部还居住着大量村民，他们既是村落文化景观遗产的继承者、使用者，也是村落未来面貌的创造者，村民对理想生活环境的判断，很大程度上决定了村落景观的变化方向。遗产的真实性、完整性与当地社区的生活状态息息相关，这正是"活态"遗产的最大特点。在评估坪坦河流域侗族村寨的遗产价值之前，本书首先从当地村民的想法出发，对村落经济、文化、社会、景观等各个方面的变化趋势做出初步判断。

从我们调查的情况来看，自20世纪80年代以后，随着交通条件的改善、通信方式的增多，坪坦河流域与外界的交流不断增多，越来越多的当地村民外出打工，一批又一批外地游客也以坪坦河为目的地，当地与外界相对隔绝的状态受到非常大的冲击，坪坦河流域侗文化传承模式和更新速度受到挑战。

坪坦河流域自20世纪中叶以来面临的主要冲击和变化主要体现在以下四个方面：

（1）区域行政区划、社会组织的变化

历史上，基于山形水系和历史渊源，涵盖军事、行政、文化关系的"款组织"是衔领坪坦河流域的主要社会组织结构，它是乡村开发和建设的基础，款约在一定意义上起着调控自然资源使用权的作用和依据。随着传统款组织、寨老组织的瓦解，目前在区域性社会活动中起到决定性作用的主要是行政机构，进行着自上而下的社会管理。

20世纪50年代以来，坪坦河流域的侗族村落在行政归属上不断发生变化，例如在第一篇中提到的，这些在内涵上紧密相连、实际上是一个整体的流域，被分别归属湖南和广西，并不断变更。作为坪坦乡政府的所在地，坪坦村是水陆交通衰落、陆路交通发达以后，新兴的区域经济中心和文化中心。与区域行政中心变化相似的是每个村落内的行政组织。随着现代行政系统的权力和职能不断增强，加之青壮年务工人数增加，传统的寨老制度的影响不断减弱。

（2）交通、通信方式的革新

20世纪70年代末修建而成的公路将坪坦河流域各个村落串联起来，这条国道代替了历史上的石板小路和水路，成为目前该流域内最主要的交通路径。虽然公路的部分地段路况破损、亟待修整，但它还是极大地改变了村内人们的生活。交通的通达不仅方便了村落之间的联系，让这些在历史、传统和文化上本就紧密相连的寨子有了比之前更频繁的交往，也促进了这一地理空间与外界的联系。相比之前只能支持步行的石板路，公路更为通达，可以承载摩托车、汽车等快速的交通工具，促进了当地与外界的人员和信息交流，同时也让更多的物资得以进入侗族村寨。公路代替了传统的水路，历史上因水运而繁华的码头逐渐褪去喧嚣，在新的地点逐渐形成新的经济聚集点。

电话和手机的应用，以及宽带网络的拉通，使侗民有了更快获取外来信息的多种途径，而网上社区的形成也在改变着传统村落的结构和边界。传统意义上，我们以地缘为准绳，根据人文特征的相似性和交流的密切程度来定义社区及其边界。但是，随着通信手段的更新，即使是远离寨子的侗民，也可以随时和村内保持联系，他们熟知寨内发生的一切变化，故而，他们仍然是社区内的一部分。坪坦河流域村落的边界在这个意义上相比于历史上实现了外扩。

更加现代和通达的交通和通信方式打破了历史上坪坦河流域村落闭塞的区位格局，让这个地区为外界所熟知，也推动着村寨内的居民自由地走出去，同时更加便捷地回到寨子内来。但是，在与外界进行信息、物资和人员交流的同时，侗族村寨也面临着一些前所未有的挑战。例如，社区居民对自身文化的差异性和特殊性认识有限，在与外界交流的过程中，在迅速获得新的文化的同时，自身文化也会消失和变形，在我国的村落旅游发展模式中已经出现过相关的案例。

(3)村民对生活品质的新要求

由于村落自身的发展,加之城市生活的直接或间接的影响,坪坦河流域的侗民对医疗、教育水平都有了新的、更高的需求。与此同时,为了支付现代生活方式的成本,村民需要有更多的收入。

即使在一个建筑内部,新的生活方式带来的变化也显而易见:更加便捷卫生的煤气炉取代了传统的火塘,新的生活需求要求对传统建筑进行新的空间区隔。所以,不论是抽象的生活方式,还是将生活方式物化的载体,都面临着进行有效革新的需求。因此,侗民面临着生活方式变化的挑战,而发展的同时兼顾到文化保育和传统传承的要求更加大了发展的压力。

(4)年轻一代生业、生活方式的改变

历史上传统的侗族文化通过侗民共同的生产和生活自然而然地被世代传承。但是,迫于生活压力,坪坦河流域大量中青年不得不进城打工,寨内青年很难放弃可以快速获得经济收益的工作而继续过去的生活方式,致使物质和非物质传统的代际传承断裂,老屋坍圮无人修缮,芦笙的制作和吹奏后继无人……由于务工村民习惯了现代的生活方式,渐渐对继承传统文化兴趣寥然,继承和发扬传统更是难上加难。

因此,深度发掘文化的多元内涵,并进行创新的产业经营,是侗族村寨发展的必要途径,也是侗族村寨冲破传统上的发展"诅咒",实现发展与文化保育平衡的决定性因素。

二、坪坦河流域侗族村寨的价值及其载体
——基于世界遗产的视角

对标《实施保护世界文化与自然遗产公约操作指南》对列入世界遗产名录所提出的标准,坪坦河流域村寨遗产符合其中的标准(iii)(iv)(v)。

(iii)能为一种已经消失的文明或文化传统提供一种独特的或至少是特殊的见证。

侗族村寨记录了侗族起源、迁徙和在当地繁衍生息的历史,是一座蕴含着大量历史信息和文化信息的大型资料库,是侗族社会组织和历史文化的集中体现。侗族文化历经千年依然存在并不断发展演变,为正在快速消失的少数民族文化传统提供了鲜活的见证,是世界多元文化的重要组成部分(图4-1)。

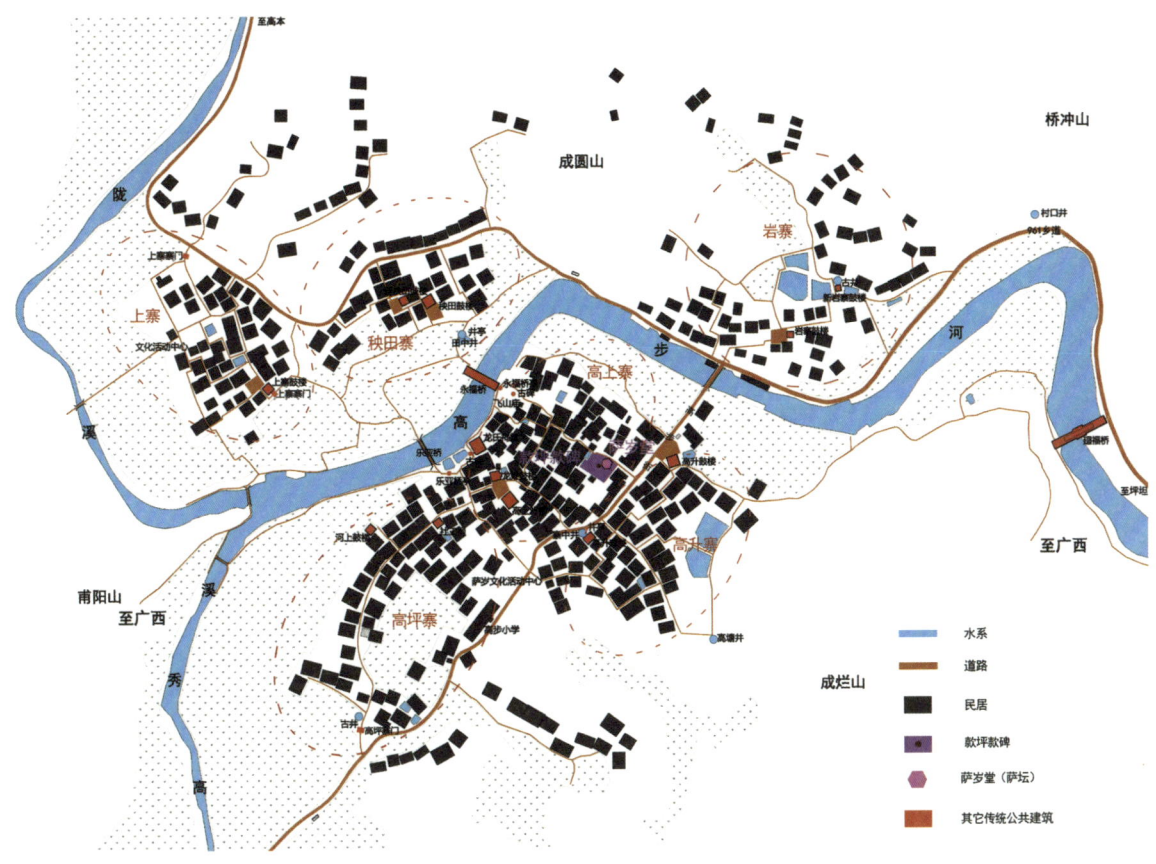

图4-1　高步侗寨公共空间层级分析

历史上，坪坦河流域的侗族村寨地处相对封闭的环境中，经过长期自给自足的稳定生活，形成了以父系血缘关系结成的房族组织、以地缘关系为基础结成的村寨组织、以款约法为基础结成的跨村寨款组织等多层级复杂社会结构，一定程度上具备"计划、组织、领导、控制"要素，使自下而上的区域管理成为可能。

房族组织的管理范围一般限制在房族之内,包括房族内的财产分配、婚丧嫁娶、遗产继承、建屋修路、矛盾纠纷等。在1949年前,坪坦河流域的房族多拥有公共田产、林地,其收入是房族共同财产,每个房族有公共墓地、鼓楼和宗祠,以房族为单位开展祭祀和节庆活动,房族组织相当完整。德高望重的族长、头人,担任房族的首领,负责制定族规,在祭祀和节庆活动中宣读族规,依据族规处理寨内公共事务及纠纷。

侗族村落一般由数量不等、彼此毗邻的侗寨构成,在历史上,这些村寨往往结盟形成款组织里的"小款"。通过公开选举,侗族村落决定担任整个村落领导的寨老人选,寨老需负责维持社会秩序,组织整个村落的祭祀活动(如祭萨),维护村落环境和公共秩序,解决村寨间的纠纷,在匪患严重时,还需要联合各房族力量共同御敌。有威望的寨老还会担任小款款首。

侗族自古没有建立地方政权,跨村落的区域自治主要依赖款约法,并形成了一套体现侗族地区民主平等的款约法拟定制度。历史上,侗族款约的拟定,首先要通过款首、寨老商议,再由款首召集款区集体商议草案,最后还有通过饮血酒盟誓、全体款众宣誓等方式履行盟誓的仪式。为了便于记忆和传唱,款首将款约法转化为带有音韵和节奏的款词,在汉语传入侗族地区之后,款词被写在石头、石碑上,侗民所说的"勒石为盟",即道出了款约法的物质载体。款组织中的"中款""大款"一般都是跨村落的自治组织,领导为不同层级的款首,他们都是由下一级款首推举产生,除了负责缔结和传唱款约,还仲裁和决策侗族聚居区的公共事务。

总之,房族组织在侗寨内发挥着核心作用,侗族村落是数个寨的聚居之地,款组织则起到了联系更大地域范围内的侗族村寨的作用。随着社会的变革,这些传统社会组织所能发挥的作用均有不同程度的削弱。自1950年代以后,款组织基本从坪坦河谷消失,也不再有款首这一职务;"老人协会"取代了寨老,成为体现"老人管寨"这一传统的管理模式创新,这一组织由村内60岁以上的老人组成,推举一名德高望重的老人担任会长,并配有5名左右核心成员,但老人协会没有田产、林地等收入来源,也没有严格的奖惩制度,对村寨的实际控制力远逊于往昔,多数情况下扮演着村委会的协助角色。

尽管坪坦河流域传统的管理模式受到现代社会的剧烈冲击,但与之相关的物质遗迹,却得到了相对完整的保留。以房族为单位营建的鼓楼、家庙、寨墙寨门等,供各寨居民使用,反映了历史上各侗寨的范围及组织模式;举村共建的萨坛——在特殊的节日,将萨神"请出"萨坛,并绕行村落边界,象征祖母神对全村的庇佑,以及风雨桥、榨油房、井亭等村落公共设施,这些都反映出侗族村落的传统社会组织模式。保存至今的款坪以及款坪上树立的款碑,反映出跨越村寨的地域性联盟——款组织所共同约定和遵守的款约。鼓楼、萨坛、款坪款碑,是最能突显传统侗族社会组织最重要的物质载体。尽管传统的侗族社会管理模式已有不同程度的瓦解,但能够体现这一传统的物质载体仍在坪坦河流域有所保留,如本书第二篇所述,在芋头侗寨、高步侗寨等过去坪坦河流域的中心村寨，三级社会组织的物质载体仍有较好的完整性、真实性。随着当地政府对遗产保护的重视，也随着如老人协会这类自下而上的社会组织重建，突显传统管理模式的典型建筑，如款碑、萨坛、鼓楼、风雨桥等，均受到高度重视。

（iv）可作为一种类型建筑群或景观的杰作范例，展示出人类历史上一个（或几个）重要阶段的作品。

利用本地特有的杉木，坪坦河流域的侗族民众修建了结构精巧的风雨桥，形态别致的鼓楼，占地少且用料省的吊脚楼式民居，集中反映了侗族传统工匠高超的建造技艺和侗族聚居区不断变迁的人文景观，公共建筑单体与民居建筑群体间巧妙结合，与当地的自然环境和谐共存。坪坦河流域建筑元素和景观特征为侗族聚居区乃至于周围其他民族聚居区的现代建筑设计采纳并发扬，是中国西南地区木结构建筑文化的典型代表（图4-2、3）。

图4-2 坪坦河流域典型侗族鼓楼结构

图4-3 坪坦河流域文星桥

坪坦河流域侗族村寨选址背山面水，以鼓楼和鼓楼坪为中心构成簇状组团布局，鼓楼周边分布的戏台、孔庙、飞山宫、南岳庙等公共建筑，形成村寨的中心，再向外是住宅、牲棚、厕所等承载家庭生活的设施，更外围是寨墙、寨门、风雨桥、石板路、驿道、码头等公共建筑，构成村落的边界。其中，鼓楼、学馆、戏台等设施是侗民日常开展公共交往和礼仪活动的空间，萨坛、飞山宫、土地祠、城隍庙、南岳庙体现了侗族崇拜自然的信仰和多元包容的宗教观念，村寨内外的水井、池塘、用水管渠、风水林等保障了侗民日常的生活劳作需求，风雨桥、石板路、驿道、码头等交通设施保障了侗民与外界的交通和交流。其中，最能体现侗族高超建筑技艺的是横跨溪流的风雨桥与高耸如杉的鼓楼。

坪坦河流域高步村的永福桥、回福桥，阳烂村的文星桥，阳烂村西高团侗寨的永定桥，坪坦村的普济桥，横岭村北坪日侗寨的回龙桥，中步村的中步头桥、中步二桥，以及中步村南路塘村的观月桥等7座风雨桥被列为全国重点文物保护单位，它们外观雄伟，造型优美，体现了高超的建筑技艺。值得注意的是，在9座典型侗族村寨附近，现存21座风雨桥，它们因地制宜，跨度大小、桥亭数量、屋顶形态随河流宽度、水量大小变化，不受"法式"约束，体现了侗族木构建筑设计的灵活多变。风雨桥上往往设关帝庙，桥柱上悬挂可供行旅取用的草鞋，桥旁设指路牌，与侗族社会的跨村落交往密切相关。

除了具有社会组织的象征意义，处于侗族村寨空间上的核心位置，侗族鼓楼还是中国传统木构阁楼建筑中一种独特的类型，在选址、造型和构造技术方面都具有独到之处，体现了坪坦河流域侗民的民族文化、审美倾向和建造技艺的高度统一。坪坦河流域典型侗寨内现存44栋侗族鼓楼，外形有楼阁形、塔形之分，屋顶有悬山、歇山、攒尖等不同做法，造型独特，体现了中国西南地区木构建筑技术的多样性和流动性。自20世纪50年代流行于坪坦河流域的塔形鼓楼，采用密檐结构，体现出木构建筑对高度极限的探索。

坪坦河流域的传统民居采用当地出产的杉木修建，房屋单体采用穿斗结构，通过檩条连接数个平行排架构建而成，易于快速建造和拆解搬迁。据本次调查，坪坦河流域的住宅，少量为21世纪以后兴建，多数修建于20世纪下半叶，在9座典型侗族村寨还至少保留了10幢始建于清代中晚期的老民居。不同年代修建的穿斗式住宅，在房屋规模、局部用材、平面布局和房屋设施上有不同程度的差异，反映出侗民家庭结构、经济条件、生业方式、生活品质等多方面变化。

（v）可作为传统的人类居住地或使用地的范例，代表一种（或几种）文化，尤其是处在不可挽回的变化之下，容易损毁的地址。

坪坦河流域的侗族村寨是当地侗民顺应自然、与环境和谐共生的传统聚居生活方式的代表，也是近千年来侗族人民对自然资源可持续利用和土地良性使用模式的突出例证。通过长期的生产和生活实践，坪坦河流域侗族村寨形成了山、水、田、林环绕人居环境的圈层状布局和稻、田、渔、鸭、林一体的有机循环生计模式，体现出山区传统农业土地可持续发展模式的生存智慧，是山区传统农业文明的宝贵遗产（图4-4）。

坪坦侗寨鸟瞰（石斌摄）

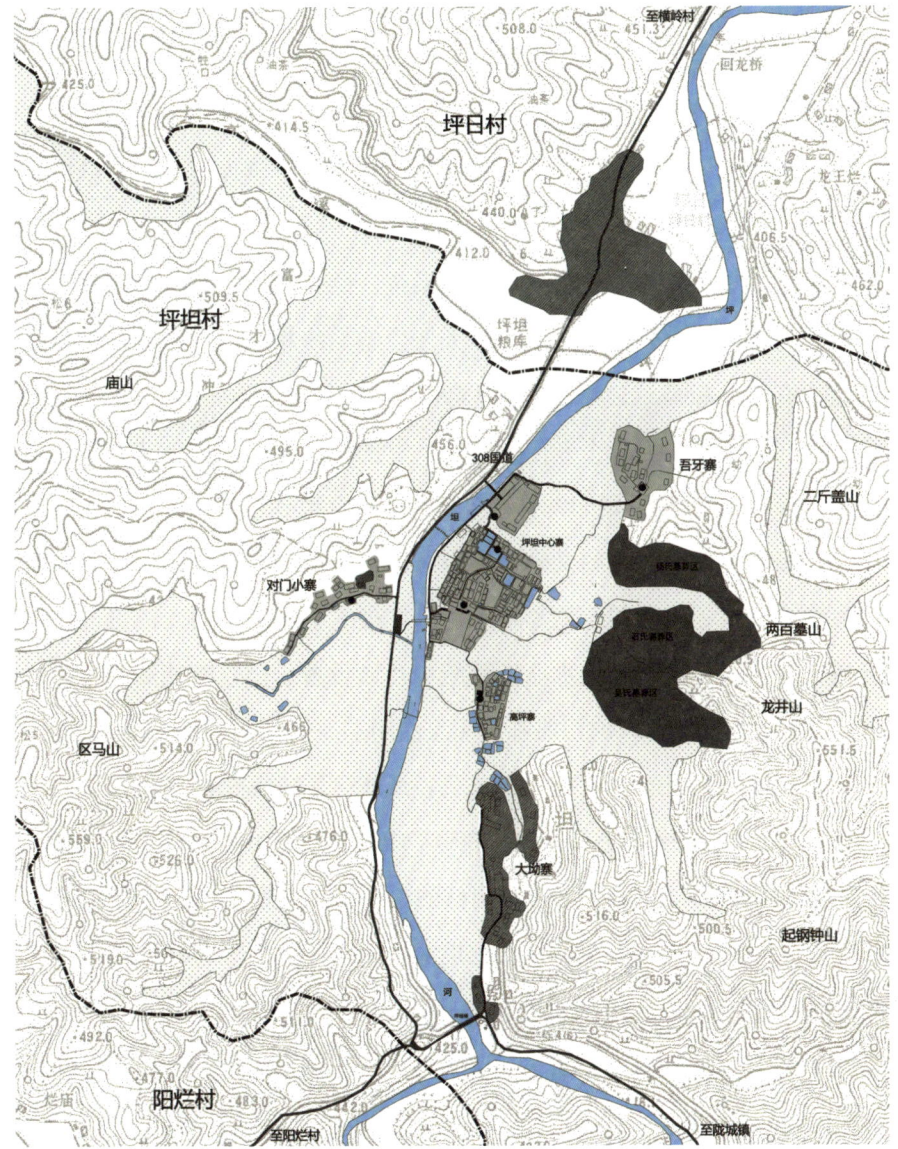

坪坦侗寨外部空间图

图4-4　坪坦侗寨山水形势图

坪坦河流域侗族村寨地处云贵高原东南边缘苗岭山脉向湘桂丘陵的过渡地带，山地纵横，河谷遍地，耕地稀少，常年温润多雨，山间云厚多阴，是我国太阳辐射量最少的地区之一。侗民选择河谷阶地安家落户，以山地缓坡营建住宅，以屋后丘陵开辟梯田，利用山间溪流灌溉，在高山地带种植杉木、松林，保留河畔平地开垦水田，水田中养殖鱼、鸭，形成了以种植高杆糯稻水田为主、其他农作物为辅的耕种模式，结合地形开展人类活动，争取最大的土地利用率，是可持续山地农业模式的典型代表。

侗族是一个长于水稻种植的民族，其水稻种植技术具有较高的水平，而稻田养鱼则是侗族人民充分利用生态环境的智慧体现。所谓"稻田养鱼"，实质上就是在同一块稻田中，既种植水稻，又放养鱼鸭，一块田中同时产出三大类产品。侗族生存的地区多属亚热带常绿阔叶林带，山多、田少、森林多、水域小，当地民谚有"九山半水半分田"之说，而这原生状况下的"半分田"仅是一些零星散布在山地丛林中的小片湿地，侗族居民巧妙利用水稻、鱼、鸭之间的不同生长特性，让水稻、鱼、鸭在稻田之中和谐共存，以达到充分利用不同生态空间的特点。同一块稻田中，除了稻鱼鸭外，还伴生有许许多多其他生物，可供人类食用的就有泥鳅、黄鳝、田螺和青虾等。

稻田养鱼实质上是一个复杂的人造仿生生态系统，除了对糯稻品种的选育与保种外，鸭子品种的选择、鱼苗的培育技术等，都得和这一人造生态系统相适应。稻田养鱼耕作模式中，鸭子的品种是当地特有的小麻鸭，这种鸭子个体较小，在稻田中活动时对水稻的扰动较少。而鱼苗的培育技术，则在当地催生出一个专门的职业，有的乡民专以培育鱼苗和贩卖鱼苗作为谋生手段。侗区的稻田除分布在河谷坝区以外，也沿山脚向山腰蔓延分布，对稻田的保养灌溉、对水的循环利用是稻田养鱼耕作模式的又一个特点。除山上的森林能为梯田提供灌溉以外，侗族乡民将稻田、鱼塘、小桥、河渠和涧槽等精心组合，使它们相互之间水流可以迂回贯通，结成一个极其精巧的人造水循环系统。在水循环系统中巧妙设置水门，既能满足稻、鱼、鸭共同生长的需要，又能够确保每一个家户的门前都有清泉流淌。

侗族村寨外部空间的理想模式呈"同心圆式"，最外层是种植杉木、楠竹，捕捉猎物，寻觅名贵中药材的高山林区，以内是由鱼塘、水田、梯田构成的养殖耕种区，再内是以家族为单位修建的多片集中墓地、居民活动区和仓储区。以适应自然的农业模式为基础，通过点缀造型别致的村落建筑，坪坦河流域形成了独特的村落文化景观。坪坦河流域丘陵高耸，形成连续封闭的底景；位于山脚地带的侗族住宅，布局紧凑，屋檐层层相叠，沿山坡等高线逐级上升，构成完整和谐的主景；村内高亢地带修建的鼓楼，跨河而设、檐角飞扬的风雨桥，以及山间驿道陈设的凉亭，构成聚居区不同地带的景观中心或景观视廊,自然景色与人文景观在这些地点交相辉映、融合渗透。

三、对比分析

(一)与其他侗族聚居区对比分析

侗族村寨申请列入《中国世界遗产预备名单》的提名文件中,申报的侗族村寨集中在三个区域,除了坪坦河流域之外,另两个主要位于贵州省黔东南苗族侗族自治州的黎平县、榕江县和从江县,广西壮族自治区的三江县。这三个片区目前是侗族分布最为集中的区域,是侗族传统保存最好的区域,也是侗族村落文化景观最为典型的区域。由于地理与人文环境的差异,三个侗族聚居区的侗文化景观和侗文化传承各具特点。

(1)六洞九洞地区侗族村落文化景观

黔东南苗族侗族自治州位于贵州省的东南部,地处云贵高原东部边缘的苗岭山脉向湘桂丘陵的过渡地带,地势西高东低,自西部向北、东、南三面倾斜。中南部雷公山区以及南部的月亮山区海拔最高,雷公山的黄羊山海拔2178.8米,为州内最高点;中部和西北部主要为丘陵状低中山、低山和丘陵。以苗岭为分水岭,全州河流分属长江和珠江流域,横贯全境的主要河流有三条,北面为沅江一级支流舞阳河,主要支流包括龙江河、车坝河等,另一条为沅江上源清水江,其一级支流如重安江、巴拉河、南哨河等,属于长江流域;南部为柳江上源都柳江,其一级支流包括坝街河、寨蒿河、孖温河等,属珠江流域。

"六洞、九洞"是贵州省黔东南地区南部侗族方言区的地域称谓,在这个地区内共有大小侗族村寨60余个,目前列入申遗名单的侗寨包括述洞、黄岗、堂安、厦格、地坪、大利、宰荡、朝利、增冲、高阡、银潭、占里等12个村寨,是"六洞、九洞"侗寨的典型代表。这一区域山高谷深,沟壑纵横,侗族村寨多位于山涧溪流边,民居沿山势修建,地势高亢开阔处搭建鼓楼、萨坛,形成以鼓楼坪为中心的公共建筑群,很多村落还保留了独立成区的粮仓群。这一区域的全国重点文物保护单位有增冲鼓楼、地坪风雨桥等,贵州省重点文物保护单位有肇兴鼓楼、风雨桥群、纪堂鼓楼、述洞鼓楼、高阡鼓楼、信地鼓楼、流架风雨桥、高进戏楼、登岑粮仓群等。2005年,中国政府与挪威王国合作在堂安侗族村寨建立了中国第一座侗族生态博物馆,保护和展示侗族村寨的活态文化(图4-5)。

大利侗寨鸟瞰

大利侗寨平面示意图

图4-5 六洞九洞侗寨典型代表——贵州榕江大利侗寨

黔东南侗族村寨地处偏远山区，自古以来交通闭塞，与外界交流较少，六洞、九洞侗族村寨依然保留和沿袭着千百年来形成的生活习俗和历史文化原貌，保留着较为原始古朴的原生状态和民风，没有受到外界的更多干扰和破坏，构成了独具民族特色的山地侗寨文化景观。

（2）三江地区侗族村落文化景观

三江侗族自治县位于广西壮族自治区柳州市北端，湘、黔、桂三省（区）交界之处，地处云贵高原东缘、桂北山区与桂中丘陵接壤地带，是湘、黔两省和大西南出海的咽喉之地。地势由北向南倾斜，属低山丘陵地貌，海拔在1000米以下，相对高度只有200至300米，最高山峰为白云山，海拔1448米。三江得名于流经境内的三条大江——榕江、浔江和苗江，流域内河流纵横，全县共有大小河74条，均属珠江水系，总长689公里，河网密度为0.28/平方公里，年径流量25.57亿立方米，水量相当充沛。

三江地区已列入申遗名单的侗寨包括贵州黎平地坪上寨，广西三江独峒镇高定寨，广西三江林溪镇马安寨、平寨、岩寨等。位于广西三江林溪镇程阳八寨核心位置的马安寨、平寨、岩寨反映了三江地区典型侗寨的选址和布局。三江地区的典型侗寨多修建在开阔平坦的河坝上，村落规模一般比较大，中心是萨坛、鼓楼等围绕鼓楼坪修建的公共建筑群，周围环绕呈团聚状分布的各房族民居，居住区外围是平展整齐的稻田，稻田之外环绕着宽阔的溪河，村落以长长的风雨桥跨越溪河，与外界相连。位于马安寨尾的程阳桥，修建于1912-1924年间，它横跨林溪河，采用四孔五墩伸臂结构，墩台上建有5座塔式桥亭和19间桥廊，整座桥长约77.6米，宽3.75米，高20米，是目前保存最好、规模最大的风雨桥，1982年被列为全国重点文物保护单位（图4-6-1、2）。

图4-6-1　程阳马安侗寨鸟瞰

图4-6-2　程阳马安侗寨卫星图（底图取自国家地理信息公共服务平台"天地图"）

图4-6　三江侗寨典型代表——程阳马安侗寨

三江地区的侗族村寨有着悠久的历史，由于地处大江大河之畔，河坝宽阔，村落更为集中，规模庞大，保留了数量众多的侗族民居、鼓楼、寨门、风雨桥、凉亭、古井（井亭）、石板古驿道、古戏台、芦笙坪、消防水塘、祭祀坛、土地祠等侗族建筑，具有突出的人类学、社会学、民族学价值。

以上三个侗族聚居区的地貌、水文条件迥异，也造就了三个侗族聚居区不同的村落规模、布局和风貌。如从风雨桥看，地处高山溪涧的黔东南地区六洞、九洞侗寨，不修或少修小型风雨桥，三江地区水系发达，河流宽阔，如欲修建风雨桥，必须达到相当长度，坪坦河流域的风雨桥规模虽不大，但数量众多，结构形式和外观造型更为丰富。此外，由于更加毗邻东面的汉文化区，较之贵州黔东南地区的侗寨，湖南、广西侗寨都有更多祠庙建筑和更加丰富多元的信仰系统。

（二）与中国其他村落遗产对比分析

在我国世界文化遗产保护中，村落遗产已占有越来越重要的地位。我国现有4处与古村落相关的遗产地被列入《世界遗产名录》，它们是皖南古村落（西递、宏村）（2000年）、开平碉楼与村落（2007年）、福建土楼（2008年）、红河哈尼梯田文化景观（2013年）。此外，《中国世界文化遗产预备名单》中还有"侗族村寨""苗族村寨""赣南围屋村落""山陕古民居村落""藏羌碉楼及村寨"等5处与村落有关的遗产地。这些村落不仅在地理环境上区别巨大，文化特征也各具特点，反映出我国村落类型多样、文化内涵丰富。

（1）皖南古村落——西递、宏村

西递、宏村古民居村落位于中国东部安徽省黄山市黟县境内的黄山风景区，是中国皖南民居中最富有代表性的两座古村落，具有世外桃源般的田园风光、保存完好的村落形态、工艺精湛的徽派民居和丰富多彩的历史文化内涵。2000年列入《世界遗产名录》，委员会认为其符合世界遗产价值标准（iii）（iv）（v）。西递村位于黟县东南部的西递镇中心，面积近13公顷，作为以血缘关系为纽带的胡氏聚居地，已有950多年的历史。现存14-19世纪的祠堂3幢，牌楼1座，古民居220多幢，较为完好地保存了明清时期的古村落风貌。宏村位于黟县县城东北11公里处，是汪氏家族的聚居地。整个村落坐北朝南，背靠黄山余脉雷岗山，西面有邕溪河和羊栈河流淌而过，始建于1131年，现存明、清古建筑137幢，集中体现了工艺精湛的徽派民居特色。

（2）开平碉楼与村落

开平碉楼与村落位于广东省江门市下辖的开平市境内，是集防卫、居住和中西建筑艺术于一体的多层塔楼式建筑，展现出中西建筑和装饰形式复杂而灿烂的融合。2007年列入《世界遗产名录》，委员会认为其符合世界遗产价值标准（ii）（iii）（iv）。开平碉楼与村落申报世界遗产的4处提名地包括赤坎镇三门里村落、塘口镇自力村村落与方氏灯楼、蚬冈镇锦江里村落和百合镇马降龙村落群，共计20座碉楼，它们是村落群中近1800座塔楼的典型代表，代表了近五个世纪塔楼建筑史的巅峰。从材料上，开平碉楼可分为石楼、土楼、青砖楼、钢筋水泥楼等不同类型，从功能上，开平碉楼可分为众楼（若干户人家共同兴建，为临时避难之用）、居楼（富有人家独自建造，兼具防卫和居住功能）、更楼（联防预警之用）。明代以来，开平地区匪患不断，碉楼这种特殊的防御建筑应运而生。同时因开平地处珠江三角洲西南部，是著名的侨乡，当地民居建筑多同时接受世界各国建筑文化的滋养，开平碉楼与村落也体现出中国华侨文化的深刻性和普遍性。

（3）福建土楼

福建土楼是以土作墙而建造起来的集体建筑，是出于族群安全而采取的一种自卫居住模式，具有圆形、半圆形、方形、四角形、五角形、交椅形、畚箕形等不同平面形态。福建土楼在2008年列入《世界遗产名录》，委员会认为其符合世界遗产价值标准（iii）（iv）（v）。其申报对象由福建省永定、南靖、华安三县的"六群四楼"共46座土楼组成，包括永定区初溪土楼群、洪坑土楼群、高北土楼群及衍香楼、振福楼、南靖县田螺坑土楼群、河坑土楼群及怀远楼、和贵楼、华安县大地土楼群等。由于当地土匪经常出没，为了抵御外敌，适合固守的以土、木、石、竹为主要建筑材料的土楼被建造起来。牢固耐用的土楼外墙，或圆或方的平面布局，错落有致的防卫洞口，深邃神秘的传声筒与通道，形成了牢固严密的土楼防卫体系。同时，客家人在土楼内聚族而居，将祭祀列祖列宗的祖堂安设在土楼的核心位置，体现了对中原传统儒家文化的认同。

（4）红河哈尼梯田文化景观

红河哈尼梯田文化景观位于中国云南省红河哈尼族彝族自治州元阳县的哀牢山，包括具有代表性的集中连片分布的水稻梯田及其所依存的水源林、灌溉系统、民族村寨。红河哈尼梯田文化景观2013年列入《世界遗产名录》，委员会认为其符合世界遗产价值标准（iii）（v）。基于当地特殊的地理环境，哈尼族人发明了复杂的沟渠系统，将水从山顶向各级梯田输送，通过在梯田不同区域养育水牛、牛、鸭、鱼类和鳝类，创造了一个完整的农作体系。哈尼族人的村寨位于山顶森林和梯田之间，按照"寨头—寨心—寨脚"的空间序列排布，民居以传统的茅草修建，外观形似蘑菇。红河哈尼梯田文化景观是哈尼族利用当地自然材料，顺应自然，因地制宜，融入民族文化、地域文化，形成的以梯田稻为核心的农耕文化及村落文化景观。

表4-1 国内村落文化景观或农业景观基本情况对比

遗产名称	地理区位	文化独特性	不同的文化主体	价值特征
侗族村寨	西南	木构建筑鼓楼、风雨桥	侗文化	河边谷地的稻鱼共生稻作农业，鼓楼、萨坛、风雨桥为特色建筑，侗族大歌等为突出代表性的非物质文化事项。
皖南古村落	华中	木构与砖石混合，黑瓦白墙马头墙	汉文化	封建时代形成的、以繁荣的贸易经济为依托的非城市传统聚居地。建筑和街道格局反映汉族传统的社会经济结构。
开平碉楼与村落	华南	中西合璧的防卫性住宅楼	侨乡文化	碉楼作为防御性建筑，是人类价值观交流的实物代表，展现出异域建筑风格与当地乡村传统的融合。

续　表

遗产名称	地理区位	文化独特性	不同的文化主体	价值特征
红河哈尼梯田	西南	蘑菇屋，高山梯田	哈尼族文化	森林、村寨、梯田、河流由高到低的"四度共构"格局，是具有高度耐受力的民族发展山地稻作农业的杰作。
福建土楼	东南	厚土墙筑成的围屋建筑，聚族而居	客家文化	为公共生活而兴起的防御性建筑，在建筑风格、建筑传统和功能上都很独特，反映了建筑与环境的和谐关系。
苗族村寨	西南	木构建筑	苗文化	一个与中国中心地区古族有着密切联系的古老民族的最后家园，凝固着厚重的历史、多彩的文化和睿智的生存智慧。
藏羌碉楼与村寨	西南	石质建筑，碉楼林立	藏羌文化	汉藏之间的古老民族为了生存而独自发展起来的村落文化景观，在绚丽多姿的世界设防民居建筑中独树一帜。

　　列入《中国世界遗产预备名单》的村落遗产项目还有"苗族村寨"和"藏羌碉楼与村寨"，将侗族村落与上述村落的地理位置、建筑面貌和价值特征做比较，如上表4-1（图4-7、8）。侗族村寨申报《中国世界遗产预备名单》的提名文件认为：侗族村寨鲜明地体现出中国侗族文化特色，与西南其他少数民族村寨如苗寨、藏羌村寨代表着不同的文化主体，具有不同的少数民族文化内涵。与中国其他地区村落文化景观相比，它既不同于中原文化区皖南古村落对于汉族传统社会经济结构的反映，也不同于云南红河哈尼梯田对于稻作梯田这一典型农业景观的侧重反映。与华南村落建筑景观相比，既具有类似福建土楼、开平碉楼对于建筑实体的依赖，且都具有独特的建筑形象，但又不同于二者对于建筑防御功能的极大诉求。与土楼、开平碉楼这种重实体建筑比，侗族村寨不仅有丰富的建筑类型，而且强烈地呈现出使用中的遗产的特色，具有典型的活态遗产的特点。

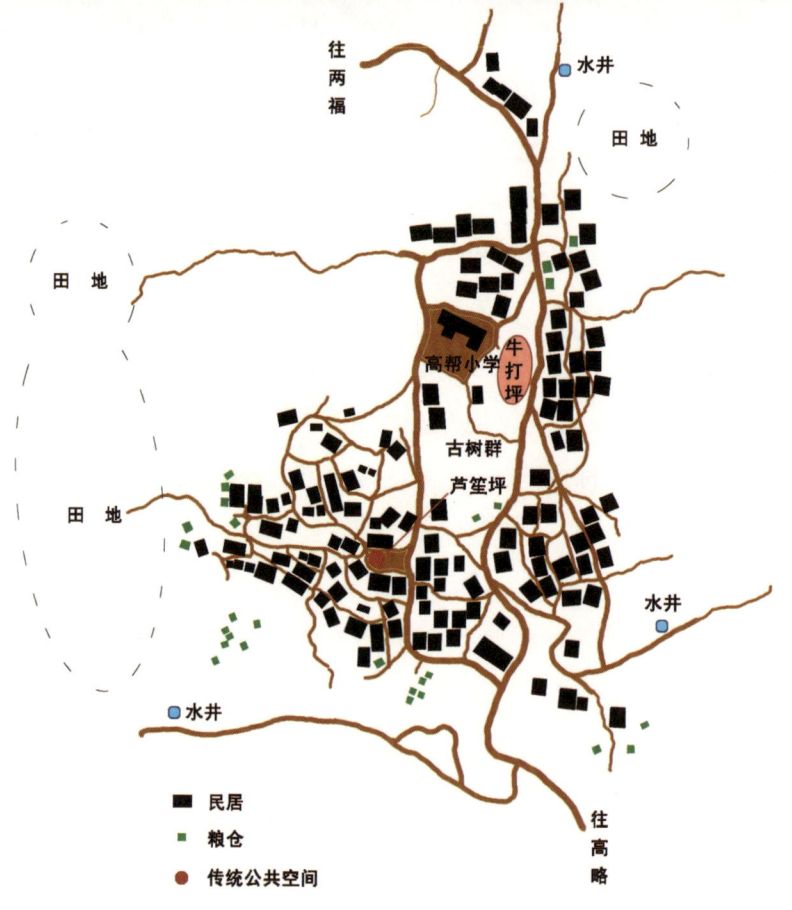

图4-7 典型的苗族村寨——贵州榕江高帮村

第四篇◎坪坦河流域侗族村落文化景观的价值与保护

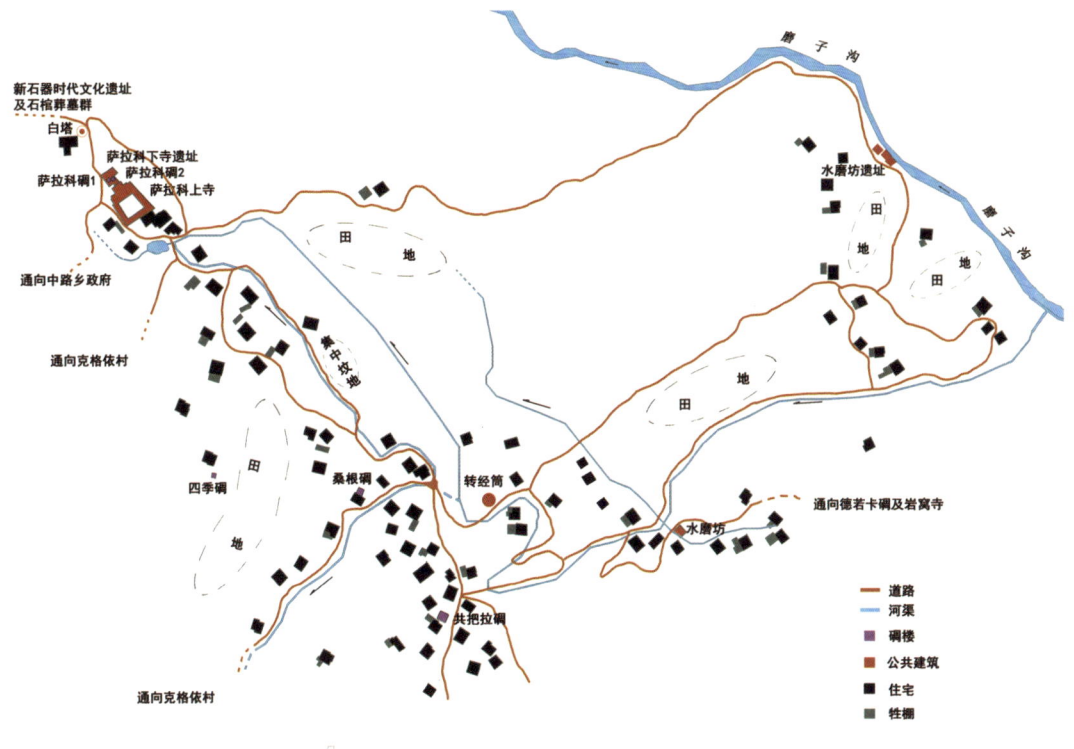

图4-8 典型的藏族村寨——四川丹巴罕额依

（三）与国外村落文化景观或农业景观对比分析

《世界遗产名录》上已登录的其他亚洲村落或农业文化景观，包括：（1）菲律宾科迪勒拉水稻梯田（Rice Terraces of the Philippine Cordilleras），位于菲律宾中北部吕宋岛中央的科迪勒拉山脉海拔700–1500米的山峰上，梯田总共有两万多公顷，跨越了4个市，由5个梯田群组成，是人与环境相互和谐作用的土地利用的突出代表。1995年根据文化遗产遴选依据标准（iii）（iv）（v），菲律宾科迪勒拉山的水稻梯田被联合国教科文组织世界遗产委员会批准作为文化遗产列入《世界遗产名录》。（2）日本白川乡和五屹山历史村落（Historic Villages of Shirakawa-go and Gokayama），地处岐阜县西北部，当地以种桑养蚕为生，农舍比一般村落民居略大，采用"合掌造"（茅草的人字形木屋顶），一般高两层，屋顶坡面极陡，用茅草覆盖，避免严冬季节积雪压倒屋顶，拥有与自然环境气候和社会经济模式相匹配的传统生活方式。1995年根据文化遗产遴选依据标准（iv）（v），白川乡和五屹山历史村落被联合国教科文组织世界遗产委员会批准作为文化遗产列入《世界遗产名录》。（3）韩国河回村和良洞村（Historic Villages of Korea：Hahoe and Yangdong），分别位于庆尚北道安东市丰川面、庆州市江东面，是朝鲜王朝保存最好、最具代表性的两个以氏族关系形成的传统村落，其建筑包括两班贵族的宅第、其他家族成员的木结构住宅、亭台、学堂、儒家书院，以及旧时平民居住的土房和草屋，为韩国现存以木结构瓦房和稻草屋形式保存的最为完整的古村落；其村落选址、规划受到韩国性理学、两班制度以及风水思想的影响，反映了朝鲜王朝早期鲜明的贵族儒家文化特点。2010年根据文化遗产遴选依据标准（iii）（iv），"韩国历史村落：河回村和良洞村"被联合国教科文组织世界遗产委员会批准作为文化遗产列入《世界遗产名录》。

不同于菲律宾科迪勒拉稻作梯田因社会和经济的转变而日渐脆弱，侗族村寨依然保持着生机与活力。在建筑材料和建筑形制方面，侗族村寨也具有不同于上述日、韩历史村落的特征。侗族建筑类型更加丰富多样，民居建筑形式也更富有变化。河回村和良洞村反映了儒家思想的浸润与影响。侗族村寨不同于汉文化的特征，是与韩国历史村落的重要区别。

《世界遗产名录》上已登录的欧洲村落或农业文化景观有：（1）匈牙利霍洛克古村落及其周围地区（Old Village of Hollókő and its Surroundings），主要建立于17和18世纪，生动地展示了20世纪农业革命前乡村生活的生动图景，是传统聚落的突出例证，这里的民族服装、音乐和刺绣等传统艺术也早已形成特有的文化特色，全年有很多保存下来的民族传统节庆及活动。1987年根据文化遗产遴选依据标准（iii）（iv），霍洛克古村落及其周边被联合国教科文组织世界遗产委员会批准作为文化遗产列入《世界遗产名录》。（2）罗马尼亚的特兰西瓦尼亚村落及其设防的教堂（Villages with Fortified Churches in Transylvania），保留有13–16世纪建筑风格的防御性工事教堂,反映了独特的土地制度、殖民方式以及农庄的家庭组织单位的特点。1993年根据文化遗产遴选依据标准(ⅳ),特兰西瓦尼亚村落及其设防的教堂被联合国教科文组织世界遗产委员会批准作为文化遗产列入《世界遗产名录》。(3)瑞典吕勒欧的格默尔斯达德教堂村(Church Town of Gammelstad, Luleå)是一处保存良好的存在于北欧斯堪的纳维亚半岛独特的教堂城镇的典范,424座木屋环绕着一座15世纪时兴建的石头教堂,木屋只在礼拜天和宗教假日里供那些周围村落的信民和因当时旅行条件所限、当日不能返家的外出的人临时居住,很好地说明了在恶劣的自然环境中,传统的城市设计对特殊的地理和气候条件的适应。1996年根据文化遗产遴选依据标准(ⅱ)(ⅳ)(ⅴ),吕勒欧的格默尔斯达德教堂村被联合国教科文组织世界遗产委员会批准作为文化遗产列入《世界遗产名录》。(4)捷克霍拉索维采历史村落保护区(Holašovice Historical Village Reservation),是完好保存的中欧传统村落的一个罕见标本,拥有许多18、19世纪的杰出本土建筑,采用了著名的"南波斯米亚民间巴洛克风格"(South Bohemian folk Baroque),集巴洛克式、洛可可式和古典建筑风格于一体,还保存有一张始自中世纪的珍贵平面图。1998年根据文化遗产遴选依据标准(ⅱ)(ⅳ),霍拉索维采历史村落保护区被联合国教科文组织世界遗产委员会批准作为文化遗产列入《世界遗产名录》。(5)叙利亚北部古村落群(Ancient villages of Northern Syria),由位于叙利亚西北部8座公园中的40多个村庄所组成,这些城镇多建于1至7世纪,为古典末期和拜占庭时期的民居、寺庙、教堂、蓄水池、澡堂等建筑,为中东乡村文明的生活方式和文化传统提供了独特例证。2011年根据文化遗产遴选依据标准(ⅲ)(ⅳ)(ⅴ),叙利亚北部古村落群被联合国教科文组织世界遗产委员会批准作为文化遗产列入《世界遗产名录》。

侗族村寨申报《中国世界遗产预备名单》的提名文件认为:作为中国少数民族村落活态文化的突出代表,侗族村寨与上述欧洲村落文化景观具有不同的文化主体(侗族),不同的建筑形式(从外观到材料),不同的建筑功能(不强调其防御性),反映不同的时代(明清以来数百年演进至今),具有不同文化的侧重(并非以宗教为主)。更重要的是,在上述文化表象之上,侗族村寨不仅所含村寨数量众多,建筑景观特色鲜明,核心保护区面积广阔,更在文化内涵的广泛性、深邃性、生动性上独具特色。因此,坪坦河流域的侗族村寨作为一个有机整体,显示出独特的文化价值,突出表现在蕴含着丰富的物质文化与非物质文化内容,更具有活态遗产的典型属性。在西方工业文明席卷全球的今天,中国西南侗族村寨作为农业文明、少数民族和传统聚落文化的活化石,具有突出的文化与人类学价值。将侗族村落与国外村落文化景观或农业景观基本情况对比如表4-2。

表4-2 侗族村寨与国外村落文化景观或农业景观基本情况对比

遗产名称	地理区位	文化独特性	价值特征
侗族村寨	中国西南	中国西南山区少数民族传统农业生活的典型代表	反映人与山地环境的和谐共生，公共建筑具有鲜明的民族特色。众多村寨构成的村寨群落系统地包含了丰富的物质与非物质文化内容，具有突出的民族学、文化人类学价值。
匈牙利霍洛克古村落及其周围地区	中欧	20世纪农业革命前中欧农村生活的传统形式	霍洛克是特意保留的传统聚落的突出例证。村庄主要在17、18世纪获得发展，是20世纪农业革命前乡村生活的一个鲜活例证。
罗马尼亚的特兰西瓦尼亚村落及其设防的教堂	东欧	村落的教堂具有防御性工事的作用	带有13—16世纪建筑风格的防御性工事教堂，代表着特殊的土地利用系统、居住方式和自中世纪后期以来保存至今的家庭农庄组织。
菲律宾科迪勒拉水稻梯田	东南亚	稻作文明	社区可持续的稻作生产公共系统的生动例证，人与环境相互和谐作用的土地利用的突出代表。
日本白川乡和五屹山历史村落	东亚		以种桑养蚕为生的传统生活方式，当地农舍很有特色，为两层结构，屋顶坡面很陡，用茅草覆盖。人与自然生活环境和社会经济环境完美适应。
瑞典吕勒欧的格默尔斯达德教堂村	北欧	教堂村	教堂村，体现出传统设计对环境、地理和气候条件的适应。
捷克霍拉索维采历史村落保护区	东欧	两种乡土建筑传统的融合	中欧传统乡村聚落，体现着两种乡土建筑传统的融合。
韩国河回村和良洞村	东亚	朝鲜半岛儒家文化	乔森（Joseon）王朝保存最好、最具代表性的两个部落村寨，带有乔森王朝早期的特征，在大约500年中尊奉着严格的儒家思想。村寨及其总体规划或单独规划，反映了社会结构和文化传统、文学作品的影响力与哲学传统所形成的规则。
叙利亚北部古村落群	亚洲	中东乡村文明的生活方式和文化传统	代表着中东乡村文明的生活方式和文化传统，以及古典末期和拜占庭时期的乡村农舍建筑、民用和宗教团体建筑，是可持续乡村聚落的杰出例证。

四、村落活态遗产传承与管理方法借鉴

2012年，世界遗产委员会在其全球战略中加入了社区（community）的理念，由"4C"[①]改为"5C"，强调了"对传统家族规章及社区规范的重视"。对于村落文化景观遗产的保护而言，唤起村民的保护自觉性尤为重要，通过唤醒村民对村落整体及自身利益的关注，鼓励村

---

① 包括可信度（Credibility）、保护（Conservation）、能力建设（Capacity-building）、沟通（Communication）。

民更多地参与到村落文化遗产的管理和传承中,在日常生活中有意识地保护村落传统建筑,发扬优秀传统文化,改善公共设施条件,维护村落环境,提升村民参与村落管理的积极性,为缔结稳定的村落遗产保护组织和机制奠定基础。与侗族村寨在文化特征上更加接近的东亚村落遗产,如日本的白川乡和五屹山历史村落、韩国的河回村和良洞村等历史村落,经过数十年的保护摸索,分别建立了适合村落活态遗产可持续保护和传承的管理模式。此外,针对个别历史地区的衰落,日本还曾发起"造町""乡村振兴""地域活性化""造市"等社区再造活动,即在一定范围的社区内,通过鼓励本地居民持续地改造人居环境,振兴地方产业,改善地方景观,实现活络地方经济的目标,推动衰败区挖掘内在生命力,从而重新振兴。

在重点讨论利用生态博物馆方法保护、展示和传承坪坦河流域侗文化之前,本节将对东亚地区一些成功的村落或街区活态遗产保护方法略做讨论,以期促进村落生态博物馆方法和举措的完善。

(1)日本世界遗产白川乡——基于村民协作传统的保护协会与财团

1955年前,白川乡是一个以农业为主导的落后乡村,农业技术落后,以养蚕和刀耕火种的开垦耕种为生。至20世纪60年代,随着水利资源的发掘,大量修建水坝的工人进驻白川乡,当地人口迅速膨胀,出现了短暂的繁荣。不到十年时间,村中青年大批外出务工,出现农田抛荒、房屋空置的情况,部分"合掌造民居"遭到拆除。据统计,1955年,"合掌造民居"有322栋,到1965年,仅存192栋。

1970年代以后,白川乡的特色民居受到外界关注,旅游业初步发展,国家从政策上对白川乡传统民居的保护加以刺激和鼓励。一方面,减少农业税收,给予相应补贴,鼓励村民返乡,恢复农业活动;另一方面,日本出台保护传统建筑、传统民居保护区的法规后,白川乡成功申请为"重要传统建筑群保护区",房屋修缮得到了官方层面的财政补助。合掌造民居的维护、修缮经费,约90%来自国家、县、村等官方的财政补助。

除了获得官方支持,白川乡还将历史上村民共同修缮、管理民居的社区协作机制极大的保留下来,组建了以社区村民为核心的保护组织和保护财团。合掌造民居的屋顶以茅草覆盖,每隔30年就要更换茅草以保持屋顶的干燥,但屋顶体量巨大,更换工程浩大,在传统的技术条件下,几乎需要动员全村力量才能完成,正因为如此,通过长期的劳动协作,形成了独特的村落制度——"结"。它作为一种劳动交换制度,遍及日常生产和生活,奠定了白川乡传统的社会管理组织和机制。基于传统的社会协作机制,自1970年代开始,白川乡村民开始探索自下而上推动社区经济与文化的复兴运动。1971年,村民自发注册了"白川乡荻町村落自然环境保护协会",1975年制定《居民宪章》,规定建筑、土地、耕田、山林、树木等区域资源"不销售""不借出""不弄坏",在专家、政府相关人员的协助下,还制定了《景观保护准则》。

1995年,白川乡和五屹山历史村落被列入《世界遗产名录》,"白川乡合掌集落保存基金"与各级政府成员组建了"世界遗产白川乡合掌造保存财团",为当地的民居保护提供了较为稳定的资金来源。迄今为止,"白川乡荻町村落自然环境保护协会"和"世界遗产白川乡合掌造保存财团"作为组织保障和经济保障,主要从两方面推动了白川乡的民居保护和旅游业发展:第一是探索传统建筑的再利用,第二是开发传统农业及相关产业。具体举措包括:将一部分空置的合掌造房屋改造为博物馆,向游客展示传统村落生活场景,另一部分改造为民宿、旅游纪念品店和土特产店;鼓励农户返乡恢复农作活动,免收租金;开发一些适合旅游观光的农业生产活动,给予游客参与农产品采摘的机会;定期举办当地传统的"米酒节"、歌谣表演、手工插秧等活动,让游客体验当地传统生活;开设大自然体验学校,让游客了解当地自然环境的相关知识等。

(2)韩国世界遗产河回村与良洞村——混合式的保护委员会

韩国安东的河回村和庆州的良洞村是以氏族关系缔结的传统村落,历史上,人数占优的家族在村落管理及重大决策时起主导作用。目前,这两个世界遗产村落均由中央政府、地方政府、专业技术人员和当地村民组成混合式的保护委员会,按照一定的章程,处理村内事务,为村民争取最大利益。保护委员会主要包括保护部门和旅游部门,保护部门主要协助村民修缮传统民居、收集村民意见进行公共空间改造提升,旅游部门主要负责旅游经营团队的组织、旅游发展计划的拟定和观光活动的监控,并协调政府和非政府组织的资源。

从1998年开始,韩国政府重点推行文化振兴政策,以法律法规配合资金支持,将文化创意产业发展为国家经济的支柱产业。受此影响,河回村高度重视传统"傩文化"的保护和活化,以祭神仪式——假面舞为主题打造村落旅游,每年9月24日至10月3日,这里都要举办安东国际假面舞节。此外,当地政府还考虑了旅游承载能力,重点建设了火灾防范和应急体系。政府牵头,对登记超过20年未进行电线布线的古建筑,由政府无偿提供老化线路改造,韩国电力公司、城市燃气公司等机构积极配合屋外电线敷设、老化管道改造等工作。近年来,河回村以年轻人为主体组建了"保存会",直接参与到村落的优化完善中,起到了融洽政府、媒体和村民三方面关系的作用。

应该说,韩国河回村与良洞村虽以政府为主导开展保护活动,通过组建混合式的管理机构,也尽可能取得了中央政府、地方政府、大学科研机构、当地村民等不同利益群体的理解和支持,为就业岗位的创造、当地居民的技能培训提供了最广泛的资源。

(3) 日本"社区营造"运动的经验

"社区营造"译自日语中"造町"一词，相关词语还有"乡村振兴""地域活性化""造市"等，狭义是指街区范围内以居民为主体自发的、持续的倡导改善人居环境的运动，广义是指地区居民以安全安心、福利健康、景观魅力为目标，自发的、持续不断地改善人居环境的运动。"社区营造"将"针对某一个区域（社区）"和"以居民为主体"作为两个核心特征，最早以振兴产业为手段，以活络地方的经济，重新振作衰落社区为目标，后来实质上扩展到整个生活层面，包括景观与环境品质的改善、历史建筑的修缮、交通建设、促进健康与福利、生态保护等多项内容；实践区域原本以农村社区为主，后来逐渐扩大到城市街区，进而演变成全民运动。

结合自身实践和访谈，日本建筑师西村幸夫在《再造魅力故乡》一书中通过17个案例真实记录了"社区营造"活动的进程和影响，提供了一些宝贵的经验。这些社区往往首先由社区居民组建协会、组织或俱乐部等管理机构，长期热心社区发展的机构成员在"社区营造"活动中扮演关键角色。在该机构的领导和动员下，聘请专业机构对历史建筑物和历史街区进行价值评估，制定保护规划和修缮设计，社区居民自发对社区风貌建筑加以保护，对街区环境进行整治，并确立相关的法律法规和管理机制。在日本须坂市西南的歧步县古川町，有一种当地的"老规矩"，即排斥新建房屋有违整体的建筑风貌，为了延续这一"老规矩"，保持建筑群的整体风貌，当地出台了《飞驒古川故乡景观条例》。在此基础上，各社区的"社区营造"协会策划各类展示社区特色文化的公共活动，如节日庆典、游行纪念、技术培训、出版刊物、著作、举办座谈会和研讨会等，满足不同人群的需要。各社区组织还致力于探索新的商业发展模式，尤其是利用当地特色建筑和特色活动吸引观光者，发展旅游业。在北海道的小樽市，因"社区营造"活动，小樽运河得以部分保留下来，结合开发建设和环境整治，该区域成为了繁华的旅游胜地。

比较以上三项活态遗产的管理，其共同之处在于鼓励本地居民有组织地参与传统文化的保护和传承活动，在活动中建立共同目标和准则，共同维护和改善区域环境，形成具有本土特色的文化形象和文化产品，在全球化和工业化浪潮中独树一帜，从而吸引观光游客的目光，让游客有机会亲身体验前工业时代的农业耕作和生活状态。后文将要讨论的生态博物馆方法在思想上与前述实例有一定共通性，即通过将社区特色文化以博物馆方式向公众展示的过程，全面保护村落的物质和非物质文化遗产，鼓励社区参与，发掘推动社区发展的自下而上的力量。这种思想在其他领域也有广泛体现。例如，在政府管理领域，许多国家经历了由管理（government）向治理（governance）转变的过程，前者强调权威，后者更顺应民本、多元的社会需求；在过去几十年时间里，城市规划师扮演的角色也有显著变化，从最初绝对理性、中立和科学的技术专家，到倡导性（advocacy）角色，再到沟通性（communicative）的利益权衡者，要求规划师更多地考虑规划区当地人的立场和利益。

随着全球化、工业化、城市化的席卷，中国乃至世界的乡村地区将发生巨大的变化。作为传统的农业大国，中国的农业村落将如何转变，农村将有多少人居留，农村的生业方式和生活状态如何，如何发掘和延续一些优秀的传统习俗、技艺、信仰和建筑特色景观，使农村社区变得更具活力和可持续性，这些都值得思考。中国自古以来的"田园梦"，将乡野村居描绘成恬淡、优雅、逍遥、闲适的状态，与繁杂、忙碌、吵嚷、喧嚣的城市截然不同，是寄放个人理想之地。正因为农村发展在国家和个人层面的重要意义，村落生态博物馆理念自进入中国以来，虽面临多方面挑战，实践也未完全达到预期效果，仍受到广泛关注，被视作文博行业介入农村工作、保护和传承传统村落遗产的重要抓手。

作为中国申请世界文化遗产预备名单项目，侗族村落文化景观实现了自然要素和人文要素的紧密结合，不仅保留了侗族建筑、村落、工艺品等物质文化遗产，还一定程度上延续着传统的人地关系、区域社会组织关系，具有构建生态博物馆的必要条件。基于我们对生态博物馆理念和实践的研究，也结合有关坪坦河流域侗族村寨开展的建筑人类学调查，下文将讨论系统保护和传承村落文化景观的一些初步构想。

第五篇
村落文化景观的保护
——生态博物馆理念及其中国实践

生态博物馆致力于保护和展示一定区域的活态文化现象，又被称为没有围墙的"活体博物馆"，它强调保护和保存文化对象的真实性、完整性和原生性。生态博物馆的概念最早于1971年诞生在法国，由博物馆学家乔治·亨利·里维埃（Georges Henri Rvière，1897-1985）和雨果·戴瓦兰（Hugues de Varine-Bohan）提出。在不到半个世纪的时间里，生态博物馆理念以法国为策源地，作为一种保护、展示地域文化，推动社区发展的理想方法，迅速在全世界扩散普及。对于活态遗产而言，人既是遗产的继承者，也是遗产的创造者，遗产的物质形态和精神内核因人的存在和活动不断演化。生态博物馆之"生态"，既包括自然生态，也包括人文生态。生态博物馆的基本形态为：博物馆的主体是村落或社区，博物馆的展示对象是这个区域内各种元素组成的有机整体，包括有形的物质遗产，无形的非物质遗产、生产和生活方式、社会制度与组织形式等。生态博物馆是一种以社区或村落为单位的博物馆，它并不局限于一个固定的室内环境，而强调保护、保存、展示人与遗产相互作用的活态关系。

一、生态博物馆理论及其欧洲实践

（1）构成要素

在生态博物馆理论出现早期，为了突出这一新兴的博物馆与传统博物馆之间的差别，突出其革新意义，学者非常重视将两者进行比较。彼得·戴维斯（Peter Davis）著作中被广泛引用的著名的对比图，不仅明确了生态博物馆不同于传统博物馆的特点，也陈述了构成生态博物馆的基本要素。将这些学理上的要素与我国的村落情况相结合，可以总结出村落型生态博物馆的基本要素：

首先，生态博物馆的范围是一片开放的区域。村落型生态博物馆以村落为载体，博物馆边界即为村落的边界。村寨社区不仅具有人文环境，同时也具有良好的自然环境。因此，村落型生态博物馆的内涵不仅包括文化遗产，也包含村落的自然景观，这片融合了人文的自然区域是真正的"没有围墙的博物馆"。

其次，在生态博物馆中，须建成一座资料信息中心，用以记录和保存村落或社区的物质和文化遗产。这座资料信息中心不局限于保存和展示的单一功能，同时也可以作为一个公共活动空间，组织相关的教育项目和集体活动。一般认为，资料信息中心在某种意义上具有与传统博物馆相似的性质，它集中地保藏、展示相关的文化遗产，并开展博物馆活动。例如，发动生态博物馆所涉及的社区内的居民搜集物质文化遗产，并以图片、音频和影像等方式，对非物质文化遗产进行记录，同时在资料信息中心制定相关的展示计划。在我国农村，普遍存在的一个问题是村民的文化水平有限，村内的文化设施较少。因此，村落型生态博物馆的资料信息中心应承担更多的社区责任，在空间设计上更具有综合性，例如村落图书馆、计算机房或会议室等。

物质文化遗产是构成生态博物馆的重要因素之一，包括散布于村寨的建筑物、构筑物、考古遗址、遗存、遗迹以及古墓葬，还包括传统工艺品以及可移动文物。与物质文化遗产同等重要的是村落内以农业遗产为主的非物质文化遗产。非物质文化遗产所涉及的内容比较广泛，包括音乐、舞蹈、语言、文字、宗教信仰、传统技艺等诸多方面。

将物质文化遗产和非物质文化遗产有机串联起来的是社会组织结构和人们的日常生活。我国的大部分农村还保持着传统的农耕生活，生态博物馆在村民的日常生活中得以保持活态，其文化影响应不断延续（图5-1）。

图5-1 彼得·戴维斯的生态博物馆含义图
（摘自Peter Davis：*Ecomuseums: A Sense of Place*,
London and New York：Leicester University Press, 1999, p.75.）

An ecomuseum must be locared within its community and the local environment.

此外，彼得·戴维斯还总结了生态博物馆的基本构成：在内涵上，生态博物馆是生态环境、社区和博物馆的交集；在物理的位置上，生态博物馆必须要置于社区之中，而又不能与生态环境脱节。

（2）构建程序与模型

一座生态博物馆的建成，首先要以社区居民的意愿作为根本。理论上生态博物馆是基于当地居民的意愿而建立起来的：出于对自身文化的珍视，特别是在全球背景下对文化多样性与差异性的认识，兼顾社区发展而建立起来的一种运营和发展模式。当地居民的意愿和最初的自发行动，是建设生态博物馆的基本动力。

在实践中，目前村落型生态博物馆的产生方式主要有两种。一种是契合生态博物馆的定义，由村民自发组织形成，西方的很多村落型生态博物馆都是以这种理想程序建成的；另一种是作为一种社会组织和发展形式，自上而下建立起来的，这在生态博物馆发展的后发国家相对较多。例如我国目前存在的多家村落生态博物馆大部分都是由政府主导建成的，在台湾，社区营造运动的初期建成的生态博物馆也是由行政机构主导的。具体来看，建成一座生态博物馆的理想程序包括以下几个步骤：

首先，对村寨遗产的保存状况进行专业评估。评估的对象主要是社区的物质和非物质文化遗产，评估的内容包括遗产的真实性、完整性、活态性，以及建成生态博物馆的社区基础。生态博物馆保护和展示的对象是活态的文化遗产，所以活态性也被视为生态博物馆评估的基本标准。只有符合生态博物馆定义和规定的遗产社区可以使用生态博物馆的保护和展示方式，对于不甚符合生态博物馆要求的社区，可以考虑通过其他的方式加以保护和展示。

生态博物馆的营建包括实体建设和软体建设。实体建设包括村落整体的景观规划、资料信息中心建设，以及生态博物馆展线设计。软体建设包括生态博物馆管理委员会的组建分期保护和展示规划方案，文化活动项目以及生态博物馆、社区发展的经营方式等。以下讨论生态博物馆的组织构建，一般来说，应包括以下几个方面：

第一，筹建生态博物馆委员会，对管理者进行培训。在生态博物馆的相关理论中，并没有明确规定生态博物馆管理委员会的组成。实际上，各生态博物馆可以根据实际情况，确定委员会的构成和具体成员。一般情况下，当地有着文化权威或热心管理事务的村民、相关专家以及志愿者代表，均应成为管理委员会成员。专家可对博物馆的建设和运营提供专业性意见，热心博物馆的志愿者可为文化活动提供培训，在这些人的协助之下，社区居民作为文化遗产保护和传承的直接实践者和操作主体，主持日常的生态博物馆运营和管理事务。

第二，生态博物馆管理委员会组建完成后，该委员会将明确生态博物馆的发展主题、运营方式，建立资料信息中心以及其他必要的公共活动空间，调查生态博物馆区域内的各类文化遗产，组织社区居民参与博物馆文化活动，进一步明确生态博物馆建设和运营的方案。在生态博物馆建设的过程中，需要不断调整运营方案，使其不断适应现实状况。

第三，由于生态博物馆所涉及的是一个动态发展的社区，所以需要对保护、展示和改造提出具体的规划和方案，并且依据对可能发生的变化的判断，制定出分期建设方案。这些规划的出台不仅要考虑专家的意见，更要重视社区居民的需求，争取同时兼顾到遗产保护和社区发展。在此过程中，重视沟通的"咨询制度"可作为一种重要的方法和途径。

第四，文化项目的设计。文化项目与博物馆教育与宣传联系密切，这些项目既有面向社区的内容，例如提供手工艺制作的技能培训，遗产保护专业知识的传播、讲解培训等；还有一部分文化项目是面向游客展开，例如定期的节庆表演、导赏、导游项目等。可以适当引入志愿者制度，推动文化项目顺利启动。在基本职能得到实现的基础上，可以进一步进行网络博物馆的建设，将生态博物馆的物质和非物质遗产数字化，出版相关杂志、书籍。

第五，经营方式，具体包括生态博物馆为维护日常职能、实现预期职能、促进社区发展的运营理念和方法。例如，生态博物馆的主题、吸引游客的方式、生态博物馆的经营理念和获得收益的途径等等。

理想的生态博物馆建设模型至少涉及基础设施、组织架构和基本职能三方面的设计。但每座生态博物馆都有其独特的背景，个体差异较大，在实际操作中不同的博物馆模型各具特点。

经过了五十年的发展，生态博物馆在博物馆学理论中已逐渐由一个新的概念变成了重要的研究对象和研究领域。在实践中，生态博物馆也逐渐由一个颇有些"标新立异"的机构，更好地融入了社区之中。例如，越南的亚龙湾地区生态博物馆兴建于21世纪初，由越南政府和澳大利亚生态博物馆学者共同协助当地建成，该博物馆对于文化的保育和推广，对于地区居民生活水平的提高，对于地区知名度的扩大，都有非常积极的意义。因此，该博物馆有效运营十余年后，生态博物馆的理念逐渐淡化，社区活力却因生态博物馆的出现不断得到激发。

（3）运营流程

有关生态博物馆软体运营方面的理论研究，也呈现逐年上升的趋势，管理学领域的一些理论和方法也被引入，充实了生态博物馆运营方法的研究。西方早期的生态博物馆建设一般由政府出资扶持，资金充足，生态博物馆运营方面无须考虑太多商业因素，这些博物馆像是脱离时代的"乌托邦式"存在。在法国，20世纪60年代兴起的"地区自然公园"计划，使许多生态博物馆获得了充足的建设资金。正因为如此，这些博物馆过分依赖外部的资金支持，缺乏独立的生存能力，随着20世纪70年代以后政府资助减少，很多生态博物馆被迫关闭。这一情况直到生态博物馆理论被传入加拿大、融入当地实践，才有所改观。

加拿大上比沃斯生态博物馆（The Ecomuseum of Haute-Beauce）的组织章程曾为生态博物馆的存在目的做出明确的定义："本馆致力于激发民众的认知，让他们注意到自己、族群和周边环境、区域的困难和需要，终能兴起发奋之心，透过集体的努力来积极回应，以求改善。"博物馆的创建人之一，塞雷（Maude Céré）将生态博物馆的运营目标进一步解释为："透过博物馆持续性的自我改变和适应多变的社会环境，来达到社会变革的目的。"塞雷希望通过民众的参与、行动、经验来实现居民的自我教育，从而实现知识的民主化，最终影响和促进地区的发展，实现生态博物馆的使命，也完成生态博物馆的持续性发展。在这里，塞雷将生态博物馆的目标进一步延伸，希望通过博物馆的教育活动与居民的自身努力最终实现社区的持续发展。

梅红（Pierre Mayrand）①提出了一个"创意三角形"来解释和归纳主动的生态博物馆的运营模式：三角形的三个角分别为诠释（interpretation）、生态博物馆（ecomuseum）和地域（territory）；三边分别代表回馈（feedback）、觉醒（awareness）和创造（creation）（图5-2）——诠释位于顶角位置，因为它可以促进公众对于地区的了解，当公众对地区有了进一步了解时，便有通过兴建生态博物馆对自身文化进行保护的需求，生态博物馆的建立将进一步提升对文化和遗产的诠释水平。由此，生态博物馆的运转成为一个有生命力的循环。从上比沃斯生态博物馆的组织章程到塞雷及梅红的理论，基本阐明了一个理想的生态博物馆运营目标与模式。

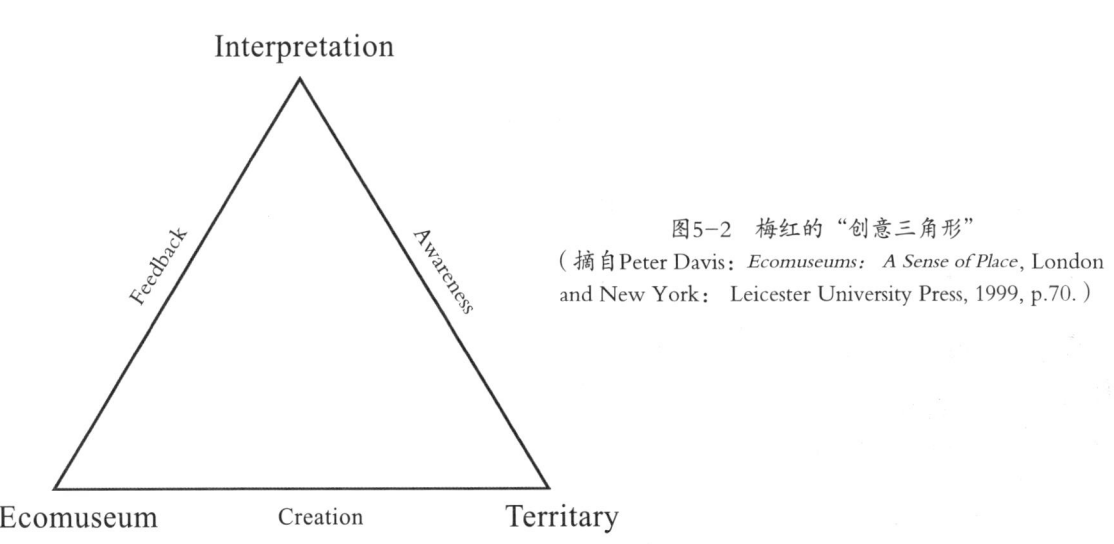

图5-2 梅红的"创意三角形"
（摘自Peter Davis：*Ecomuseums：A Sense of Place*, London and New York：Leicester University Press, 1999, p.70.）

---

① 梅红为加拿大艺术史和博物馆学者，蒙特利尔市魁北克大学文化资产研究所教授，魁北克生态博物馆协会主席，上比沃斯生态博物馆董事会主席。

20世纪70年代中期,博物馆运营和博物馆学方面出现了一个重要的进展,即博物馆被定性为非营利性机构(non-profit organization,NPO)[①]。根据非营利性机构的定义,它是指在特定的法律系统下、不以营利为目的的、主要开展公益性和互益性活动的社会组织结构。20世纪60年代,营利组织中的一些管理和控制方法就已经应用到了非营利组织当中,例如会计制度、人事管理、战略计划等,但是营销的观念却迟迟未被接受,因为从当时人们的观念来看,非营利性组织是不需要营销的,或者说是不需要采取主动的运营方式的。到了20世纪70年代,在经济不景气的背景下,非营利组织受到赞助金缩减、会员减少、顾客不满意、竞争加剧的威胁,在种种危机下,一部分非营利组织开始认识到了主动营销和持续性运营策略的重要性,为了获得更多的可运作资源,它们不得不把目光投向市场,以营销的理念来指导组织运作,以便更好地实现组织目标。作为非营利性质的博物馆,在20世纪70年代晚期也迎来了重大的变革。以英国为代表的许多国家减少了对博物馆的公共开支,这种同时具有政治性、经济性和社会性的举措,使博物馆被迫进入市场,面临来自行业内部和外部的双重竞争,于是包括博物馆营销在内的管理理论和方法受到了博物馆从业者的重视,更多博物馆运营理念被运用到新的管理工作中。

可以说,博物馆营销是西方社会环境变革、非营利性组织的管理工作发展到一定程度的产物,或者说是非营利组织在面临更激烈的市场环境时的产物。在此背景下诞生的博物馆运营策略,例如一系列推广博物馆、博物馆展览、博物馆活动以及博物馆理念的活动,目的在于提升博物馆的公众形象、促进博物馆参观人数的上扬、取得更多的赞助单位以及为博物馆商品探索新的契机,最终实现博物馆的独立运营和可持续的发展(图5-3)。

图5-3 大英博物馆商品部(图片来自网络https://www.timeout.com/london/things-to-do/londons-best-gallery-and-museum-gift-shops)

[①] 国际博协于1974年6月14日丹麦哥本哈根大会上,通过了博物馆定义的修订,即"A museum is a non-profit making, permanent institution in the service of the society and its development, and open to the public, which acquires, conserves, researches, communicates, and exhibits, for purposes of study, education and enjoyment, material evidence of man and his environment"。

生态博物馆虽然在形式上是一种新型的博物馆，但它在性质上仍与传统博物馆具有统一性，其中非常重要的一点便是生态博物馆的非营利性。这意味着生态博物馆不仅要完成文化的保育、宣传和展示，完成博物馆教育的基本职能，推动社区发展，还要在这一过程中完成自我营销，类似于生态博物馆初级阶段的单方面依靠政府补贴而没有产出的时代已经一去不复返了。因此，在生态博物馆具体的运营过程中，当地使用非营利组织的运营方式是非常必要的。

二、日本和中国台湾地区生态博物馆的建设

20世纪以来，工业化和城市化对乡村和乡村景观的影响在全球各国普遍存在，而当下坪坦河流域所面临的全球化浪潮及其所带来的问题，在其他国家已经或正在出现。一些较早进入工业化和城市化阶段的国家，在对以上这些变化进行思考和反思的过程中，尝试了各种兼顾农业文化保育与传承和促进农村经济发展的方法。在东亚，日本、韩国等国家和地区早在20世纪后半叶就围绕传统村落保护进行了很多尝试，除前述几个世界遗产村落，后文还将讨论日本和中国台湾地区利用生态博物馆方法振兴地域传统文化的实践，作为规划坪坦河流域侗文化生态博物馆的借鉴。

20世纪80年代末期，日本农林渔部启动了"乡野环境博物馆计划"，创建作为保护自然景观和传统文化机构的博物馆，这其实也是日本众多社区营造方式中的重要方式之一。在日本，早期生态博物馆被翻译为环境博物馆；直到1991年，在吉田山上建立了第一座钢铁制造区遗址生态博物馆，也是日本第一座以生态博物馆命名的博物馆，而后于1995年成立了日本生态博物馆协会。

在这个计划中，大概有50个地区被挑选和开发。这些生态博物馆的特点包括：展览形式是露天的，将自然景观与当地的历史文化紧密结合；在博物馆中心设有中心设施，周围有周边设施，建设有道路将中心设施与周边设施相连，这也成为日本生态博物馆的基本模式，后来我国台湾在社区营建中建设的生态博物馆也大都采用了这种模式；生态博物馆的目标在于启发当地民众对自身文化的认识，并积极参与到文化保育和社区建设中来；生态博物馆机构被委托给当地政府或者事业单位进行有效运营。这些生态博物馆促进了当地人民对自身文化的重新认识，同时通过博物馆所形成的网络系统，加强了各个地区之间的联系。

大约与日本同时，我国台湾地区也开始了农村的社区营造运动，试图改变农村在工业化和城市化的背景下贫困、衰败，甚至濒临消逝的情况。在这场运动中，一些村落选择了主动的城市化道路，也就是将乡村变为与城市同质。但这种路径的弊端也非常明显，大量的自然环境消失，本地的文化消失，人们在获得经济效益的同时，付出了过于昂贵的代价。另一些村落独辟

蹊径，以村落自身特点为出发点发展文化产业和特色产业，例如乡村旅游、发展文化产品等，其中生态博物馆的模式也成为了重要力量（图5-4）。

图5-4 台湾宜兰生态博物馆
（图片来自网络：https://www.cdstm.cn/gallery/gktx/202006/t20200610_1028311.html）

台湾东北部的宜兰县于20世纪90年代开始筹划生态博物馆项目，试图将之作为地区发展的策略，同时该项目也被预期作为台北周围县发展的研究性案例。宜兰县的生态博物馆计划启动于1994年，1995年完成整体规划。按照规划的预想，宜兰县的兰阳生态博物馆是一座集文化保育、展示、教育和观光功能于一身的机构。博物馆在形式上与日本类似：设立一个或几个中心馆，在其周围设有卫星馆，并有道路相连，从而形成一个联系密切的网络。这些卫星馆形式非常自由，既可以是陈列室，也可以是山川、河流等自然景观。在博物馆中，社区居民是展示活动和教育活动的主体，专家给予建设的意见和建议。博物馆重视引进社会资金，为当地的社区提供就业机会、培训项目和运转资金。到目前为止，宜兰县已经建成有中心馆和卫星馆30余座，基本形成了生态博物馆网络。

日本和中国台湾地区的社区营造所面临的社会背景与问题在亚洲，特别是在以小农经济为主的东亚地区具有一定的代表性，因而将文化与发展共同推进的成功经验也在这一地区具有很现实的借鉴意义。这些已初见成效的发展方式对包括坪坦村在内的广大农村是非常重要的。

首先，要将保护和发展放在同等重要的位置上，两者并不是矛盾的，可以通过寻找适当的途径同时实现。深度发掘本地区资源多维度的价值，让资源的差异性和多样性成为地区经营和盈利的重要基础。同时，以优惠政策呼吁本地区的人才返乡，成为促进地区发展和进步的人才资源。推动社区持续均衡发展的根本要素在于社区居民，在于他们作为实践主体对发展道路的选择，以及主动地采取措施和方法，以开放的心态，对资源的利用和生态博物馆的运营建设做出创新性的尝试。

三、中国三代生态博物馆的建设与运营

改革开放之后，我国经济快速发展，工业化和城市化的浪潮对乡村的影响越来越大。2005年，我国正式开启了社会主义新农村建设，旨在对城市化和工业化背景下农村的基础设施建设、生活环境、村民的经济和文化生活有所改善和提高，成为此后多年对我国广大农村号召力最强、产生影响最大的政策。在社会主义新农村建设的推动下，很多农村建起了医疗和教育设施，为村民提供医疗保障和文化教育机会；有些村落参考国外的农村发展经验，探索经济发展之路，积极种植"一村一品"的代表性商品作物。但是，大部分农村在选择发展时，实际上是采用了城市化的方式，在经济和保障制度发展的同时，村落特有的传统和文化却遭到抛弃，文化的多样性和差异性被单一的城市文化抹平，类似城市的景观代替了传统的村落景观。基于对这种情况的重新审视和反思，一些农村开始尝试将社区的发展与文化的保育放到同等重要的层面上来，比较有代表性的尝试包括民族村寨旅游、生态博物馆建设等。相比之下，前者重视发展中的保护，而后者重视保护中的发展，生态博物馆更具有文化保育的特征。

（一）发展概要

生态博物馆的思想在20世纪80年代中期进入我国大陆地区，对博物馆学界和遗产保护界都产生了重大影响。生态博物馆在我国发展的时间序列，体现出一个理念逐步前进的过程——从理论到实践，从一个典型案例扩展到广泛的使用群体。

20世纪80年代中期到90年代中期，生态博物馆的思想通过杂志、报刊等途径被介绍到中国。当时中国正值改革开放的全新局面，在经济有了长足的发展、人民生活水平提高的同时，环境破坏、生态失衡等现象开始为社会所关注；同时，城市化过程中城市景观取代了乡村景观、单一的现代文明取代了一些地区的多样文化，千篇一律的文化景观引起人们对城市的重新认识和思考。这些因素构成了中国博物馆学界对国际生态博物馆运动予以关注的一个重要背景。从另一方面看，当时涌现的更好地"适应社会""服务社会"的公众需求，使得博物馆在积极寻求革新，寻求一种突破传统的、新的发展方式，来更大范围地保护文化遗产，服务大众。在此背景下，从1986年起，生态博物馆的思想开始以《中国博物馆》杂志为主阵地，在中国传播开来。该杂志主要引进国外生态博物馆发展的相关理念和经验，包括生态博物馆创始人里维埃和戴瓦兰等人的著作，国际会议宣言和消息，以及法国、加拿大、美国等国家的生态博物馆的材料。可以说，这一段时期是我国生态博物馆发展的初期，也是开启日后发展道路的基础期。

生态博物馆在我国的发展为遗产保护提供了一种新的、更为灵活的形式，这种形式以当地

民众为基础、以促进发展为最终目的，为我国的博物馆界和农村发展工作都带来了新的启示。与传统博物馆相似，由于生态博物馆涉及的遗产种类和性质各式各样，很难建立精确的分类系统，而生态博物馆丰富的政治性和社会性，更加深了进行类型分析的难度。但我国生态博物馆的数量有限，有一些博物馆的建设又存在着明显的模仿，因此，对这些生态博物馆的基本类型进行简单的梳理，以增加认识和理解生态博物馆的维度。

从生态博物馆所处的位置，可以分为村落型的生态博物馆和市镇型的生态博物馆。

1. 村落生态博物馆

村落生态博物馆是指以农业村落为保护对象的生态博物馆。这类博物馆在我国的数量最多，出现最早。我国第一批建成的坐落于贵州的四座生态博物馆，以及第二代生态博物馆的代表——广西的"1+10"项目中的多座生态博物馆，都属于村落生态博物馆的类型。村落生态博物馆往往远离城市，周围有自然环境拱绕，社区内以农业的生产和生活方式为主，社会组织形式还带有传统的乡土特征。这类博物馆的遗产构成要素往往受外来文化的影响较小，保存有一套独立的文化系统。在这类社区建设生态博物馆的目标在于保护其文化的多样性与差异性的同时，促进农业社区的发展。城市的高速发展对传统农业社区的挤压和冲击是非常严重的，城市优良的物质条件造成了乡村人口的大量外流，很多乡村都只剩留守的老人和儿童，青壮年外出务工，不仅使得村内的一些建筑长期无人居住而缺乏修缮、逐渐破落，也造成文化传承的断裂。而这些外出务工的人往往很难在城市里获得舒适的生活，但村落内传统的生活方式无法支持生活、教育、医疗等方面的成本。除了这些外部因素对村落遗产构成威胁之外，村落内的居民对自身文化的差异性和多样性的无意识，缺乏保护的热情，更没有通过发掘文化内涵找到村落发展之路的想法，是村落遗产面临破坏的根本性原因。

在乡村社区建设生态博物馆作为文化保育和社区发展的机构，不仅在欧美国家已经有了相关经验，在与我国情况更为相似的东亚其他地区，也已经有了成功的范例。从全球范围来看，村落生态博物馆是生态博物馆的主要类型。实际上，生态博物馆在其发源地——法国，便是以对抗工业化千篇一律的城市景观、缅怀乡村田园景观而出现的。早期的"国家自然公园"计划所包括的博物馆和70年代初建成的两所生态博物馆，都属于这个类型。因此，可以根据我国的国情和村落的实际情况，以生态博物馆的方式对其保护和发展进行规划。

2. 市镇生态博物馆

市镇生态博物馆的保护对象是城市社区遗产，区别于村落生态博物馆远离城市、有自然山水的周边景观，这类博物馆往往坐落于城市建成区中。它们面临的问题是城市建设对社区的挤压，包括空间上的侵占以及文化上对多样性和特殊性的吞噬。这类生态博物馆发展的目标是为社区居民保护文化的差异性和多样性，同时，为社区提供居民需要的文化活动，促进社区在城市中心的平衡发展与文化保育。

2011年8月17日《关于命名首批生态（社区）博物馆示范点的通知》公布的五所生态博物馆试点中，有两所都属于社区生态博物馆类型。

位于福州城区内的三坊七巷博物馆是这类社区生态博物馆中的一个典型案例。三坊七巷位于福州市中心繁华地带，与朱紫坊历史文化街区、乌山、于山历史风貌区临近，是福州历史文化名城中古城格局的核心组成部分。该地基本保留着唐宋遗留下来的坊巷格局和大量明清古建筑，涵盖了保存较为完好的明清民国建筑计159座。与此同时，三坊七巷还承载并传承了丰富的非物质文化遗产，包括口头传统、传统表演艺术、民俗活动和礼仪与节庆、传统手工艺技能等，上述非物质文化遗产形成的文化空间，与坊巷众多的物质文化遗产一起，构成了具有代表性的历史文化传统街区。依托丰富的名人文化资源和名人故居，三坊七巷博物馆进一步整合文化资源，建成了专题型的博物馆和展览，从而打造文化旅游和文化观赏的重要场所，并配合有志愿者制度支持相关的服务。通过文化产业的发展，三坊七巷博物馆保育了物质和非物质遗产，同时也带动了社区经济的发展和社区居民物质生活水平的提高。

屯溪老街社区博物馆位于安徽省黄山市屯溪区老城中心的新安江畔，老街由1条正街、3条横街和18条小巷构成，是徽州文化重要的物质载体。正街现有各类古建筑244栋，拥有博物馆3家。根植于这些物质载体之上的是更为丰富的非物质文化遗产，如徽州四雕、歙砚、徽墨、徽州漆器、徽州根雕、徽州竹编等。屯溪老街较好地保持和延续了传统风貌、地方文化特色，在古徽州同类型的老街中最具有代表性。通过建设生态博物馆，屯溪老街完成了社区综合环境的改善，让老城在不被城市吞没的前提下，重新焕发发展的活力。

总体来看，村落型的生态博物馆数量最多，在我国的发展历史更为悠久。除了以区位和生产性质为标准的分类方式之外，还可以根据功能性质，分为单一功能的生态博物馆和复合功能的生态博物馆。前者的代表如雅安茶文化生态博物馆，是以单一的制茶产业为主体的生态博物馆；而类似安吉生态博物馆，不仅包括生产功能，同时还有其他的生活功能，是后一种生态博物馆的代表。不同类型的生态博物馆面临的问题不同，解决问题的途径不同，目标也不同。但是不同之间却又都是殊途同归的，都是要发掘文化的内涵，调动遗产的活力，促进保护和发展的共同实现。坪坦河流域的村落在实现社区发展与文化保育方面，可以借鉴既有的发展经验与教训。

（二）以梭戛生态博物馆为代表的第一代生态博物馆

经过10年的理论铺垫，1995年中国和挪威进行合作，将挪威的生态博物馆模式引入中国并将其本土化，开始创建我国第一批生态博物馆。当时，中国博物馆学会常务理事苏东海（1927–

2021)、安来顺与挪威博物馆学家约翰·阿格·杰斯特龙（John Aage Gjestyum）一起，通过对贵州多个村寨进行考察，选定了梭戛、镇山、堂安和隆里四处作为首批生态博物馆的兴办地点。梭戛苗族始于苗族中"箐苗"这一独特的支系，以夸张的头饰作为标志，又被称作"长角苗"。在生态博物馆建成之前，这里十分封闭，与外界的联系非常少，非常完整地保持着前工业社会的生活状态。物质条件匮乏、教育程度低下，尚没有文字，还需要结绳记事。也正是因为地理环境的原因，这里的文化非常古朴，有着独具风格的丧葬祭祀礼仪、音乐舞蹈和蜡染刺绣艺术。这成为了生态博物馆的保护对象。经过一段时间的考察和筹备，1998年10月31日，梭戛生态博物馆及其资料中心建成开放，成为中国第一座生态博物馆。

在建设初期，在专家的带领和指导下，村寨内的一些年轻人参与到了本民族语言、歌舞、仪式、技艺以及手工艺品、生活用具等的记录、搜集之中，形成了文字和影像资料。博物馆的资料信息中心设立在陇戛寨，博物馆的范围是12个寨子所组成的10平方公里的范围，博物馆展示和保护的内容包括长角苗的物质文化遗产，例如村落形态、建筑、工艺品等，以及非物质文化遗产如歌舞、仪式、工艺等。生态博物馆的运营目标在于保育和展示独特的民族文化和前工业文明。

从行政性质上讲，梭戛生态博物馆是一个正科级单位，行政关系上隶属于六枝特区，业务管理上隶属贵州省文物局和贵州省文化和旅游厅。博物馆的管理人员是政府委派的"外来人员"。虽然根据博物馆最初的规划愿景，在博物馆运营正常之后便将管理权交给村民，但却一直没能实现。这也在很大程度上闲置了博物馆管理委员会的真实职能。

梭戛生态博物馆的启动资金主要来自政府拨款，这些资金主要用于硬件的建设，例如中心馆的建设、一些纪念性景观的树立等，用于博物馆软体经营的经费非常少。以政府资金为主要运营经费的模式在法国曾经有过先例，利用官方的资金可以在短时间内迅速推进生态博物馆的建成，但是过度依赖外来资金则会导致生态博物馆难以自主运营，一旦失去物质支持，便难以维持发展。在梭戛生态博物馆，政府投入的资金在先期几年较为充裕，而后逐年减少，可用于博物馆运营的经费难以保证。

贵州生态博物馆的建成对于我国的博物馆学界具有重要的意义：它将在我国传播多年的生态博物馆思想由理论转变为实践；同时具有范例的意义，推动了更多生态博物馆在我国的建成。贵州通过建立生态博物馆，实现了村寨的开放，通过与外界沟通，激发了当地人民对自身文化的欣赏，增强了保护热情，同时，通过对贵州经验的总结，提出了生态博物馆的"六枝原则"，在原则中明确指出了生态博物馆的归属、管理和运营过程中的注意事项、生态博物馆的建设目标等。这些规定很好地把握住了生态博物馆的内涵特征，对建设方向起到了很好的导向作用。但是，贵州生态博物馆的建设也受到了多方面的质疑：首先，生态博物馆的本质在于社区居民自发和主动地进行遗产保护和经济建设,但贵州的四座生态博物馆显然没能完成从被动到主动的转变;在生态博物馆理念的理解方面,不同的管理层存在很大的差别,特别是中层管理,尚不能将生态博物馆和旅游发展有效地区别开。实际上,这四座生态博物馆对博物馆对外展示功能的重视,远大于对社区自身发展的重视。

总之,这一时期,中国的生态博物馆由理论转化为了实践,走出了生态博物馆建设的第一步,但还有许多问题尚待解决,在贵州的生态博物馆的初期尝试被称为中国生态博物馆的第一代模式。

(三)以广西生态博物馆为代表的第二代生态博物馆

世纪之交,广西开始了"1+10"项目,也就是1所民族博物馆(广西民族博物馆)带动10所分布在广西各地的生态博物馆(包括南丹里湖白裤瑶生态博物馆、三江侗族生态博物馆、靖西旧州壮族生态博物馆、贺州莲塘客家围屋生态博物馆、融水安太苗族生态博物馆、灵川灵田长岗岭商道古村生态博物馆、那坡达文黑衣壮生态博物馆、东兴万尾京族生态博物馆、龙胜龙脊壮族生态博物馆和金秀瑶族生态博物馆)的工程(图5-5),开启了我国第二代生态博物馆的大幕。

广西的第二代生态博物馆建成于贵州生态博物馆之后,吸取了第一代生态博物馆的诸多教训,做了比较大的调整和提升;与此同时,在博物馆选址、形态等方面,很大程度上延续了贵州第一代生态博物馆的特征。以广西10座分布于各处的卫星馆中的一座——龙胜龙脊壮族生态博物馆为例,进行说明。

龙脊古壮寨位于广西东北部越城岭山脉西南麓,龙胜各族自治县和平乡的东北部,距所属的和平乡政府所在地10公里,距龙胜县城21公里,距桂林市区约76公里。龙脊村包括廖家、侯家、平段、平寨、岩湾、岩板、岩背、七星等8个自然村;古壮寨指廖家寨、侯家寨、平段和平寨等4个壮族村寨。龙脊古壮寨是北壮——白衣壮的聚居地,村民以种植水稻、养牲畜为主要经济来源,其他农户产品有辣椒、茶、红薯、芋头、玉米等作物,是比较贫穷的地区。村民全是壮族,自称"布也",其民风淳朴,具有独特的生产生活习俗、丰富多彩的民族舞蹈和绚丽多姿的民族服饰。

在修通和平到古壮寨的公路之前,古壮寨仅有一条石板路与外界相连,交通极为不便,因此与外界的交流并不多。这里壮族历史非常悠久,拥有广西乃至全国保存最完整、最古老、规模最大的壮族干栏式吊脚木楼建筑群,并且有非常大型的梯田景观,还有保存完好的壮族语言、文字、手工艺,以及以寨老为核心的社会组织形式。

该生态博物馆在空间结构上与梭戛生态博物馆基本相同,分为资料信息中心和村寨社区两个部分。在莫一大王广场西侧修建的一座占地面积194㎡的壮族风格的两层木楼,作为壮族生态博物馆的信息资料中心,也是龙脊古壮寨壮族生态博物馆的核心项目之一,是壮族生态博物馆的日常工作机构,中心的主要作用是存储村寨壮族文化记忆、搜集整理民族文化遗产、向旅游者展示壮族文化精髓。博物馆其他部分的村落景观围绕在中心周围。

广西生态博物馆在建设之初便开始总结和规避贵州生态博物馆的弊端,例如社区居民参与过少,生态博物馆实际上成为了政府的文化工程,也考虑到了经费的使用问题。因此,在建馆之前,大量人类学、民族学和博物馆学专家前往,做了前期调查,并对遗产情况进行了记录。同时,在广西民族博物馆的支持下,生态博物馆的工作者和志愿者获得了相关的业务培训,为博物馆在未来的独立运营提供技术支持。与此同时,广西生态博物馆相较贵州生态博物馆的延续性表现在:在博物馆选址上,都选择了经济水平欠发达的少数民族村落,博物馆的形态采取了"资料信息中心—周围村寨"的基本模式。

在以广西生态博物馆为代表的第二代生态博物馆快速发展的这段时间里,生态博物馆在我国分布地域变广,数量上升,涉及的类型也有所增加。它们主要分布在贵州、云南、广西和内蒙古等地,涉及苗族、布依族、侗族、傣族、彝族、瑶族、蒙古族和汉族等多民族的文化。最新兴建的生态博物馆,也逐渐在突破"保护少数民族文化"的内容"传统",不断向更广阔的领域扩展,更加重视保护基础上的社区发展。

在发展的同时,我国的生态博物馆也表现出了一系列的问题,首先是生态博物馆的基本形态问题。第二代生态博物馆仍然以梭戛生态博物馆为模型,以资料信息中心和村寨两部分组成的形式,基本成为我国生态博物馆的形态定式,大部分的生态博物馆都以此为标准进

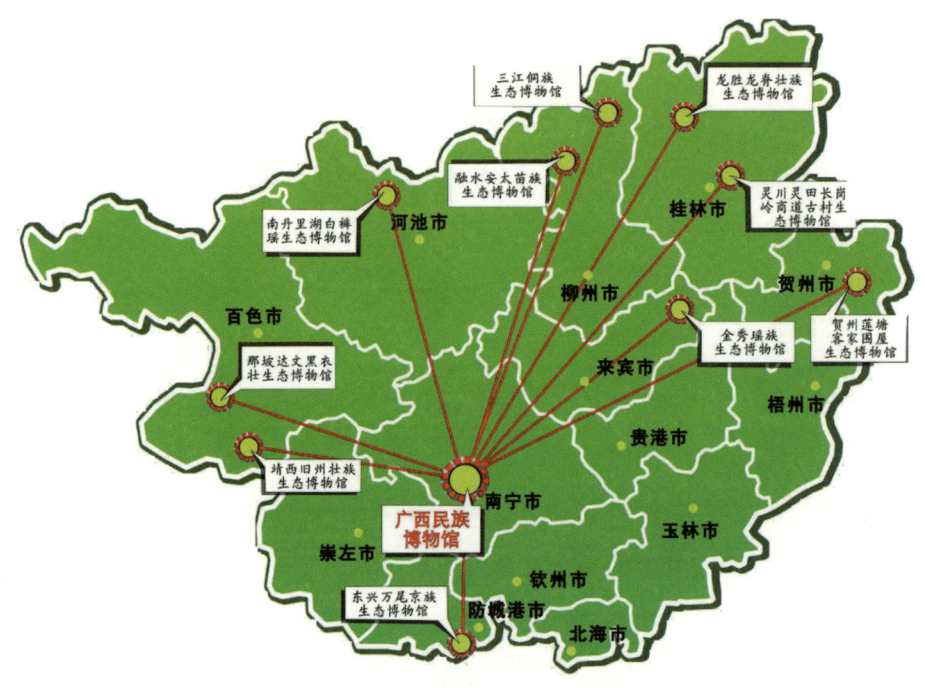

图5-5 广西生态博物馆分布图(网络图片)

行筹建,很容易形成一个误解:生态博物馆的形式是固定的。大原一兴指出,这种否认地区特殊性的做法,和放弃思考是相同的。生态博物馆应当是根据区域的特征而自由调整的,形式也应当是多样的。同时,随着生态博物馆的不断发展,第一代生态博物馆最初兴建的热潮逐渐退去,如何巩固和进一步发展生态博物馆?博物馆教育是否能跟上生态博物馆的发展,如何平衡文化原真性和道德制约之间的矛盾?再如,为了谋取经济利益、扩大知名度,村寨旅游和民族村展示不断融入生态博物馆的"队伍",很大程度上模糊了生态博物馆的定义和内涵,也给生态博物馆的管理带来了很多负担。旅游业的冲击下如何保持真正意义上的生态博物馆,为生态博物馆的研究和管理提出了挑战。

(四)以安吉生态博物馆为代表的第三代生态博物馆

近年来,中国生态博物馆又开启了第三代的建设。在之前的生态博物馆建设过程中,由于或偶然或必然的原因,这些博物馆选址于经济发展相对落后的西部地区,在保护对象上都选择了少数民族文化。以浙江安吉生态博物馆为代表的第三代生态博物馆对此做出了突破。这类生态博物馆选址于我国经济情况较好的地区,在运营模式上也有所改进:将"一村一品"和"美丽乡村"的内部建设,与作为上海、杭州等大城市的"后花园"的外部建设结合在一起,力图改变之前生态博物馆运营维艰的局面。第三代生态博物馆在形态和运营上都借鉴了国外生态博物馆和社区营建的经验,并吸取了国内生态博物馆的教训,试图对我国既有的生态博物馆格局进行突破,为生态博物馆的建设现状注入新的活力。

安吉县位于浙江省西北部,拥有良好的自然生态环境,有"国家生态县"的称号。2008年,在国家文物局的批示下,安吉生态博物馆项目开工建设,2012年10月基本建成并对外开放。

在建设生态博物馆之前,安吉对自身的文化和自然资源状况进行了比较全面的评估。安吉不仅有丰富的历史文化资源和民俗文化资源,同时也依托优美的自然环境,有着历史悠久的产业文化资源——竹业、椅业、茶业是安吉的三大特色支柱产业。通过调查、座谈、问卷的方法,了解到村民对"中国美丽乡村"建设以及生态博物馆对生态环境改善、生活质量提高、村集体民主管理提升及农村乡风文明变化的预期和意见,动员村民积极参与到生态博物馆的建设和管理之中。

在形态方面,安吉生态博物馆采用了"中心馆+专题馆+村落馆"框架结构的新型展示模式,也称为"1+12+N"的形式,将自然生态、历史文化、社会发展、现代产业的各个方面有机地融合在一起,进行展示、保护,传承物质与非物质文化遗产。"中心馆"是位于安吉县城的安吉生态博物馆信息资料展示中心,全面体现生态文化特色,集中展示安吉辉煌历史,系统展现安吉传统民风民俗,是一座融历史人文、科学知识、信息集成为一体的综合性博物馆。"专题馆"是指分布于全县各地,真实、活态、整体地分类展示安吉生态文化内涵的专题性博物馆,是安吉生态博物馆的核心组成部分。其展示方式为室内与室外相结合、静态与动态相结合、整体与局部相结合,即不仅有信息资料中心的静态展示,还有数个室外区块的活态展示。目前已建成安吉竹文化生态博物馆、安吉白茶文化生态博物馆、上张山民文化生态博物馆、鄣吴竹扇文化生态博物馆、郎村畲民文化生态博物馆等12个专题馆。"村落馆"是指分散在全县各级乡镇村的、反映地域文化特色的"民间博物馆",它们是安吉生态博物馆的有机组成部分。目前,全县已经建成有26个展示馆,如孝丰孝文化展示馆、龙王传统手工造纸展示馆、安吉古桥文化展示馆、尚书圩传统文化展示馆、上舍龙舞文化展示馆、梓坊茶文化展示馆、桐杭军事文化展示馆等。

第三代生态博物馆建设在前两代生态博物馆的经验与教训之上,依托经济状况较好的乡村,在重视博物馆的社会职能的同时,也非常关注村落自身的发展与文化保育。这一代的生态博物馆建设不仅吸取了国内外乡村发展的经验,同时也参考了周边城市的发展路径,并将发展目标与城市的整体目标匹配。这一代生态博物馆试图做出的突破显而易见,但由于博物馆相对年轻,相关的历时性研究还很少。

图5-6 安吉生态博物馆分布图(根据安吉生态博物馆中心馆展示资料改绘)

四、中国生态博物馆实践的启示

在我国，以村落型为主的生态博物馆已经发展了20多年，在各个学科内，既有相关的理论研究，也有具体对象的案例研究。从这些研究中不难发现，生态博物馆作为一种"舶来品"，在我国落脚、发展，并形成了自身独立的风格，区别于传统的村寨旅游和民族村，具有明显区别于后两者的特点。

（一）性质复杂

早期建成的生态博物馆除了保护和展示文化之外，其促进社区发展的核心功能往往还和"文化扶贫""少数民族援助""政府文化工程"等标签紧密结合在一起。而我国的生态博物馆与政府政策和政绩密切相连，具有鲜明的"项目"和"工程"的性质，这在很大程度上是由中国的国情决定的。

（二）保护和展示对象以少数民族文化为主

我国生态博物馆的起步是我国政府和挪威合作建设的以保护和展示长角苗族文化为主要内容的梭戛生态博物馆。之后，因为人为和社会等多重原因，在广西、云南、内蒙古等地发展起来的第二代生态博物馆不仅在形态、组织运营上大量地参考了杰斯特龙的"挪威"模式，保护和展示对象也都与少数民族相关。广西的生态博物馆是以广西民族博物馆为核心，分布在各地的卫星馆涉及了苗、壮、客家、侗等多个民族；在内蒙古建成的中国北方第一所生态博物馆涉及的保护对象是蒙古族的文化遗产；云南采用了民族生态文化村的模式，保护、展示和挖掘哈尼族、傣族的文化资源。

（三）相对集中在中国的西部地区

我国生态博物馆集中的地区经济相对晚进，受现代文化干扰和工业化的破坏较少，具有良好的自然环境。实际上，在"生态博物馆"的定义中，"生态"实际上是指"环境"，并不仅仅指代自然环境，同时也指代容纳文化、与保护对象和谐共处的人文环境，因此生态博物馆的职能不仅包括对自然生态的保护，同时也重视对文化生态的保护。2011年，国家文物局颁布了《关于命名首批生态（社区）博物馆示范点的通知》，在确定的试点生态博物馆中，既有位于贵州和广西的坐落于乡野环境中的生态博物馆，也有安徽屯溪老街社区博物馆和福建的三坊七巷社区博物馆这样位于城市中心的博物馆。但总体来看，位于我国西部自然环境中的博物馆数量，大大超过位于城市中心的博物馆数量。

（四）建馆程序以自上而下为主

在概念发源的国家，生态博物馆的建成是由当地社区居民推动的：他们认识到了自身文化的重要性，具有强烈的保护诉求，因此向政府发出呼吁，建成生态博物馆实现保护和发展。也就是说，生态博物馆的建设前提是社区居民的觉醒，生态博物馆的营建是一场"自组织"的运动。在我国，生态博物馆的概念先由政府引入，并由专家选择适宜建设生态博物馆的地点。作为一个在中国并不被熟识的外来概念，由政府推动、专家协助起步，在社区居民了解、接受并且认可之后，再将生态博物馆的管理和运营权力交给社区，不失为一种适应中国国情的过渡方式。但是若一直由政府主持管理，博物馆成为一个自上而下的管理性的行政项目，那么便与生态博物馆的核心内涵背道而驰了。

（五）基本构架彼此接近

在杰斯特龙与中国博物馆专家苏东海共同指导创建了我国第一所生态博物馆——梭戛生态博物馆之后，我国的生态博物馆大都以梭戛为模板建成，结构上博物馆主要分为两部分：资料信息中心和自然村寨群落。资料信息中心一般是在村内新建一座建筑，用来收藏与社区文化相关的资料，同时进行展览陈列。资料信息中心由相关专家管理，或者由专家与社区内具有一定文化水平的管理人员共同管理。村寨是一个更广泛的展示主体，既包括有形的文化遗产，也包括无形的文化遗产，以及两者有机结合所形成的文化氛围。这种生态博物馆的基本形式被多家第二代生态博物馆所效仿，从而造成了我国生态博物馆固有模式的错觉。

以上这些特点有些被认为是偶然的，例如我国生态博物馆的空间分布，这些生态博物馆的基本形态，可能是偶遇某些人为原因造成的；而有些特点则是基于我国现阶段的国情，因为深层次的原因造成的，例如生态博物馆本身的性质和运营机制等。这些特点在前两代生态博物馆身上表现得尤为明显，而第三代生态博物馆对以上这些特点既有某些本质上的继承，又有形式上的突破。

与传统博物馆相似，生态博物馆对于我国来讲是一个"舶来品"，虽然经历了跨世纪的发展，但是要"中国化"、探索出一条适应中国遗产现实情况的发展途径，仍然是一个长时间的过程。一方面，官方积极推进新的生态博物馆的建设，将其作为保护活态文化、保护社区景观、促进区域发展的有效方式；另一方面，建成多年的第一代和第二代生态博物馆却状态欠佳，很多相关的批评认为，生态博物馆的发展模式相比于城市化或者村寨旅游，并没有表现出突出的活力和明显的优势。如果我们以生态博物馆本身的功能属性进行评估，以第一代和第二代生态博物馆为主的我国生态博物馆具有以下问题和发展困境：

1. 与村民的互动有待加强

如上文所叙，我国的生态博物馆往往性质复杂，是配合各种政策性的工程建设起来的，因此往往具有建设初期的规划，却失于对各个阶段的愿景的构建。自20世纪90年代中期以来，第一代生态博物馆已经经历了20多年的发展，对以梭戛为代表的数家生态博物馆为研究对象进行的追踪和对比研究，已经诞生了数量可观的调查报告。根据这些调查结果，不难发现在多所生态博物馆中，资料信息中心展示的内容一成不变是受到严重批评的一点。在建设初期，生态博物馆往往资金充裕，在专家的指导下创建了资料中心的展陈。但是日后由于多重复杂的原因，这些基本陈列不能根据社区的发展情况、社区教育和观众参观的需求进行调节、换展，使资料中心的展示功能处于停滞的状态。

与此同时，生态博物馆的运营理念并没有根据村民的需要和观众的反响而变化，导致社区民众的参与热情不高，运营维艰。根据杰斯特龙的设计，生态博物馆在性质上与民族村和其他的旅游村寨完全不同，是一个服务于村民、致力于社区发展的组织。因此，博物馆的结构设计、信息中心完全不考虑观众的需求，村寨内的居民不主动迎接游客、不向游客出售"旅游纪念品"，同时也没有为村民提供相应的培训，来面对和适应大量游客进入生态博物馆的情况。这种颇有些"理想主义"的运营方式在初期政府资金支持充分的情况下，矛盾并不突出；但伴随着发展，生态博物馆进入自主运营阶段后，一些生态博物馆尽显疲态，还有一些背离了生态博物馆的最初理念，变形成为旅游村寨。

实际上，传统博物馆的性质核心是非营利性。非营利是指机构的运营不以营利为最终目标，但并不意味着要禁止商业活动，更不意味着机构的基本运营要依靠外部的支援实现。作为传统博物馆的外延，生态博物馆实际上继承了传统博物馆非营利的性质，运营的最终目标是文化保护与社区发展的和谐统一、有机结合，但与此同时，生态博物馆需要通过良性的自我管理，实现独立的运营。目前，我国大部分的生态博物馆只能通过外部"输血"维系生存，是有悖于机构的基本性质的。

生态博物馆的管理委员会是实现生态博物馆自组织的重要机构，通过自下而上地管理，实现自主地运营。在建设初期，社区内的村民对这种组织形式并不熟悉，所以需要经历一个政府引导、博物馆教育和宣传、社区参与、最终社区全面接管的过程。我国的生态博物馆的管理委员会中，政府所施加的影响过大，同时没有为权力让渡做准备，一旦外部的力量撤除，生态博物馆便处于一种停滞、甚至举步维艰的状态。

2. 对活态文化的保护欠佳

如前文所叙，我国大多数生态博物馆是按照挪威模式进行建设的，博物馆由资料信息中心和村寨两个部分组成。资料信息中心集中展示物质文化遗产，但除了展览之外，几乎没有其他长期的、稳定开展的文化活动。而非物质文化遗产的展示一般是以表演的形式应观众的需求进行的。一般来说，在社区内除了非物质文化遗产的展示活动之外，社区成员围绕博物馆进行的相关活动几乎没有。社区参与过少使得生态博物馆的号召力不强，难以真正地实现生态博物馆的功能。

按照理想的生态博物馆模型，生态博物馆所提供的教育应该是不断加深的，在这个过程里，社区居民不仅对自身文化有了更深刻的了解，同时也在了解的过程中不断探索社区可持续发展的道路。因此，承载博物馆教育的活动既包括教育性的，例如专家的宣讲，有效的文化资料的发放，也包括参与性的，例如公众参与的文化遗产记录活动等。

对现存的、活态的文化进行保护并推动其发展和延续，是生态博物馆的核心功能之一。村落中景观、文化的保护状态是对生态博物馆进行功能评估的重要标准。针对生态博物馆内的遗产要素进行历时性的研究，是判断生态博物馆运营状况的有效方法之一。经过20多年的发展，以第一代和第二代为主体的生态博物馆为研究提供了很好的样本。需要指出的是，生态博物馆是活态文化的载体，发展和变化是一个必然的属性，但是从变化本身的速度、方向和变化的过程中，我们还是可以对生态博物馆功能加以判断。

余压芳在其研究中追踪了梭戛生态博物馆和镇山生态博物馆在建成10年之间的变化[①]。从区位上讲，前者位置相对闭塞、与外界联系并不多，而后者位于发达的城市附近，非常容易受到工业化的影响，可以说是代表了两种不同形式的村落形态。根据作者的追踪和对比，两所生态博物馆的变化如下：

梭戛生态博物馆的三个方面的景观因素变化程度不一：

固定性特征[②]的景观因素变化相对较小。从平面布局上来看，村寨在十年之间并没有明显的变化，因为观众数量有限，并没有迫切的村落扩张需求。民居根据不同的形式，变化程度有所不同，其中最为坚固耐用的变化程度最弱，易损的变化程度最大，基本符合变化的一般规律。

半固定性特征[③]的景观因素是三类景观中变化相对较大的一种。伴随着村寨内的发展，许多更便捷、高效的现代设施进入寨内，例如室内的火塘逐步被现代取暖工具替代，现代服饰成为人们日常的主要穿着，传统服饰一般在应游客需要而进行的传统仪式上才会被使用。

在非固定性特征[④]的景观因素中，变化最为明显的是寨老权力的弱化，村内的管理逐步让渡给了行政权力。与此同时，语言、口头文化等在现代教育的冲击下也发生了变化，原本的语言

---

① 余压芳：《景观视野下的西南传统聚落保护——生态博物馆的探索》，上海：同济大学出版社，2012年。
② 固定景观要素指建筑（墙、屋面、地面）、封道等基本固定的因素。
③ 半固定因素指具有空间指示意义的因素，如家具、室内陈设的布置、沿街设备、花木、服饰等。
④ 非固定因素指村民的语言、行为等无形因素。

和口头文化使用频率降低。

镇山生态博物馆在三个方面的景观因素上都存在着较大的变化：

首先，在固定性特征的景观中，村落在平面布局上发生了快速、大规模的扩张，寨内出现了大量的新增民居，占用了曾经的空地、山林，其中一部分民居具有餐饮和住宿的商业性质。这些经过扩建或者为了适应人口增长而新增的民居建筑，在风格上偏离了传统的风貌。同时，为了增加村寨的吸引力，寨内新增了许多地标性的建筑。

半固定的景观因素变化同样非常明显。村民的室内装潢和设施放弃了传统的做法，采用了大量的现代设施，例如以铁炉替代了曾经的火塘，装饰风格也偏向城市化。更加方便、造价更低的现代服饰迅速替代了传统服饰，寨内只有年纪偏大的人还每日穿着传统服饰。传统工具也在面临着被替代的危险，特别是农耕的用具，逐渐被现代农耕工具所替代。

非固定的景观因素中，传统习俗、节日习惯等都面临着被"仪式化"的危险，为了适应参观者的需求，寨内居民往往将各种仪式或其他非物质文化遗产以"浓缩"的形式表演出来，例如在观众进寨之前，便将杂糅了拦门、婚俗、葬俗及其他节日的仪式"综合地"表演给观众，这在很大程度上导致了非物质文化遗产原真性的破坏。

通过对这两所生态博物馆的历时性分析，不难发现镇山生态博物馆在这十年间的变化远远大于梭戛生态博物馆的变化，也就是说，地理区位以及现代化对村落所施加的影响，远远大于生态博物馆的保护功能。在没有认识到文化的独特性和重要性的前提下，面对现代化和全球化的冲击和感染，在直接关系到生活质量的问题上，村民会根据自身的基本需求做出直接的、本能的选择。例如，现代的服饰比传统服饰更加方便，因此现代服饰快速地代替传统服饰出现在人们的日常生活中；在住宅上，传统的老屋和现代建筑各具优势，于是村民往往会选择折中的建设方式。

相比于村寨旅游，生态博物馆对村寨的保护存在一定的效果，但并不十分显著。实际上，这种在村民没有意识到自身文化独特性和保护需要的情况下，进行保护的行为本身就是逆向的、被动的。对活态文化的保护效果欠佳，也是可以想象的。

第六篇
坪坦河流域侗族村落生态博物馆的愿景

一、保护与发展愿景

我国大量村落在城市化的浪潮中，不论是以萎缩荒废的方式，还是以并入城市的方式，都难以逃脱消失的宿命。在这一变化中，哪些村落更值得被保留下来，应以何种方式被保护起来，未来将以何种状态存在，不仅是本村居民的问题，更激起了政府、学者等的关注，围绕这些问题，也已经开展了一系列的探索与尝试。不论是新农村建设中重视经济效益与景观风貌的"一村一品"，还是西南少数民族村寨的生态博物馆模式和少数民族村寨旅游的形式，这些围绕农村聚落保护与发展的探索，一方面受到西方发达国家或东亚邻国相关实践的启发和影响，满足了村落经济发展与综合能力提升的内在需求；另一方面，也为我国不同类型的农村聚居区在新的时代背景下寻求新发展提供了参考。

生态博物馆作为一种文化保育与社区发展的工具，在我国经过一段时间的实践，逐渐演变形成了独特的、具有自身特点的保护方法。相较而言，第一代生态博物馆重视展示，由于没有完全脱离传统博物馆的思维习惯，侧重于生态博物馆对外的社会贡献，而对村民和村落需求考虑不足；第二代生态博物馆基于此前的经验与教训，尤其是第一代生态博物馆存在的问题，更多地考虑了生态博物馆的社会功能和村寨责任的平衡；第三代生态博物馆则更进一步，将村落的发展定位、"一村一品"以不同形式融入生态博物馆的规划建设中，努力推动生态博物馆转为一个能够持续变化、满足不同需求的机构。正是由于中国村落生态博物馆的不断实践和实践者的反思，这一工具逐渐成熟，成为文博行业介入村落保护的有效途径。有鉴于此，本书考虑结合坪坦河流域侗族村落的历史和现状特点，以生态博物馆为工具，讨论坪坦河流域侗族村落文化景观保护的具体思路和前景，为面临挑战与危机的坪坦河侗文化寻求一种合理机制，保护和传承村落文化遗产，同时从根本上推动农村社区的转型和发展。

处在湖南、广西两省交界处的坪坦河流域侗族村落，既具备传统侗族聚落的典型建筑和文化事项，又显示出一些汉侗文化杂交融合的特征，是具有自身特点的传统侗族聚居区。有鉴于此，我们将坪坦河流域侗族村落生态博物馆的愿景和目标总结为以下三个方面：

（1）完整的保护——覆盖坪坦河流域的村落生态博物馆

侗族伴水而居，坪坦河及其支流不仅滋养了侗族民众，还将沿水系发展的村落连成一个完整的系统，侗民铺筑的古道、修建的桥梁、历史上出现的侗款组织，更进一步巩固了这个系统，使得分布在坪坦河不同河段、自然环境和文化面貌有所差异的村落协同发展，通过遵守特定的款约，平衡分配资源，共同维护区域的自然环境和村落景观，形成一个完整的村落体系。因此，完整地保护坪坦河流域侗族村落文化景观，不仅需要保护村寨层面的物质和非物质文化遗产，还应保护村落之间的物质和非物质联系，不仅应保护村落形态的完整性，还应保护村落体系内涵的完整性，充分考虑村落的多元统一特点，建立一个全面覆盖坪坦河流域村落文化景观系统的长远计划。

相较于以往的村落生态博物馆实践，坪坦河流域侗族村落生态博物馆也需考虑在一定空间内、以多座相互关联、功能有所区别的博物馆（或资料信息中心）构成一个生态博物馆集群，使得坪坦河流域各村落的文化传承彼此呼应、互为补充，共同构成一个有机的保护体系。在形态上，生态博物馆是一个完整的体系，范围覆盖坪坦河流域的不同河段及主要支流沿线的典型村落，通过设置多座资料信息中心的中心馆和分馆，形成一个开放的、沿自然水道线性分布的文化遗产保护带。通过由生态博物馆中心馆和分馆展示内容构成的无形的文化传承之"线"与坪坦河这条有形的水道相呼应，最大限度地实现生态博物馆对内、对外各项职能的有效运转。

上述策略的提出，一方面来源于侗族以"款"结成地域联盟的历史传统，另一方面也来源于现代遗产保护所提倡的保护遗产环境的理念。在既有的经验中，尊重地区的文化传统，在区域文化传统的基础上实现整体发展，已经成为许多村落的必由之路。我国第一代和第二代生态博物馆存在的一个弊端在于生态博物馆管理机构的有效性，也即附加在几个村落之上的博物馆机构，很难实现村落之间有机的和有效的联结。实际上，缺乏村落传统或历史渊源的外来机构，很难在短时间内成为村落的文化核心，发挥设想的效果。然而，在坪坦河流域，以历史上曾经建立的"款"组织为基础，有可能将历史上缔结款约的多个村落凝聚成一个新的集体，形成强大的凝聚力，为了共同的文化遗产保护目标，一同开展保护行动。历史上，坪坦河沿线村落属于同一个款区，尽管随着行政区的调整，款组织的概念有所淡化，但村落之间的正式和非正式往来相当频繁，文化上联系紧密，也使一个覆盖全流域的生态博物馆体系建设成为可能。

（2）真实的保护——坪坦河流域村落生态博物馆的多层级子系统

坪坦河流域村落生态博物馆体系由多层级的子系统构成，最高层级是坪坦河流域整体，次一层级由坪坦河特定河段或支流沿线村落集群构成，最低层级是每一座完整的侗族村寨。基于坪坦河流域的现状，可选择一座或数座村落设置资料信息中心的中心馆，它的体量较大、功能最为丰富，全面收藏和展示坪坦河流域或某一河段、支流的侗族文化特色；在其他侗族文化事项保存较好的典型村落，可以规划多个资料信息中心的分馆或"文化驿站"，它们与中心馆相呼应，体量虽小，但数量丰富，可以更加贴近村民的需求，与儿童活动中心、老人活动室、图书馆、网络中心等功能相结合，成为村民开展日常休闲娱乐活动、研习传统技艺、"储存"村落记忆的场所，这些分馆源源不断地向中心馆提供见证传统文化的新鲜材料，同时也能让深度考察村落的游客对村落特点有更多了解。

深入典型村落设置的生态博物馆分馆，将通过满足侗族民众的切实需求，吸引侗民的聚集，以最真实的方式将鲜活的侗文化记录、保存下来，并向其他村落的侗民和外来游客展示。这些分馆不仅将集中收藏每个村落的物质文化遗产相关遗存，如村落传统侗族建筑的信息、文献史料、工艺品、碑刻等，还可成为侗族方言、歌曲、传统工艺、信仰的记录库，展示该村的房族、家庭的面貌和关系。随着坪坦河流域与外界的交流，侗文化一定会不断变化，这些博物馆也将真实保存文化传承、族群变化的轨迹。

（3）社区发展的可持续性保护——传统农业、手工业与旅游开发的平衡

保护作为活态遗产的村落文化景观，其根本是稳固人与土地的传统关系，通过丰富村民的收入来源，提高或改善村民的生活质量和生活水平，将原住民尽可能留在他们祖辈生息繁衍的土地上，增强他们沿袭传统习俗、维持传统生计方式和传承传统技艺的信心，尽量避免或减小现当代生活、生产方式对村落遗产核心价值产生的不利影响。当村落文化景观的保护条件足够好，甚至有可能吸引外地移民来到坪坦河流域，适应当地的生活，与原住民一道共同推动传统侗文化的传承和发扬。这种愿景也要求生态博物馆考虑文化效益、经济效益，考虑坪坦河流域产业模式的培育，考虑将短时间的保护行动转化为长时间的、可持续性的文化影响。

为了改善村民的生活，生态博物馆有义务在发掘坪坦河流域各村落传统农业、林业、手工业等生业特色的基础上，培育可持续性的经济模式，结合各村特点，发展不同形式的旅游观光业。坪坦河流域的自然地理特征限制了大规模机械农业在这一区域实现的可能性，它的交通地理区位也制约了发展大规模工业的可能性，发掘多维度的农业产品，并深化农产品的内涵，成为坪坦河流域发展传统农业必须考虑的问题。发展"一村一品"农业，不仅可以将农作物和农

业活动打造为可欣赏的景观，还可发展特色农产品的经营销售，帮助当地村民增加收入。

总的说来，坪坦河流域村落生态博物馆应是一个基于当地村落文化特色和遗产价值的完整系统，针对保护和展示整体流域，特定河段、水系，自然村寨，各类遗产要素等多个层级的文化遗产，建立由系统—子系统、中心馆—分馆等不同级别的保护机构，通过面向本地村民和外地游客的机构和活动设计，维持社区遗产保护和区域经济发展的平衡，推动可持续的文化传承。

2014年以前，坪坦河流域的皇都侗寨和芋头侗寨都已得到旅游开发，效果却不甚理想。皇都侗寨主要通过拆改、重建侗寨景观的方式来打造旅游景点，芋头侗寨则被托管给旅游公司经营。一方面，旅游开发的大拆大建影响了侗族村落文化景观的核心价值，皇都也因此未能入选《预备名单》；另一方面，旅游管理与村民生活脱离，游客无法在游览中体验侗文化的独特性，旅游收入也很难切实改善村民生活。因此，我们尝试考虑生态博物馆方法的适用性，是否有可能通过鼓励社区自觉，更加系统地保护和传承坪坦河流域的侗文化，提高坪坦河流域的文化活力。

生态博物馆的出现是社会变革过程中，博物馆学专家在面临社会变革所带来的种种问题以及社会急切的发展需求时，所提出的一种途径和方法。生态博物馆提供了一个村落社区与外界交流沟通的博物馆性的平台，是社区的展示与延伸，也接收观众的参观与反馈，为双方提供服务。按照日本和我国台湾地区已有的发展经验，村落的发展不仅仅包括村落自身内部的基础设施建设、自然环境和景观环境的规划，也包括与外部的交流。我国现有的村落型生态博物馆具有一定的局限性和初级性，在实际的实践中没能充分发挥理想的生态博物馆应有的职能，或过于强调形式，或过于强调展示、重视观众而服务于社区居民的设施比重较低，或偏重于文化的保育而轻视自然景观。

当追溯和梳理生态博物馆的发展过程，并分析其中的得与失的时候，我们仿佛也在构建一个宏大的时间和空间网格，为坪坦河流域寻找属于它的坐标点。在既有的村落型生态博物馆案例中，有很多与坪坦河流域的历史背景和村寨状态相似，它们以生态博物馆的方式，寻找到历史文化传承与村落社区发展的独特路径。然而每个村落都有属于自身的独特性，所以根据实际情况对生态博物馆做出结构性和功能性的调整，才能成为独一无二的景观。目前坪坦河流域农村社区的情况以及遗产的活态性，为这个侗族村寨利用生态博物馆的方式实现保护和发展提供了可能。

二、坪坦河流域村落生态博物馆的体系构架

依据目前所知的坪坦河流域侗族村落的分布特点和文化遗产的保存状况，将坪坦河流域村

落生态博物馆的体系分成三个层级（图6-1、表6-1）。

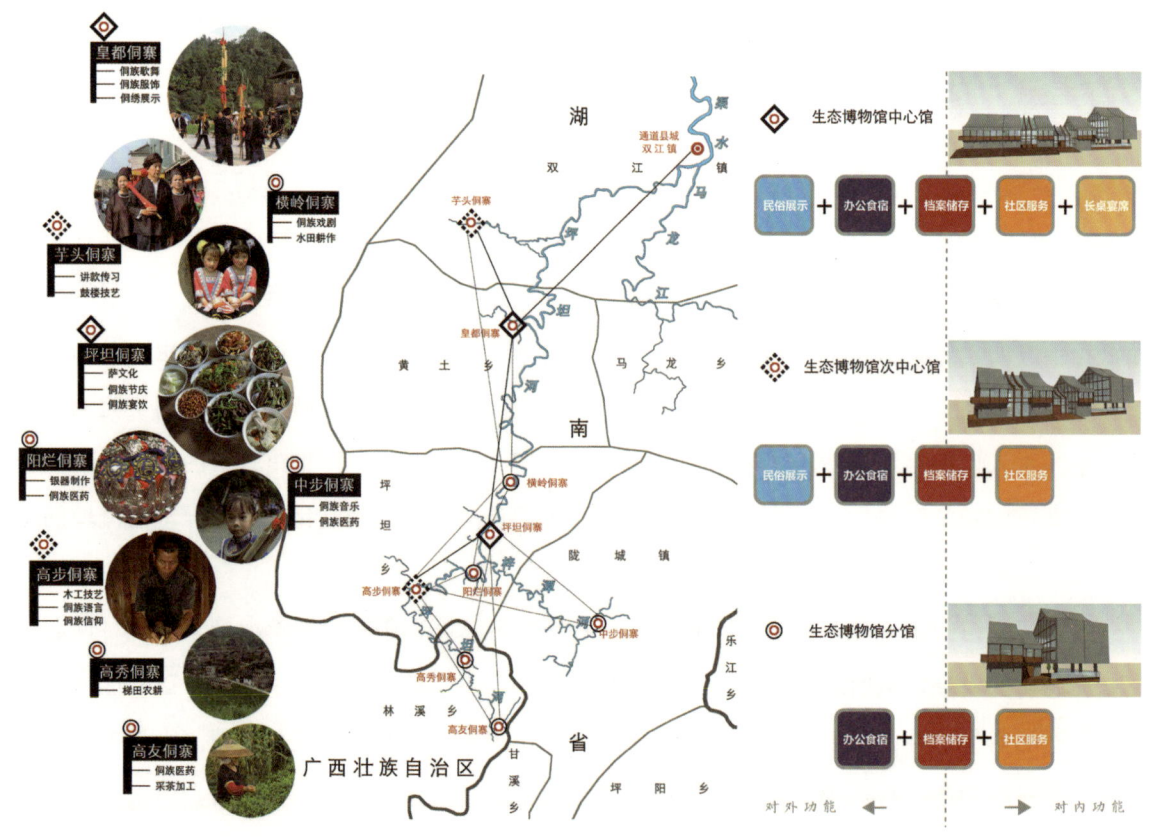

图6-1 坪坦河流域村落生态博物馆体系结构愿景图

第一层级，是以皇都村和坪坦村为核心设立以展示为主要功能的生态博物馆中心馆和资料信息中心。

皇都（即黄土村）位于坪坦河流域的干流下游，是黄土乡政府所在地，一个规模较大、早年已开发旅游的侗族村寨，现已建成为"通道皇都侗民族文化村"，为国家AAAA级景区。这个村寨由头寨、尾寨、新寨、盘寨等4个自然村构成，具备萨坛、鼓楼、风雨桥等最具侗族特色的建筑，由于距通道县城交通方便，很早就进行了旅游开发，设旅馆、饭店等服务设施，长年举办侗族歌舞表演。尽管这座村落暂未列入申遗名单，作为游客的集散地却具备有利条件。

随着坪坦河上游行政区划的调整，坪坦村成为了坪坦乡政府所在地，近年来，坪坦村经济发达，沿公路形成了一条繁华的商业街，村落规模相对较大，共有5个自然村，侗族传统建筑数量多、类型丰富，是坪坦河流域文化活动的中心。坪坦村的高坪寨历史悠久，保留了半座萨坛，清末的老鼓楼和沿河老民居，反映了一座典型侗寨的基本构成。在我们调查期间，坪坦村又修建了新的萨坛，规模堪称流域之最，也显示了该村落的重要性。

将功能多样、内容完善的生态博物馆中心馆、资料信息中心设在位于坪坦河下游的皇都村和坪坦河腹地的坪坦村，主要是考虑目前两座侗族村寨承担的文化作用，其功能设定和运营方式上也需有所区别，前者主要面向外地游客，结合既有的侗族歌舞表演，全面展示侗文化，后者还需更多地考虑本地村民的需求，为流域性的大型集会、宴饮提供场所，也为有条件深入了解原生态侗文化的游客创造条件。

第二层级，以芋头村和高步村为核心设立以侗文化保护和传承为主要功能的生态博物馆分馆（次中心馆）和资料信息中心。

位于坪坦河下游支流芋头溪沿线的芋头村和坪坦河上游沿线的高步村，都是曾经在坪坦河流域发挥着重要文化、经济作用的村落，尽管这两个村落都因交通原因，近年来有所衰落，却保留了见证侗文化独特性的物质和非物质遗存。如前所述，芋头村曾是订立款约的村落，村内保留了多处款坪，还有形制特殊的萨坛，高步村也保留了合院式萨坛，萨坛院内树立着珍贵的款碑。换个角度来看，也正是由于这两个村落尚未与国道相通，传统侗文化事项才有可能更为完整地保留下来，村落建筑的更新较处于交通干道沿线的村落稍缓，也有更多侗族传统建筑及技艺保留下来。

在这两个村落设立生态博物馆分馆和资料信息中心，主要目标在于搜集和集中管理侗族村落的珍贵文物、优秀工艺品，抢救和保护濒临消失的侗族方言、歌曲、传统技艺等文化事项，为专业的人类学、民俗学、建筑史学研究提供材料。

第三层级，是位于高友、高秀、阳烂、横岭、中步等侗族村寨的生态博物馆分馆（文化驿站）和资料信息中心。

这些村落虽规模不大，但都保留了丰富的侗族文化遗产，也是列入《中国世界遗产预备名单》的村寨。它们处于不同河段，地理条件和资源条件都有所差异，是侗文化多元性的有力代表，村内还有侗族医药、侗族银器手工业等技艺的传承人。在这些村落设立生态博物馆的小型分馆也有重要意义。首先是能够充分保护和展示侗文化的多样特点，使得深入参观坪坦河流域的游客感受侗族信仰、农业、林业、手工业等不同方面的特点；其次是通过在生态博物馆功能和运营上更多地考虑社区居民的需求，更加鲜活地展示侗文化的传承和演变。

总的说来，结合坪坦河流域典型侗族村落的位置、古今地位和保存状况，可以设立规模、功能和运营方式有所不同的生态博物馆和资料信息中心，规划复杂程度不同的游览路线，将侗文化的不同侧面以不同方式向游客进行系统的展示，满足外地游客、专业研究者和本地居民的不同需求，从而吸引更多人来到坪坦河流域，更长时间停留在坪坦河，获得多层次的活动体验。

表6-1 坪坦河流域生态博物馆的层级规划

名称	人口	主要家族	行政区划	古代中心	现代中心	位置	地形	中心	布局	现有旅游设施	生态博物馆层级	科研、传习及展示项目（参见表1-2）
高友侗寨	C	潘	广西			干流上游	A	单中心	楔形		三级	1. 侗医、侗药展示；2. 茶叶采摘和加工体验
高秀侗寨	C	杨	广西			干流上游	A	单中心	楔形		三级	1. 梯田农作体验
高步侗寨	B	龙、吴、杨	湖南	√		干流上游	B	多中心	圆形		二级	1. 木工技艺传习与展示；2. 侗语、侗族节庆搜集整理
阳烂侗寨	E	龙	湖南			干流中游	B	单中心	半圆		三级	1. 侗医、侗药传习与体验；2. 银器制作体验与展示
坪坦侗寨	D	石、杨、吴（胡）	湖南		√	干流中游	B	多中心	圆形		一级	1. 侗族宴饮体验；2. 侗族萨文化展示；3. 水田耕作
横岭侗寨	D	吴、杨	湖南	√		干流中游	B	单中心	半圆		三级	1. 侗戏传习、表演；2. 水稻耕作体验
皇都侗寨	A	欧、吴、李	湖南	√	√	干流下游	B	多中心	圆形	√	一级	1. 侗族宴饮体验；2. 侗族歌舞展示；3. 侗族服饰展示
中步侗寨	D	杨	湖南			支流	B	单中心	半圆		三级	1. 侗族乐器传习与展示；2. 侗医、侗药传习与体验
芋头侗寨	E	杨	湖南	√		支流	A	多中心	楔形	√	二级	1. 侗族讲款传习与展示；2. 侗族鼓楼技艺传习与展示；3. 高山农耕体验

注：人口，E代表1000人以下，D代表1001–1500人，C代表1501–2000人，B代表2001–2500人，A代表2501人以上；地形，A代表山地，B代表河坝。

下文将以功能最为复杂的坪坦村生态博物馆为例，讨论中心馆及信息中心的建设及运营规划。

三、坪坦村生态博物馆规划目标

根据坪坦河流域村落景观的特点和社会发展的情况，以"发展的山水侗乡"作为坪坦村生态博物馆的主题，期望坪坦侗族村寨可以在保护优美的自然环境的同时，保育村里的侗族文化，以及自然与人文的和谐统一，并在此基础上，实现村寨的发展。生态博物馆的组成要素是：以村落作为博物馆主体以及资料信息中心。博物馆不仅涉及物质和非物质文化遗产，同时也涵盖了博物馆中的村民。可以说，生态博物馆既是一个有形的设置，它将涉及村民的生活等各个方面，同时也是一个无形的内在动力，为村落的可持续发展提供可行的源泉。根据"发展的山水侗寨"这一主题，生态博物馆将发挥以下职能：

为村民提供教育和展示。通过博物馆的陈列，展示民族特有的文化要素，同时号召村民参与到布展、换展、解说和参观等程序中来，提高生态博物馆的展陈活力。

组织村寨社区活动。在作为展示场所的同时，可以利用生态博物馆资料信息中心的其他空间，作为青少年读书、村内举行文化活动的地点。生态博物馆的管理人员应定期地组织文化资料的搜集和登录工作，通过发起各项活动，提高民族文化的活力和村民的积极性。对于非物质文化的相关事务，也应当由管理委员会的相关人员进行组织、培训以及推广。

推动村寨社区内的产业与发展。在文化保护的同时，实现村落内产业的可持续发展，是博物馆管理委员会的工作核心。管理委员会可以作为统筹中心，根据村内的具体情况进行资源的统筹、销售；可以作为第三方，监管公司进入村寨进行开发，在保护文化的同时，将受益真正地返还给社区。

在有形的层面，生态博物馆推动村落合理地改造与建设。伴随着村落的发展，越来越多的村民希望能够对住宅进行现代化的改造，以拥有更好的生活条件。生态博物馆管理委员会要为村落的整体规划、民居改造提供导则，同时在实际建设中担任建设的顾问。

通过生态博物馆的建设，推动坪坦河流域的村落社区在面对工业化、城市化以及全球化所带来的文化同一化问题时，可以保育独特的民族文化，同时享受现代生活所带来的效益。以一种更为理想的方式，在实现发展的同时，保持村寨与自然的和谐统一（图6-2）。

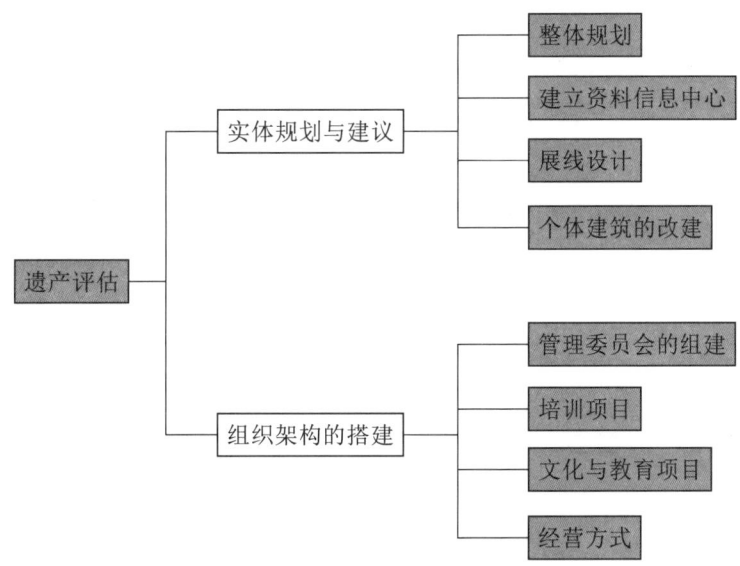

图6-2　坪坦村生态博物馆建设策略图

四、坪坦村生态博物馆的建设与管理

坪坦村生态博物馆的构建主要包括两个方面,即博物馆空间的规划建设和博物馆职能与活动的设计。

(1) 资料中心的选址与设计

坪坦村位于流域的中心位置,同时也是目前坪坦乡的政府所在地,在行政和交通上都具有极大的资源优势。在这里拟建一座规模较大、功能全面的资料信息中心,未来在其他的村落建成的资料信息中心与此相呼应,在个体上它们各自展示每个村内独特的文化,并为观众提供休憩的文化场所,在整体上它们将连成一个有机的文化线索。

在村内,作为资料信息中心建筑的选址要充分考虑到社区的实际状况,平衡村民的活动范围和观众的参观需求。在建筑营建上,可以有以下几种方式:

第一,新建博物馆建筑。根据资料信息中心的职能而新建的建筑可以更好地满足需求,同时可以作为一个新的景观激发观众和当地人民的参与热情。

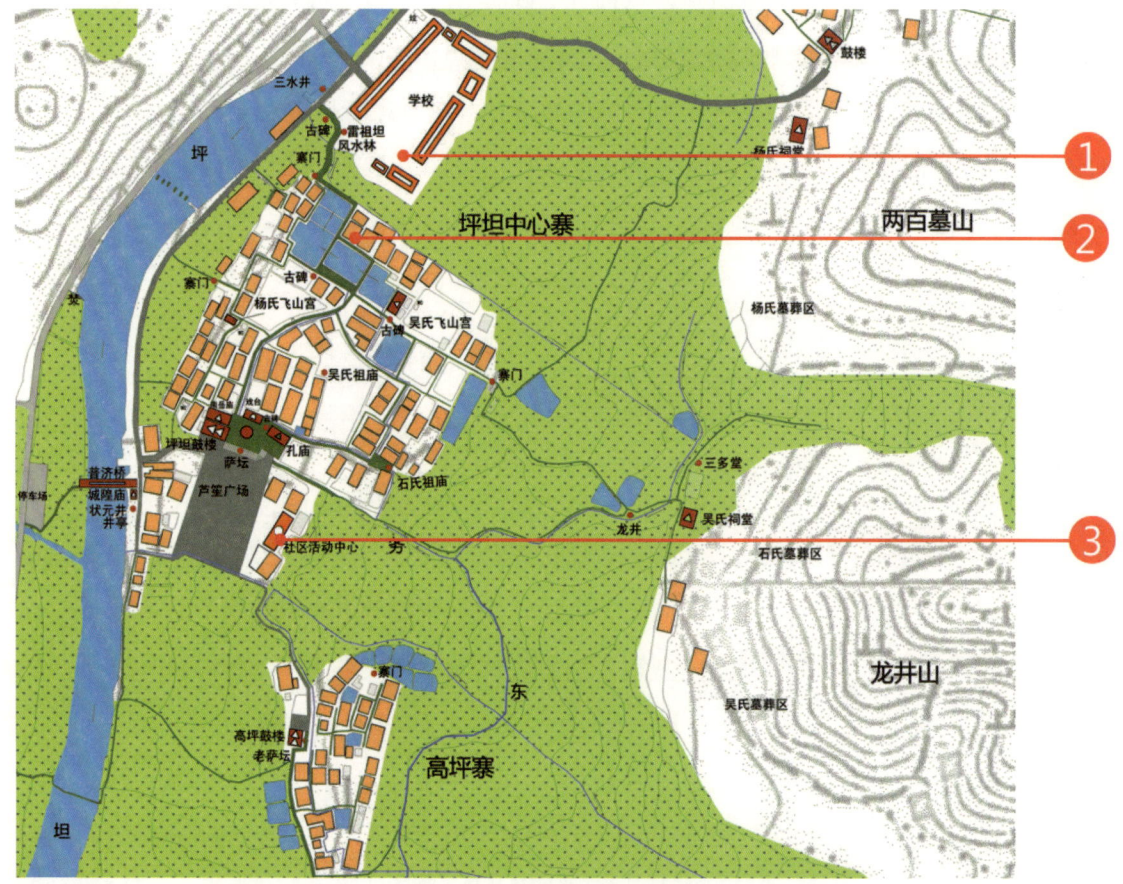

图6-3 坪坦生态博物馆资料信息中心位置示意图

第二，利用既有的建筑空间。可以在既有的村内公共建筑中重新进行空间的分割，实现博物馆中心馆的功能。沿用之前的功能空间可以更好地和村民的生活有机结合，更有机地融入社区生活之中。

第三，对既有的老建筑进行翻修和改造。改造已经废弃的老建筑实际在理念上和生态博物馆的可持续发展是相吻合的。

图6-3中，位置1位于进村的小学内，具有交通区位优势，可以利用小学内空出来的校舍作为资料信息中心的建筑。位置2位于寨门之内，可改造旧民居，作为资料信息中心的建筑空间。位置3位于鼓楼、新萨坛和广场旁边，可以利用社区活动空间现有的建筑作为资料信息中心，也可以在周围考虑新建建筑作为资料信息中心。

在资料中心的内部空间设计上，不仅仅要包括资料搜集和展示的基本空间，同时要考虑到村内的实际情况，提供其他的空间以更好地适应社区内的公共生活，例如图书室、阅读室、会议室，以及其他供村民休闲、娱乐的公共空间。在我国既有的生态博物馆中，资料信息中心往往是最核心的机构，承担展览的基本职能。根据坪坦村的实际情况，资料信息中心不仅仅是一个展示的空间，同时也应该承担起推动村落发展的职能，是整个村寨焕发活力的重要起点。因此，资料信息中心的职能应该更加丰富多样。

（2）管理委员会的组织构成

生态博物馆是一个社区以文化保护的形式对自身进行发展的方式，在早期发端的欧洲国家，生态博物馆最重要的一个性质是"自组织"。其管理委员会根据社区居民的意愿进行组建，管理委员会筹划社区的发展方式，并向政府申请建设援助。根据公民意愿自下而上地筹建博物馆，管理委员会作为一个基层的管理机构，最能满足社区发展的需要和社区居民的意愿。在日本的社区营造过程中，类似于生态博物馆管理委员会的机构可以是专业的"协会"，可以是具有娱乐性质从而很受欢迎的"俱乐部"，也可以是感兴趣的人所组成的其他形式的组织。他们在反映社区意见与愿望、调动参与者活力方面具有超过其他组织的优势。

与国外的情况不同，生态博物馆在我国是"概念"先于"现象"的，而在西方，则恰恰相反，生态博物馆的概念是从已有的实践项目中提炼、升华出来的。因此，当生态博物馆的概念进入我国并进行筹建时，面临的情况是居民对这一概念并不了解，更难以谈及组建管理委员会进行博物馆的运营。因此，在我国早期的生态博物馆中，一般组建一个由政府人员、博物馆专家主导，当地社区参与的管理委员会。根据规划，由这个委员会进行生态博物馆的概念普及和资料信息中心的启动工作，在合适的时间，将生态博物馆的管理权让渡给社区。这种管理委员会的模式缺陷在于，其工作重点往往在文化的展示和博物馆教育上，却对社区的发展有欠干预。因为博物馆本身缺乏分期的规划，博物馆的管理委员会也没能实现合理的过渡。

在我国，根据博物馆的筹建方不同，可以分为公立博物馆和民办博物馆两种，在生态博物馆中，除了以贵州梭戛生态博物馆为模板的管理委员会之外，还有一种由公司承办的管理方式。以贵州黎平的地扪生态博物馆为例，博物馆的运营分为两条线：由政府管理的村寨，和托管给文化公司的资料信息中心。实际上，公司承担文化的搜集、博物馆的展陈、社区活动的开展，以及博物馆的营销等多方面的事务，实际上是博物馆的主管机构。地扪生态博物馆宣称在博物馆运营正常之后将博物馆的管理权交还给文化的所有者——村寨社区居民。虽然对地扪生态博物馆的性质以及其是否已经背离了生态博物馆的建设本意，还存在着较多的争论，但是交给公司托管却是一种可以考虑的博物馆管理运营模式。不过，经过一段时间的发展，公司与社区并不具有紧密的共同利益，因此在运营上存在分离的状况。

根据生态博物馆的建设本意，博物馆是根据社区的现实情况进行具体的规划和机构设置，并没有一个固定的形式。以上的生态博物馆管理委员都是根据不同的实际情况进行设置的，各具特色，却都存在一定的缺陷。吸取以往的经验与教训，本着生态博物馆的意义内涵，以及坪坦河流域的实际情况，对生态博物馆管理委员会的建设可以有以下几种可行的方案：

第一，基于行政机构的管理中心。将生态博物馆的运营交给村落的行政管理部门和人员。因为这些人员往往都有较多的资源，在博物馆起步的初期，可以起巨大的助推作用。但是这样的生态博物馆容易受到政策的引导，难以实现生态博物馆自下而上运营的目标。

第二，基于侗寨传统管理方式的管理中心。侗寨内的传统管理主要依靠寨老以及以寨老为中心的老人协会，在历史上寨老在村内的行政、文化等事务上都具有很大的权力。但是随着现代行政管理的发展，村寨内寨老的权力已经非常有限，而且老年协会的成员大多年事已高，无法真正参与到博物馆运营中。

第三，创新的综合性中心。创造性的中心是指根据生态博物馆筹建的需要，集结不同参与方的管理委员会，包括行政管理人员、相关专家、社区内具有较高文化水平和对生态博物馆筹建具有热情的人。在多方力量的共同推动下，实现生态博物馆的启动和营建。这是一个变化着的管理委员会，根据生态博物馆的发展情况，不断改变管理权的分配，最终将其管理权让渡到社区本身。

相比之下，第三种管理委员会的组织形式和博物馆本身作为一个活态的、运动着的、发展的中心是相吻合的，也是更为适合坪坦村目前的情况和发展需求的方式。

（3）展线设计

虽然生态博物馆不同于传统博物馆，不似后者那样拘泥于一个固定的博物馆建筑之内，但是与之相似的是，需要对"展品"进行有效的串联，有一条合理的展线，这不论是对于观众体验，还是对观众进行管理，都是非常必要的。在生态博物馆中，对文化遗产进行展示是村寨与观众和游客进行沟通的一种方式，也是文化遗产价值的重要表达形式。对展线进行合理的规划，将各个遗址点按照一定的逻辑进行有机的串联，一方面，更加快捷有效地向观众进行表达，使观光更加舒适，同时也可以实现对参观人流的合理规划，防止拥堵（图6-4）。

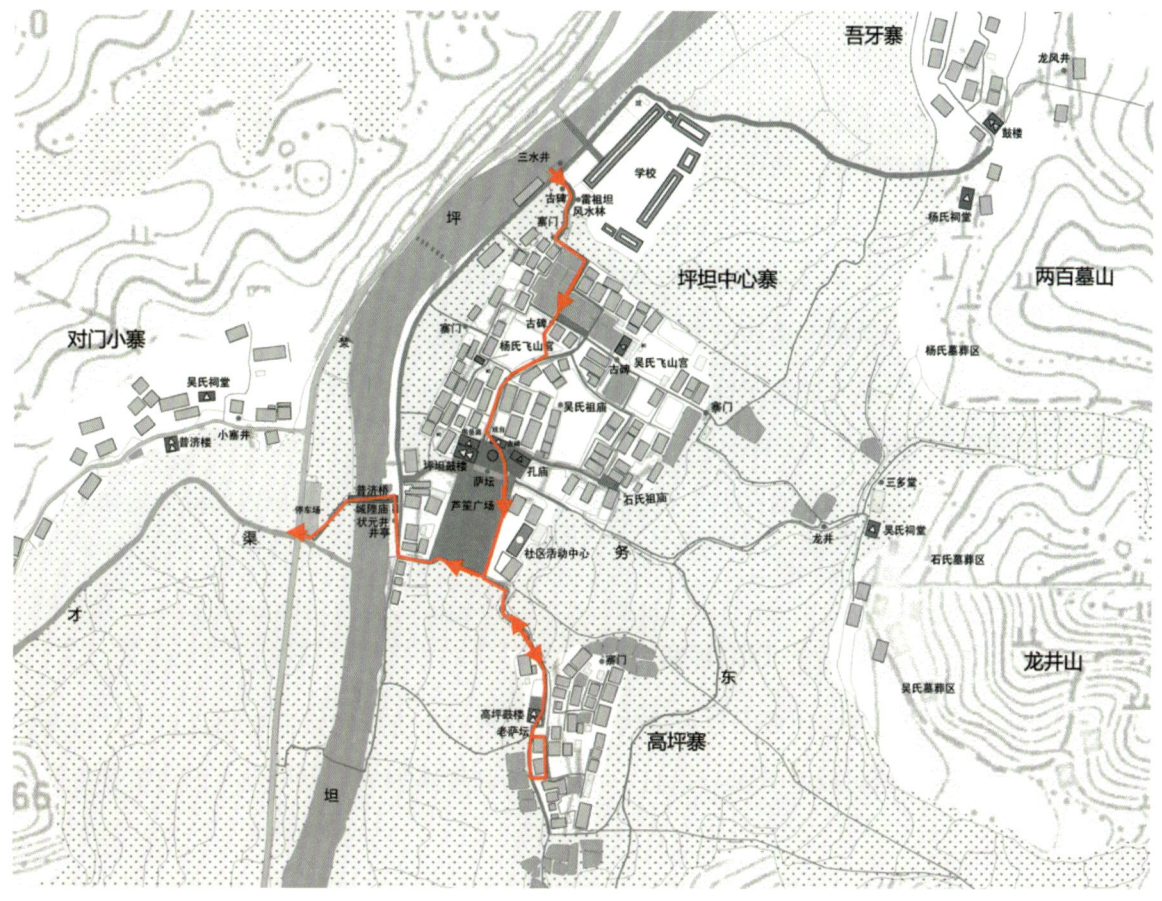

图6-4　坪坦生态博物馆展线示意图

坪坦村规划了从进入村寨到走出村寨的展线，其中构成展线的实体有部分是自前代沿袭下来的青石板路，不仅可以用于规划路线，同时也可以增强观众和游客对遗产的体验。

（4）建筑更新与景观设计

生态博物馆是一个活体机构，保护和展示不断变化的景观。因此，需要对生态博物馆的建筑和自然景观分别作短期和长期的保护与展示规划，包括建筑外观的基本风格的要求，以及对建筑的改造，使其更适合现代乡村生活的需要。

在村落发展的早期，政府往往很少对村落内建筑的风格和风貌作明确的规定或指导；当村落的景观价值被认识到之后，由政府统一对建筑的风格和外观做出改建和修缮要求。住房与村民的生活休戚相关，很多建筑在外观和结构方面所发生的变化，都是生活需要使然。现代生活方式的变化，以及传统建筑存在的一些缺陷，使向往更好生活的村民本能地对建筑进行改造。因此单方向地对村民的居住建筑做出建设要求，难免会打破既有的建筑与实际需求之间的平衡，不仅不能满足人们的需要，同时也难以保持村落的活力。

在长期的实践过程中，在村落中发展出来的"咨询制度"，逐渐成为规划和保护的一种可行性的方法。首先，专家在村中进行走访，村民将自身的需求和意愿进行表达；然后，以这些民意和村内遗产的实际情况为基础，进行建筑改造和保护规划的设计，力图兼顾整体上的传统景观风貌和个体的生活需求。初步的设计可以根据村内的实际情况分为几个基本的类型，之后将设计方案反馈给每一户的村民，进行进一步的沟通、确认，请村民对既有的初步方案提出自己的意见和观点。之后，经过多次的沟通与确认，对村内的每一户建筑都提供出一份施工设计图，此后村民对自身建筑的改建和修缮都须以此方案为准绳。在不断沟通与交流的过程中，村民对自身文化与环境所具有的遗产价值可以有重新的认识和了解。这样既保障了村内建筑的基本风貌，也保障了村民的生活需求。

这种基于每一户村民个体的保护与规划的咨询制度，在整个村落范围内的保护规划中也同样适用。

（5）典型子系统规划——以高坪寨为例

坪坦村由若干自然村寨组成，以村落为主体构建成的生态博物馆系统由以自然村寨为主体的生态博物馆子系统组成。下面，我们以坪坦村的高坪寨为例，讨论生态博物馆子系统的建设。

对高坪寨的理解将直接决定在此构建生态博物馆子系统的主题和建设内容。从学科出发，按照由近及远、由小到大的视角，我们可以将这个小寨分别视为一处古今叠压的遗址，一处人与自然和谐相处的小型景观，以及一处处在工业化和城市化压力下的农村小寨。

从考古学的意义上看，高坪寨是一个微型的古今叠压遗址。在侗语里，"高"有"头"之意，顾名思义，高坪寨是坪坦村寨群落最为接近坪坦河上游的寨头。在沿河不足一万平方米的小区域内，有古萨坛遗存一座，与后来的遗迹存在着明显的叠压打破关系；有建于清代光绪二十六年（1900）的鼓楼一座，这栋鼓楼是比较典型的湖南侗寨的鼓楼样式，风格古朴，保存完整，至今仍是高坪侗寨非常重要的公共活动空间；寨内民居大概有三十余栋，年代跨度较大，既有清代、民国以及"文化大革命"之前的老木屋，也有大量20世纪80年代前后修建的新侗居，还有几栋21世纪以后修建的新式"小洋楼"。除此之外，还有寨门遗址一处，以及寨墙遗址等公共建筑遗存。

如果我们把"人"的要素——也就是居住者的要素添加到这个古今叠压的考古遗存中去，高坪寨还可以被看作是一处小型的文化景观。在坪坦河流域的侗寨，村民们还保持着日出而作、日落而息的传统农业社会的生活节奏。农活依然是生活在寨子内的侗民最主要的生产活动，不论是种植稻田、饲养牲畜，还是上山植树、压榨茶油，都以自给自足的小农经济为主。自传统继承而来的小规模的开发和经营，使侗民以一种极为和谐的方式与自然相处。大部分的生活用品都直接取自天然；另一方面，侗民也以一种传统的方式保护自然。在坪坦村的侗寨中，几乎家家户户都还保持着路不拾遗、夜不闭户的淳朴风貌，当村内出现了需要集体劳作的工程，例如建设萨坛、修缮鼓楼等，一般都会家家出力、众人合作。以自然为载体，这里还保持着比较完整的文化传统和文化要素。

进一步，我们把高坪寨放诸更广阔的空间内，会发现这个小寨在工业化与城市化面前的局促和无奈。村里的中青年外出打工，构成了村寨内主要的人口流动。人口外流使得寨子内的很多房屋常年大门紧闭，只在春节期间才有人居住。近年来，高坪寨不断有居民迁出，移居到交通更为便利的临街位置，村寨的"空心化"问题更加显露出来。沿河的七栋古民居，目前已是人去楼空，缺乏日常维护，房屋残损严重。传统侗寨以自给自足的小农经济为主，但是现代的社会，教育、生活成本升高，传统的经营方式难以满足人们生活的经济需要。传统经济发展模式濒临停摆。

综合高坪寨的种种特征，可以总结出，作为一个展示主体小寨，其特点包括：展示内容的丰富性、时间序列的完整性以及历史信息的真实性。因此，将高坪寨生态博物馆子系统的主题定为：传统侗寨文化的保护。相比之下，人口相对聚集，物质遗存同样较为丰富的中心寨和高坪寨表现出了完全不同的特征。2012年新萨坛在中心寨的建成，同时修建了新的鼓楼坪和公共活动建筑，因此可以将中心寨看作是现代的功能区，并在此建成坪坦河流域的资料信息中心。而国道部分则成为新的经济中心，仰赖于交通的优势，村内的集市和商铺都集中在那里。高坪寨可以定位为一个完整的传统文化综合体进行展示，通过展线的合理规划，将传统的侗寨风貌展示出来。而中心寨可以展示现代的、发展的侗乡风貌。这样通过不同主题子系统的有机组合，坪坦生态博物馆系统在更深一层面上完成了构建。

根据高坪寨生态博物馆子系统的主题，高坪寨的保护原则是：在最小干预原则下的保护性发展。除此之外，生态博物馆子系统在这个小型的区域内还要完成的内容包括：遗产要素的保护规划、展线的规划、传统建筑改造等。而在生态博物馆软体功能建设方面，考虑到小寨人口较少，规模也较小，博物馆教育和博物馆活动通过与资料信息中心和其他村寨结合是很好的选择（图6-5）。

关于高坪寨更为具体的更新设计参见附录二。

图6-5　高坪寨改造意向图

（6）展览和展示

生态博物馆的展览和陈列相对于传统博物馆可以更加随意和轻松，能够展示侗族生产、生活和文化特色的任何物件都可以参与展示，比如手编的竹篓、农耕用的锄头，展示一段时间之后，这些物件甚至可以再拿回家里继续使用。

同时，生态博物馆的展示空间可以考虑为村民提供场所和空间，比如安放大型的织布机，村民可以前来织锦；还可以保管芦笙，村民可以随时来此吹笙。

除了展览之外，还可以按照村民的意愿，组织展示活动，包括歌曲舞蹈或其他艺术形式。需要注意的是，生态博物馆并非民族村寨或旅游地，故而来此参观的人并非游客，而是参观者，故而那些偏好杜撰奇闻佚事、编造噱头的导游不必进村，导览工作完全可以交由村民担任。如上文所叙，村民可以在管理者的指导下，根据自己的意愿和认识，对参观者进行导览讲解，使他们认识到一个真实的村寨。

展览和展示活动最重要的核心是村民意愿，最重要的环节是村民参与，在这个过程中村民可以表达自己，并重新认识自己和自己的文化。

（7）网络平台的建设

在生态博物馆实体建设的同时，也要建成网上的生态博物馆，这是伴随着信息传播方式、人们的生活方式的逐渐变化而产生的需求。对于观众来说,在参观之前,网上博物馆可以为观众提供必要的信息。对于博物馆来说,网上博物馆平台的建成,也是当下博物馆营销的重要手段之一。

另一方面,网络可以构建新型的社区。传统意义上的社区基于地理意义上的聚集。但是随着交通和通信手段的进步,现代意义上的社区概念发生了很大的变化。村寨内外出打工的劳动者、外出上学的学子,可以更频繁地回到村寨内,或通过其他方式与村落保持联系,他们虽然在地理空间上与原来的社区有一定的距离,但是却与社区的生活紧密联系。或者我们可以将其理解为一种新型的社区。线上生态博物馆的建设,实际上是搭建了一个平台,使村里的人可以不囿于地理空间的局限,参与到村寨的生活中,进一步助推了这种新型社区的发展。

在构建制度和生态博物馆的硬件的同时,还要对生态博物馆内的软体结构进行建设。这是保证生态博物馆可以持续地保持活力的重要内在。这些可以灵活变化的活动,相比于固定的空间和组织架构,更能实现生态博物馆的良好运营和发展。

(8) 教育与培训项目

博物馆教育是保证博物馆性质的重要职能之一。博物馆教育面向社区居民,提供生产和生活方面的相关技能。例如传统工艺品生产、加工和销售方面的专业培训和指导;面向游客提供导游、讲解服务等。可适当地引入志愿者服务,完成相关的教育培训和职业培训。

在传统的生态博物馆中,资料信息中心位于村内的中心位置,主要承担的职能是文化资料的搜集和博物馆陈列展示。而非物质文化遗产的展示活动主要在村内,在节日村民自发地举办相关的仪式,或者应观众的需求进行表演性的展示。这两者结合得并不十分紧密,导致生态博物馆的职能在事实上有所欠缺。吸取以往的经验教训,坪坦河流域生态博物馆的博物馆活动应包括:

A 变化的陈列。生态博物馆的保护对象是活态的物品,因此陈列不能一成不变。动员社区居民参与到陈列的设计和布置上来,或者推动展览流动到民居中去。

B 动员社区的非物质文化遗产展示。非物质文化遗产,例如演唱、舞蹈等,可以作为日常的娱乐方式,同时,资料信息中心应当推进影像资料的生成,将之作为一种资料保存和展示的方式。

C 针对不同群体的教育活动。针对青少年,生态博物馆可以选择开展趣味性较强、关系传承的侗歌、芦笙的相关活动;而对于村内的妇女,可以结合观众的需求和市场的偏好,指导纺织工艺等。

生态博物馆教育的面向对象是坪坦侗族村寨的所有居民和前来参观的人。面向村民的博物馆教育的方式可以有多重形式和渠道，通过向人们传递与本民族有关的文化内容，促进人们对自身文化的了解，唤醒和影响人们对自身文化的理解和认识。

生态博物馆的侗族文化教育可以渗透到坪坦小学的教育中，在课余时间将侗歌、侗锦的织染技术、芦笙等带到课堂之中，让小学生们参与到博物馆陈列和导览参观者的活动中去，增进他们在与外界沟通的情况下对自己文化的认识。在不断的参与、交流与沟通过程中，改变目前青少年对自身文化的不自觉状态，并通过这些青少年去影响和改变他们的家庭对自身文化的无意识状态。

此外，在鼓楼或者戏台这些公共聚集和休闲的场所，可以组织相关的宣教活动或者传阅印有相关信息的小册子等，来促进对文化认识的普及。

如前文所叙，目前坪坦村民对自身所处的侗族文化处于一种无意识的状态，在这种状态下去保护自身的文化几乎是不可能的，故而需要有人对他们进行引导和教育，首先帮助他们认识到自己的文化。

对村民进行教育和引导的主管人的选择非常重要，这是影响生态博物馆理念在侗族村寨保护过程中能否实现以及实现程度的关键环节。村里的领导，有关的专家学者和村里有文化的人，都可以担任生态博物馆的总的管理者，但他们都是理想的吗？

村长或者村书记常年主管行政事务，他们有管理经验，在村民中有一定的威望，但是应该认识到村长或书记很有可能会对生态博物馆施加政治性的干预，他们更偏重于完成经济任务和政治绩效，这使得他们很容易扭曲生态博物馆的本意。

有关专家和学者能够理解生态博物馆的意义和内涵，能够把握生态博物馆本质，但是他们往往是短期停留在寨子里，难以长时间、持续地为生态博物馆的发展提供指导，加之侗族文化并非他们自己的文化，他们介入式地管理生态博物馆可能会与村民之间存在隔阂。

村里有文化的人或文艺爱好者，他们对于侗族文化有着切身的体会，有着发自内心的热爱，他们熟悉技巧、习俗，他们和其他村民一样有着共同的信仰。但是，他们不懂该如何规划发展村寨，也不甚了解生态博物馆的理念，难以担当管理工作。

综合以上的分析，一个理想的、可行的方法是：对当地的文化爱好者进行培训和教育，将生态博物馆的想法传授给他们，将村落未来的规划传达于他们，并由他们向村民转达，并以习得的知识对生态博物馆的事物进行管理和提供指导。

（9）文化和娱乐项目

文化项目是保障生态博物馆机构充满活力的重要方式之一。文化项目的种类多样，既包括相关的科研项目，也包括节日庆典或者文艺表演。考虑到观光和游览是生态博物馆与游客互动交流的重要方式，将每年的节日固定下来，并做好宣传，不失为向社会宣传村落的重要途径。同时，引入专家和科研制度，对村落的遗产、发展等各个方面进行研究。对于传统村落来说，传统文化的传承存在比较严重的问题。因此，可以让歌曲、诗歌等进入学校，作为特色课程进行传承。

五、坪坦村生态博物馆的运营构想

发展观光和旅游业是顺应文化差异性特征和村落对外交流的一种方式，而这种发展途径不仅已有成功的先例，而且参观行为本身也是符合生态博物馆性质的核心行为之一。

参观路线（展线）不仅仅是每个生态博物馆系统应当合理规划的重要内容，同时也应当照顾到由各个系统构成的生态博物馆体系的路线的合理性。这种合理性一方面在于参观路线的流畅，同时也在于对参观行为深浅和详略的安排，例如，坪坦村生态博物馆系统的内容丰富，遗产类型较多，资料信息中心较大，可以作为深度参观的地点，而内容较为简单的文化驿站则以浏览式的线路参观为主。

发掘村落内文化事项的文化内涵，是提高商品价值和竞争力的重要手段。销售村民制作的传统工艺制品是一种不错的选择，也是经过实践检验的营销方式。它既是对村民参与到生态博物馆建设活动中来的鼓励，也是将传统民族文化与经济发展相结合的一种途径，是通过生态博物馆促进社区最终发展的重要步骤。但是，商业的所有权应当收归社区所有，商品从生产制作到定价销售都应当尊重村民自己的意愿，商品的收益应当归生态博物馆所有，也就是归村民所有。这既避免了旅游企业统一收管对村民积极性的挫伤，也避免在营销过程中商业性掩盖了文化的原真性。另外，为了防止村民在销售过程中产生恶性竞争，破坏了推广民族文化的本意，可以村民制作之后，由生态博物馆统一代销。

对村落运营的初步想法主要集中在发展观光旅游和特色产品上，当村民自身对村落发展模式的探索热情被激发，往往能够创造出更多高效的运营方式。

结 语

坪坦河流域侗族社群伴随着明清时期长江流域的动乱和移民逐渐成熟。至20世纪60年代，它以"款约"的形式建立了一套强有力的区域性道德理念和社会秩序，从而将不同时间迁居到侗族聚落中，有着多样文化背景的不同族姓调合凝聚在一起。这些理念和秩序，帮助侗民在"九山半水半分田"的险恶环境中生存下来，在远离中央政权的偏塞地区有条不紊地生息繁衍，营造出如桃花源一般美好的聚落生态，缔造了形象鲜明、情感丰富的建筑文化。村落与建筑，是侗族社群道德规范的产物，反过来也成为了巩固社会认同的重要手段。

在城市化愈演愈烈的当下，如何才能延续侗乡有别于其他聚落的独特之处？如何才能激发新一代侗民对故土的眷恋之情？传统侗族社会协调人与自然、人与人的智慧是否可以向今天的村寨建设与发展提供启示？这是本书基于生态博物馆理念对坪坦河流域侗族村寨进行考察和研究所希冀讨论的核心问题。我们相信，这些问题，不仅是居住在坪坦河沿线的侗民们即将面临的难题，也是在城市化进程中，中国大部分乡土村落普遍遇到的困境。

目前，我国优秀乡土建筑和传统村落的认定采用的主要是单点式申报机制，如文物管理机构一般将个别建筑物、构筑物或石刻等物质遗存列为文物保护单位，住建等部门也主要从是否具有历史文化的声誉而给个别村落授予"历史文化名村"。坪坦河沿线的侗族村落及乡土建筑也是以这种方式得到关注和保护：2001年，"芋头侗寨古建筑群"被列为全国重点文物保护单位；2006年，"坪坦河风雨桥群"被列为全国重点文物保护单位；2009年，坪坦村和横岭村被列入首批少数民族特色村寨名单；2013年，坪坦村被列入第二批中国传统村落名单；2014年，芋头村和坪坦村被列入第六批中国文化名村，芋头村和皇都村被列入第三批中国传统村落名单；2016年，高步村被列入第四批中国传统村落名单。实际上，上述已经列入保护的芋头、坪坦、横岭、高步等村，与流域内其他未入选的村落，形态相似，人文紧密相关，并不存在实质性差别。列入保护名录的乡土建筑和村落，能够得到更多经济、物质资助，这种做法在短期内虽有助于抢救濒临坍塌的老建筑，改善村落的基础设施条件，却从客观上切断或极大地削弱了受保护村落与其他村落的交流，使受保护村落处于孤立状态，对传统乡村的社会网络结构的传承是利大于弊还是弊大于利，尚待考察。

基于系统论思想和笔者对坪坦河流域的建筑人类学调查，本书考虑从整体层面保护和传承坪坦河流域的侗文化，具体可分为村落和跨村落两个层面的整体性保护。根据系统论思想，村落可视作由若干要素以一定结构形式构成的具有特定功能的有机整体，每个要素在系统中一定的位置上都起着特定的作用，这些相互关联的要素构成了一个不可分割的整体，这个整体又与它所依赖的环境保持着密切的互动关系。相较于城镇，村落历来主要通过自组织的管理机制和自给自足的生业方式解决公共问题，以村落之间的有机联系和相互作用为社会基础，实现村落自治和区域资源分配，而非主要依赖国家、市场等外来力量。正因为如此，除了村落自身，村落之间的自然和人文联系也应在调查和保护中得到重视。

最理想的村落保护，当然是在保护每一层级村落系统的优秀传统文化的基础上，全面推进乡村社会的振兴。然而，我国地域广大，民族众多，这一操作在现实层面恐怕难以实行。目前最常见的保护策略多是围绕最低一级村落系统展开，即有选择的对特定村落的民居、公共建筑和生活、生产设施等物质遗产以及村落非物质文化事项的整体保护，这种策略便于操作，却容易陷个别村落于孤立，使其脱离于整个乡村系统的发展，保护效果并不理想。实际上，既符合系统思想又具有现实可行性的村落保护方法应针对一定区域内有所关联的多个村落展开。本研究之所以强调从整体上保护坪坦河流域的侗族村落文化景观，主要是基于以下三方面考虑：

第一，坪坦河流域分布广泛、相互贯通的水系，为区域交往奠定了自然基础，也塑造了坪坦河流域村落文化景观的外部形态。

坪坦河谷东、南、西三面高山耸立，海拔最高达1620米，仅中、北部地势略低，最低处海拔约176米。坪坦河及其支流穿行于崇山峻岭里，河水将高山淤积的泥沙携带到低洼处，在河谷地带滋养出或大或小的坪坝。这些坪坝地势平坦，土壤肥沃，灌溉便利，提供了能够耕种和生存的条件。坪坦河谷在地理上是一个侗族村落遗产集中分布的小流域，由于流域内的物质迁移与能量转换比较封闭，形成相对独立的河流系统。河谷平原与邻近的低矮丘陵往往具有较好的垦殖条件，在历史时期，流域内的居住人群及其生产、生活方式乃至方言、风俗等文化现象都具有相对一致性，加之河流系统的空间特征，其文化现象往往能够维持相对的独立性，形成独具一格的文化面貌。河流将资源源源不断地输入坪坦河腹地，为当地村民提供生息繁衍的物质基础。对坪坦河河谷内侗族村落传统文化的保护，还应与小流域的清洁、防洪、治污等生态治理相结合。

第二，侗款等侗族社会传统的跨村落管理组织和管理机制，曾经发挥了协调区域资源，维系区域稳定的重要作用，也在很大程度上影响了区域的建筑文化面貌，推动了区域文化的积极传承。

由于环境封闭，交通方式有限，在古代，坪坦河流域是一个相对独立的经济和文化区，坪坦河流域的侗族居民属于同一侗族支系，方言相通。坪坦河及其支流沿线村落，除了以河流、道路、风雨桥相联系，还曾有特殊的跨区域社会组织——侗款组织，进行跨村落的资源分配和协同防御。在款组织成员的见证下，族长共同订立款约，将铭刻着款词的石碑竖立在款场中，并通过不断在特定的节庆活动中宣读款词，使这一由款组织缔结的社会联系深入人心。

在历史上，位于坪坦河干流沿线的广西高友、高秀，湖南高步、阳烂、坪坦、横岭、黄土属于坪坦款区（又称"第六合款"），位于坪坦河支流的湖南芋头村属于双江款区（又称"棉花坪合款""第二合款"），位于坪坦河另一支流沿线的湖南中步村属于陇城款区（又称"第七合款"），这三个款区与其他七个款区联合成"通道大款区"。芋头侗寨现存3座款场，分别是建于明代的界场坪款场、建于清代的中寨款场和牙上款场。在高步侗寨的萨坛院内，还保留了一块光绪七年（1881）树立的款碑，名"十禁碑"，碑文主要记载了高步侗寨内十个不能大兴土木的地点，萨坛院前方还保存了一块以卵石铺砌的老款场。尽管坪坦河流域的传统侗款组织早已解体，保存至今的物质遗存却能反映侗款组织的社会价值，也显示了跨村落侗文化保护组织创立的必要性。

第三，坪坦河流域不同河段传统侗文化的发育状况与保存现状各具特点，进行整体性保护，引导村落的个性化发展，才能更好地展现侗族村落文化景观的多元性。

不同村落的区位、资源和历史不同，村落传统文化的发育与代表性文化事项的保存状况也有所不同，摸清这些情况，有助于制定更具针对性的保护措施。高步、坪坦、皇都、芋头四座侗寨是当今坪坦河流域人口较多的四个村落，在不同历史阶段，它们在坪坦河流域的文化传承、社会组织中都曾作为一定区域的村落中心。在通道侗族自治县（当时称"道县"）成立之前，坪坦河流域的侗寨在行政上多归广西辖管，高步乡、横岭乡和黄土乡的乡政府分别设在今高步、横岭和皇都侗寨，处在坪坦河航运起点的高步一度是坪坦河流域规模最大、流动人口最多也最为繁华的村落，村内目前仍保留了多座公共建筑和纪念性碑刻。位于湘黔驿道上的芋头村，在历史上是坪坦河流域的另一个中心，在当地侗民心中有着崇高的地位，芋头村的寨老主持该区域侗款款约的订立，保留下来的款词也主要由芋头村的老人整理。1952年行政区调整，原高步乡一分为二，其北面的村落划归湖南，其南面的高秀、高友等村仍属广西林溪乡；四年后，辖横岭、坪坦、平日等11个行政村的坪坦乡成立，乡政府由高步迁至坪坦村。此后，随着水运的衰落、新国道的拉通，坪坦河流域的村落关系发生了显著的变化。目前，坪坦村已取代高步、横岭村，成为坪坦乡的文化、经济中心。在坪坦河下游，行政中心一直位于皇都（即黄土村），这里邻近通道县城，早就1995年就成立了"皇都侗寨民俗文化村",形成了一个面向游客的旅游服务区。历史进程中,政治、经济、社会的变动对个别村落的直接影响,都会或多或少地间接作用到流域内的其他村落。这些历史经验也进一步说明,保护行动需从整体上做全盘考虑。

村落如同城镇一样,是个不断变化的系统,村落文化保护和传承路径的抉择,应当符合动态平衡的原则,任何试图终止传统村落发展变化的预设都是不可取的。从系统的角度保护干预传统村落的发展,其基础是从区域系统的角度认识传统村落的遗产价值,核心是一份全面考虑区域未来、协调不同村落关系的动态规划,通过制定长远的区域发展目标,整体考虑村落环境的整治、公共服务的供给和基础设施的通畅,建立跨村落的管理组织和管理机制,协调不同村落以及不同系统之间的保护资金、保护管理措施和重大的保护整治工程,在引导村落个性化发展的同时,注重整个区域经济、文化、旅游的平衡、可持续发展。

保护"活态遗产",最后还是要落实到人。保护传统村落的行动,其根本目的是要唤起当地村民传承村落文化的自豪感和责任心,通过唤醒村民的文化自觉,挖掘保护和传承传统侗文化的内在驱动力,将村落传统文化的振兴和村落文化景观的维护转化为村民日常社会生活的一部分,避免传统村落的发展变化威胁其核心价值及其载体。正因为如此,本书重点关注了生态博物馆方法,考虑以该方法为抓手,对坪坦河流域的侗族村落文化遗产和非物质文化事项进行整体保护和展示,列举了创立坪坦河流域侗族村落生态博物馆体系的发展目标、具体举措、运营组织和重点项目,结合坪坦村高坪侗寨老民居的保护更新设计,重点探究了坪坦村资料信息中心的选址和建设、博物馆展线和展示重点的设计、展览和培训项目的安排、相关文化和娱乐活动的组织等内容。

总的说来,在快速城市化的背景下,如何保护和传承传统的乡土文化,这是一个时代性的难题,要求我们探索新的保护理论,探求新的工作方法,寻觅新的保护路径和保护工具。本书所做的探讨,是综合坪坦河流域侗族村落的历史过程与景观特征和中国村落生态博物馆的实践经验所提出的一种可能性方案,是否适合侗族村落文化景观的保护和传承,是否可扩展应用在其他类型村落文化景观的保护中,还有待实践的检验和充实。

当我们对中国传统村落特征的调查和认识有了足够的积累,围绕传统村落保护与传承方法的讨论足够充分,也有了相对丰富的保护与发展实践经验,一定能从比较中总结保护手段与村落特征的匹配度,找寻能够同时促进村落优秀文化遗产活化保护与推动农村社区全面发展的适宜方法,建构适合中国农村社会的文化遗产保护利用思想体系。

附录一 坪坦河流域的典型侗族村寨

一、高友侗寨

位于坪坦河源头的高友村四面环山，坪坦河从东北向西南贯流村寨，民居以组团状依山而建，村落主要由上寨（也称"崖上"）、下寨（也称"中寨"）和务牙寨（也称"寨脚"）三组相对集中的居住组团构成。

据民间传说，高友村始建于明天顺年间（约公元1458年），创建者是从江西省吉安府太和县徙居至此的潘氏家族。此后，杨氏、吴氏先后迁入，再后来，又有李、罗、石、黄、韦、陆、陈氏等杂姓来此定居。目前，寨内共有10个姓氏聚居。相较而言，较早迁入的家族衍生数支房族，逐步发展成为寨内大姓，如潘姓人口约占寨内总人口的一半，为寨内第一大姓；杨姓次之，为第二大姓。有别于聚族而居的传统模式，随着人口迁入加快，高友村现已出现不同姓氏杂居的情况。

位于上寨和务牙寨之间的下寨是高友村的发源地，迄今为止，它也是村落的中心，这里不仅新建了高大的中心鼓楼，鼓楼坪周边环绕着老人活动室、小广场、戏台、小卖部等众多公共建筑，还分布着密集的民居建筑。因此，节假日里，高友村的长桌宴席、侗戏表演、哆耶表演、芦笙表演、篮球比赛等集体活动，往往都在下寨举行。

二、高秀侗寨

高秀村四面环山，其西有定同山，北为成修山，东为别冲山，南有修介山，东南方较远处还有双冷山。由于有灿溪的汇入，流经高秀的坪坦河已略显开阔，河岸两边的田坝也变得较大。因此，高秀村的形态兼有河谷坪坝侗寨和高山坡地侗寨的特点，既有临河起建的吊脚楼，也有挤挤挨挨层叠错落的山地住宅，两相结合形成一个个块状团寨。

关于高秀村的历史，村民有着几种不同的说法：一说是，高秀最早由祖籍湖北汉口或湖南或江西的吴氏家族在大约四百年前创建，另一说是最早由祖籍江西太和县的杨家在大约两百年前创建，第三种说法则是向家是高秀村最早的居民，他们在大约五百年前建寨，后来被杨、吴两家赶走，由于后来的家族不熟悉高山冷泉的种植条件，无法成功培育稻米，向家于是又被请回高秀。其中，第三种说法目前流传最广，也得到较多村民的认可。迄今为止，高秀村姓氏以杨氏为最大姓，次之为吴氏、石氏、谢氏、向氏及陈氏五姓，其情况如鼓楼碑记所述："全村六姓聚居一方，共同耕垄，和谐相处，亲胜一家。"

村民回忆，位于坪坦河与灿溪交汇处的别冲山一带是高秀的发源地，也是高秀村的传统中心。可惜的是，1961年高秀村发生火灾，将别冲山上的老屋烧毁了大半。此后，为了避免房屋密度过大，一些村民从别冲山的老寨中搬出，在村寨边缘修建新宅。因此，从20世纪70年代开始，除别冲山之外，山谷里其他山头上也有了星星点点的民居，村舍较以往显得分散。

三、高步侗寨

高步村现在共有吴、龙、杨、陆、冼、李、石、肖等多个姓氏。其中，龙、吴和杨姓是三大家族，亦是传说中最早来此定居的三族。据《龙姓家谱》记载，大概在元明之际，龙氏分成四个支脉，其中一支在明洪武年间抵达高步，最初定居在今高步的高上村龙姓屯。据《吴氏宗祖家谱》记载，清康熙年间，始祖吴传泰从三江林溪迁往高步克中村一带定居。据杨姓村民回忆，杨氏在康熙年间从江西太和县迁来，最早的定居点大致在今高升村。相传，高步村诸多姓氏的居民之间并非一直相安无事，而是出现过新迁徙来、人口数量占优势的姓氏驱逐"土著"的情况。其中，在龙姓族人中流传的故事是这样：民国初年，龙氏家族被吴、杨二族排挤，不得不迁离村寨，搬到位于广西境内的山坡上居住；但自从龙家迁走之后，高步农田的收成变差，为了保全收成，吴、杨二族决定请回龙氏，并特地修建了龙姓祠堂（即今七子太公庙），这样才终于恢复了农田耕作。

在高步村口，坪坦河受山峰阻隔，发生了具有重要意义的拐折，最终汇入东北方向的寻江。在高步村西，坪坦河与陇溪交汇，或因两者皆带有离开高山的强劲冲击力，使得高步境内的河道曲折蜿蜒，在山谷摆动浸润，留下了一块轮廓接近于圆形的开敞坪坝，这也即高步侗民赖以生存的土地。高步六寨分居这块坪坝南北，其中，在坪坦河南侧，有高上与高升两村，北侧有克中村。三个村落的自然条件和房屋类型有所不同，高上村地势平坦，房屋一般自平地起建，其余两个侗寨依山而建，以吊脚楼居多。年长村民介绍，高步侗寨最初发源于高上村的龙姓屯，这也是全村土地最平整的区域，随着人口增多，后来才逐渐发展出高升村以及克中村的岩寨，再后来又有了山坡上高坪村和克中村的上寨。

四、阳烂侗寨

阳烂村处在高步和坪坦之间，是坪坦河干流沿线上一个规模较小、家族构成也比较简单的村寨，现由团寨、黄岩、陆寨和下河四个自然寨构成，仅有龙、杨二姓。其中，以龙姓人口较多，共有105户，而杨姓仅48户。

根据传说，杨姓的祖先祖籍江西，他们在明末清初因避家乡的水灾逃难至此，是阳烂村最早的居民；龙姓的祖先来自贵州，最初是一位叫龙宗麻的老人带着他的两个儿子在河对岸（即现高团村一带）定居，他们的后代辗转迁居阳烂，并逐渐发展为阳烂村势力较大的家族。

目前，团寨是阳烂村规模最大的自然村。在团寨中，以龙头鼓楼为界，房屋的朝向主要有两类，在鼓楼以北，房屋主要顺河道分布，朝向以坐东朝西为主；在鼓楼以南，为使房屋面朝沙帽山，朝向以坐南朝北为主。村民认为，房屋的朝向是风水师根据房主的姓氏确定。

五、坪坦侗寨

坪坦村是目前坪坦乡政府的驻地，也是目前坪坦河流域的中心之一。

坪坦村民的姓氏多达十几种，目前以石、杨、吴（胡）三个最先居住于村内的族群人数最多，号称坪坦三大姓。相传，石姓祖籍江西，最早来到这里，杨姓也来自江西，而吴姓实际包括两支房族，其中一支原姓胡，宋朝中期改姓吴，为了与另一支区别，由胡姓改姓后称上吴氏或初吴氏，另一支吴姓称为下吴氏。据村民介绍，石、杨、吴三姓最早住在坪坦中心寨和高坪寨，而坪坦街道和对门小寨则主要由杂姓散户居住。

随着船运的兴旺，沿河一带流动人口增加，一些外地人在此开设店铺，逐渐形成了一条沿河的商业街以及一个新的聚居区。当年的乡政府也设在这个聚居区中。20世纪70年代，坪坦村掀起"农业学大寨"活动，部分村民开始向远山搬迁，形成了吾牙等寨。1973年，洪水侵袭坪坦，沿河的商业街和乡政府都被冲毁，一部分居民迁往地势略高的对门小寨，另一部分居民随新建的乡政府迁入大坳寨。

六、横岭侗寨

行政概念上的横岭村包括中心寨以及由中心寨迁出居民创立的三关、双八、高溪、必也、龙塘、独书、四冲等8个自然村。中心寨是横岭村的发源地和中心，其余村落距离中心寨较远，所以本文讨论的横岭即指横岭村中心寨。村民认为，横岭村早在明朝天顺年间已经创立，迄今已有五百余年历史。从碑刻等材料来看，至晚到清乾隆时期，横岭侗寨已有较大规模。至民国时期，横岭村还是横岭乡政府的驻地。相传，最早搬迁到横岭侗寨的族姓是蒙氏，后来吴姓、杨姓族人陆续来到这里。目前，村中居民以吴、杨两姓居多。

坪坦河从横岭村南而来，在横岭村口不远出现了接近90°的拐折，最终绕行到村寨东面，再向北流去。因此，横岭村南、东、北三个方向临水，西有高瑶山，东面隔河也有较高的山岭，称务号山。横岭中心寨分大小二寨，它们分居南北，间隔田地。大寨又分内、外寨，以戏台前的中心广场为界，东南为外寨，西北为内寨，各有鼓楼及开阔的鼓楼坪。年长村民称，村民定居横岭后，为了利于保卫，先是集中居住在大寨的外寨，随着人口增加，村寨规模到清光绪年间已扩大到内寨。此时，小寨还只有零星住户。大寨房屋日渐密集，火患威胁日益严重。在两次遭受火灾的侵袭之后，部分居民迁往小寨，他们修建了新的鼓楼、土地庙，使小寨成为一个相对完整的聚落。由于地势平坦，横岭村几乎所有的屋舍都是平地起建。

七、皇都侗寨

"皇都村"是人们对皇都侗民族文化村的简称。从行政建置上，它由毗邻的新寨、头寨、尾寨、盘寨等4个村寨构成，是民国迄今黄土乡乡政府驻地所在。皇都村现有11个姓氏杂居，其中以欧氏居多，吴氏、李氏次之，另有少量石、杨、陶、姚、陈、文、粟、龙氏居民。相传，欧氏先祖在明洪武年间由江西太和县至湖南、广西，在清顺治年间，欧氏六个兄弟由广西龙胜搬至皇都（当时称黄土）定居，其中三个兄弟组成尾寨，另外三个兄弟组成头寨。皇都的第二大姓氏吴氏也来自江西太和县，他们最初的定居点后来形成了盘寨，迄今为止，盘寨村民仍有80%的人为吴姓。另外，李氏与欧氏一同从江西省太和县逃难至通道县后，其中一支在稍晚时候迁至皇都，依据口述史，他们的后代创建了新寨。

皇都村周边有坪坦河、高盘溪和后冲溪三条溪河相汇，从而将侗寨聚落分成了三个片区。头寨和尾寨位于高盘溪南岸、后冲溪西岸，形成最早，规模较大；盘寨位于高盘溪北，东邻坪坦河；新寨是旅游兴起之后才发展起来的，位于坪坦河弯曲河段的内侧，通过普修桥与外界联系。溪河的切分，使得皇都的坪坝规模有限，为了在沿河地带留出足够的田地，头寨、尾寨、盘寨的房屋多伴山而建。另外，考虑到要满足旅游需要，皇都村将后冲溪东、坪坦河南、现乡政府附近的沿河地带规划为旅游接待区，筹备修建侗族风情街及沿街客栈。

八、中步侗寨

中步村位于梓坛河畔、盘龙山脚，四周有船山、坟山、井冲山、棉冲山、上盘山、对门山等诸多丘岗，由于河道拐折，中步的坪坝地相较于坪坦河干流沿线显得局促且零散。从行政上看，中步下辖5个自然村，它们分散于不同坪坝及岗地之中。其中，居民最多的村落是中步的老寨和新寨。老寨又包括相距2公里以上的两个组团，即上寨和大寨。大寨是中步的发源地，其聚落格局更为完善和成熟，上寨也是由1972年冬从大寨迁出的居民建设而成。因此，这里考察的中步村即主要指位于梓坛河与后冲溪交汇处的老寨的大寨。

中步居民主要有杨、吴两个姓氏，吴姓居民住在村寨南端，人数较多的杨姓居民住在老寨的中部、北部，从而形成了村寨内两个居住组团。村民认为，中步历史悠久，定居时间可追溯至宋、元以前。据《中步杨氏初四宗谱》记载，中步杨氏的祖先在北宋庚辰年间（980）辗转迁居中步，是这一带最早的居民。中步村的房屋邻河流西岸而建，紧密排列在一块位于山前的平缓台地上，民居建筑以平地起建为主。

九、芋头侗寨

芋头村是坪坦河流域一个地势较高的侗族村落，它坐落于海拔达1142米的芋头界下，村落和田地所在区域的海拔在560米至1000米之间，是一个典型的高山侗寨。作为芋头村的主要水源，芋头溪自西向东蜿蜒流过山谷，最终注入坪坦河的下游河段。

据村民介绍，芋头村款约中的族源款记载了其先祖迁移的故事，由此可知，芋头侗寨创建于明朝洪武年间，至今有六百多年的历史。在20世纪70年代之前，村内仍保留了《杨氏房族家谱》。老人回忆，家谱里记载了芋头侗寨的创立者为杨氏，其先人祖籍江西太和县。目前，杨姓仍为芋头侗寨的最大姓，拥有五大房族，人口数量也居全村各姓氏之首要。次之，是粟姓、龙姓房族。除此之外，目前村民中还有少量清末民国时期迁徙至此的熊姓和袁姓居民。

芋头村中心寨分上寨、中寨、下寨三个居住组团，三寨顺芋头溪分布，彼此毗邻，构成条带状。在村寨内，鼓楼等公共建筑集中在开敞平地或台地，住宅依山而建、高低错落，形成了一个聚集在山坳里，随山势起伏的侗族聚落。在芋头村的历史上，村寨几经破坏与扩展，其边界始终没有逾越山梁。

附录二 湖南通道坪坦村高坪侗寨的调查与改造

坪坦村位于湖南省怀化市通道侗族自治县西南部,距离通道县城约21公里,是今坪坦乡乡政府所在地。地处湘、桂、黔三省(区)交界地带的坪坦河从村子西边自南向北流过。这条河流是长江支流沅江的一条小支流,由古至今,它都是湖南至广西柳州的一条重要通道。据当地村民的回忆,1949年以前,坪坦河流域未通公路,坪坦河和山间驿道是当地物资运输的主要渠道,位于坪坦河流域中段的坪坦村兼设水运码头和驿站,逐渐成为这一带最为重要的物资集散中心和商贸中心,是这一带最大和最富庶的侗族村寨群落。如今,坪坦村仍是坪坦河流域侗族村寨的中心之一,民族文化底蕴深厚,被誉为"芦笙之乡",岁时、婚丧、农耕、饮食、歌舞、纺织等传统文化保留完整,侗汉文化包容共存(图1、2)。

图1　坪坦村鸟瞰(高坪侗寨位于照片右侧)

图2 高坪侗寨沿河立面

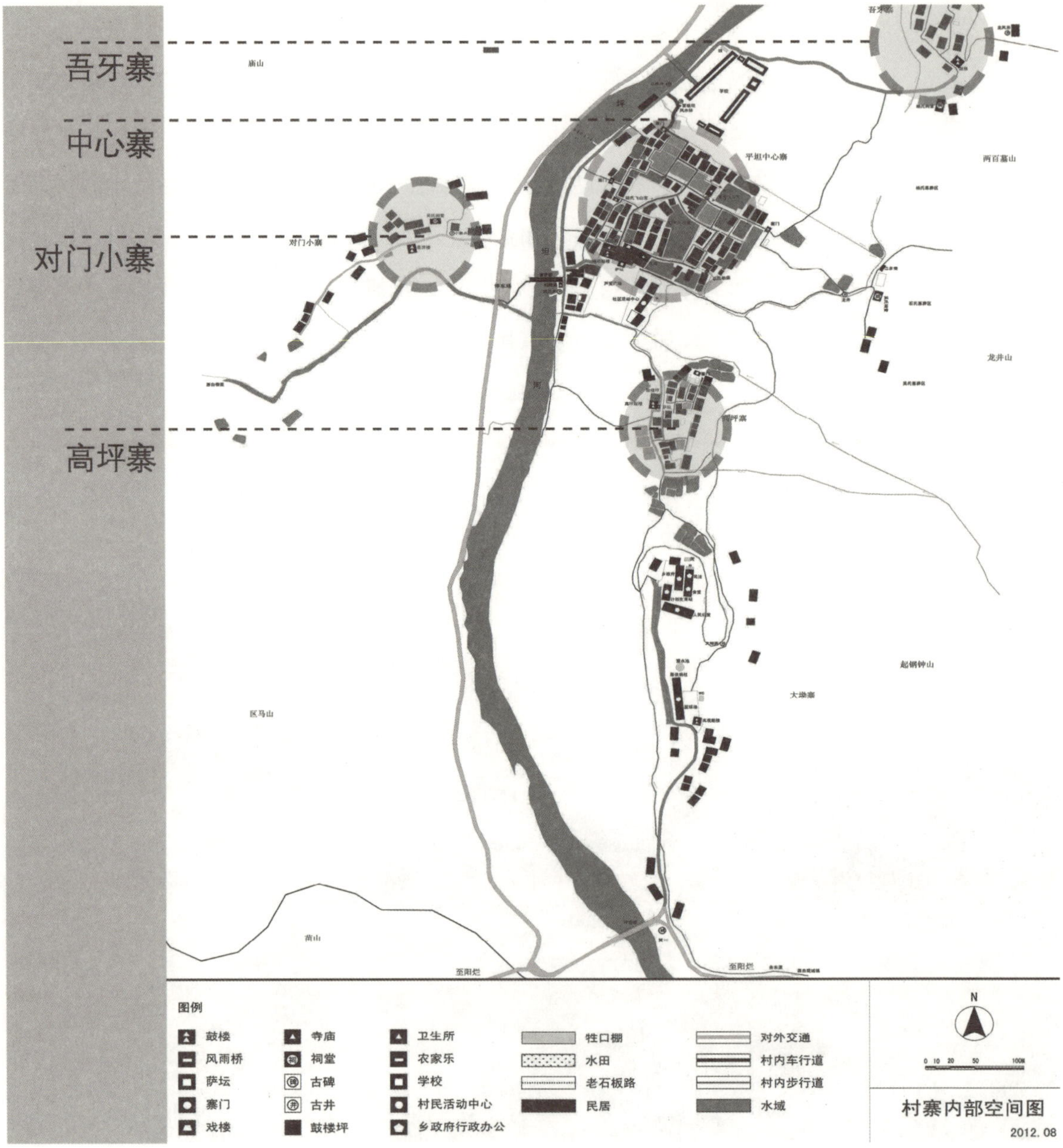

图3 高坪侗寨在坪坦村的位置图

目前，坪坦村由7个自然村组成，分别是坪坦中心寨、对门小寨、大道寨、吾牙寨、高坪寨、大坳寨和街道。全村共236户1093人，居民都为侗族。全村占地6785亩，其中耕地面积约761亩。坪坦村诸村的中心是中心寨，它的东南方向是高坪寨，沿丘陵向上为大坳寨，吾牙寨位于东北侧丘陵，对门小寨与坪坦中心寨隔河对望（图3）。相较而言，中心寨、高坪寨、对门小寨是坪坦村3个最早的团寨，其中高坪寨虽小但承载侗族村落文化事项的各类物质载体保存最为完好。

基于高坪侗寨具有侗族村寨的典型性和完整性的价值，以及日益凋败的现状和发展趋势，再加上这座寨子很小且相对独立，容易干预且不至于产生不良的连锁反应，我们在通道县调查侗族村寨时，建议通道县有关方面将这座村寨作为坪坦河流域侗族村寨保护与发展的干预行动的先行案例。通道县希望我们利用在坪坦村调查的时机，帮助他们制定一个保护与发展规划纲要，并先行完成高坪侗寨的面河沿路一线居民住房的改造设计。我们很高兴能给侗族乡村的保护和发展尽点义务，故抽调调查组的师生组成了一个设计小组，夜以继日地工作，终于在我们调查组撤离坪坦河流域之前，给通道县有关部门提交了高坪寨保护与发展规划设计纲要。结合我们对高坪侗寨的调查，将纲要的内容分为区域保护利用规划和民居改造设计两个层面分述如下。

一、高坪侗寨的建筑概况

图4　高坪侗寨现状布局图

"高"在侗语里的意思有"头"之意,坪坦村最南端的高坪寨最为接近坪坦河的上游,是坪坦侗族村寨群落的寨头。这个寨子西临坪坦河,东有高山,村寨依据地形而建,东西狭,南北长,整体呈梭形。它北与中心寨的新萨坛、芦笙坪公共建筑群毗邻,通过田间古道与中心寨相隔相连,寨西与村际公路隔小片农田、鱼塘相望,往东稍高处的山坡上是村内吴氏家族的墓葬区(图4)。其中,高坪寨西部的沿河一带是该寨最古老、建筑类型最丰富的区域。以下首先介绍高坪侗寨文化价值最高的三类建筑要素。

1. 鼓楼与萨坛

高耸的多层鼓楼是侗族村寨之中最显眼的公共建筑,它是侗族村寨的标志。鼓楼前往往有开阔的鼓楼坪,是全寨村民议事、节庆的场所,侗族人的芦笙歌舞、男女青年的行歌坐月也在这里进行。高坪寨的鼓楼位于村寨西部中央,地势高亢,东临坪坦河。据进村道路边的一块功德碑记载,这栋鼓楼建于"大清光绪二十六年"(1900),由全寨人捐钱共同修建。它的平面呈正方形,面阔、进深都为四柱三间,占地约70平方米。鼓楼内,中央设火塘,柱间下设美人靠座椅,上方临河一面设直棱窗。鼓楼上部为纯木穿斗抬梁混合结构,设三重檐四角攒尖顶,屋面四角弯月起翘,顶高约30米(图5)。2010年由县人民政府公布为县级文物保护单位。这栋鼓楼是比较典型的湖南侗寨的鼓楼样式,它纪年明确,风格古朴,保存完整,至今仍是高坪侗寨非常重要的公共活动点,在鼓楼的柱子上贴着近年本村的公共财务表。

侗族村寨尽管有姓氏的不同,但他们都崇奉共同的女祖先,村寨中都有祭祀女祖先"萨岁"的萨坛。高坪寨的萨坛与鼓楼毗邻,村民说它建于宋代。这座萨坛呈长弧形,由青石垒砌而成,高约1.2米。坛上种植了一株高约1米的月季。萨坛前有一小块空地,现在放置着一具青石香炉(图6)。常见的侗族萨坛,大多由片石围砌填土垒堆成半球形,上种茅草,若坟丘状。高坪寨萨坛的形态比较独特,它是否为最初的模样,有待探究。

图5　高坪鼓楼

图6　高坪萨坛

鼓楼和萨坛是侗族乡村特色的第一层级的元素，它们在高坪侗寨内都得到了比较完整的保留。

2. 古民居

古民居住宅建筑是侗族村寨中数量最多，占地面积最大的一类构成单元，其外在布局形态影响着村落的整体景观肌理，内在平面形制则是村寨每一个基层单元生活组织的真实写照。

高坪侗寨是吴姓的聚集地，寨内民居除一户姓李、两户姓杨之外，其他居民皆为吴姓。寨内民居大概有三十余栋，以二层和三层居多，仅有一栋新建民居是四层。村寨内现存民居的年代跨度较大，既有清代、民国以及"文化大革命"之前的老木屋，也有大量20世纪80年代前后修建的新侗居，还有几栋21世纪以后修建的新式"小洋楼"。其中，高坪寨沿河区域现存的7栋老宅是高坪侗寨最古老、最具代表性的古民居，由北向南分别编为1至7号。

1号房屋是高坪寨现存最早的建筑之一，从整个坪坦村来看，也是极具代表性且异常珍贵的清末民国时期的住宅建筑遗存。其建筑主体面阔五间，进深两间，单层面积为70.2平方米，两坡悬山屋顶，临街一面在二层窗框的下方设短檐，可遮蔽风雨。主体建筑的北侧又加建单坡顶偏厦屋。这栋老宅直接从地面的石砌台基起建，共两层，首层高2.3米，二层高约2米。在本次改造的所有房屋中，这栋房屋规模最小，亦最为低矮，始建年代却最早。据当地村民介绍，这栋房屋至少有一百年的历史，也是坪坦村现存最古老的民居之一。目前，这栋房屋由北数第四间仅存木柱，屋顶、屋身早已破败。1号房屋已无人居住，首层设畜棚，二层被分给了三户，只有北面两间仍在使用中，它为一户所有，作为库房（图7）。

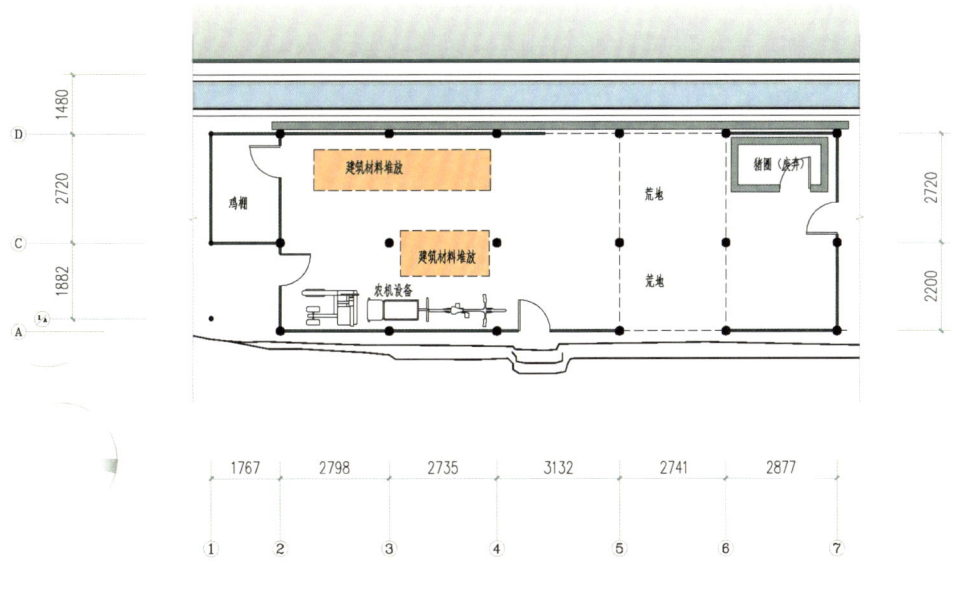

首层平面图

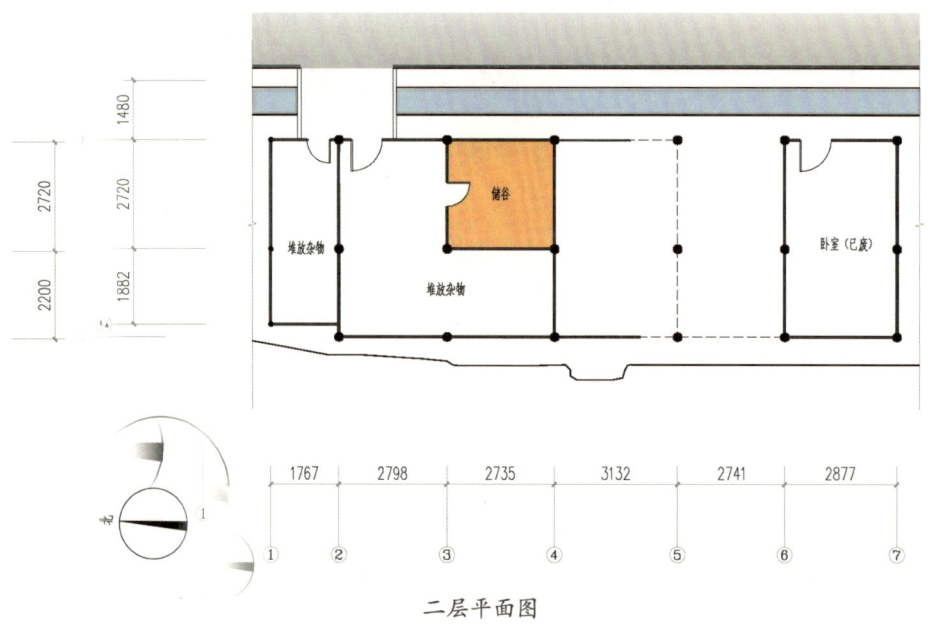

二层平面图

图7：1号古民居现状平面图

2至3号住宅内保留了堂屋、神龛及三处火塘，反映了一宅分由多户使用的传统生活模式。临街的第一栋（即2号古民居）面阔两间，进深两间，单层面积31.4平方米，两坡悬山屋顶，共三层。首层层高1.9米，用于堆放农具和杂物；二层层高约2米，设堂屋和火塘；三层层高1.9米，为卧室和储藏间。第二栋建筑（即3号古民居）主体面阔两间，进深四间，单层面积52.4平方米，两坡悬山屋顶。由于坐落位置较高，仅两层，其首层与二号民居的二层在同一平面。首层层高约2米，二层层高1.9米。房屋现已闲置。据房屋的主人介绍，两栋房屋实际上连为一体，为一家三兄弟共同使用，每一户各有一座地面式火塘，全家共用一座神龛，这些都位于2号住宅的二层（即3号住宅的首层）（图8）。这两栋房屋保存较好。从建筑规模和火塘来看，这些房屋的修建时间应在20世纪50年代以前。

4至7号住宅利用地形，错落布置入口与房屋，体态自由，秩序明确，体现了侗族干栏式吊脚楼的特点。4号古民居主体面阔两间，进深四间，单层面积为56.3平方米。这栋建筑建于高地，共两层，首层层高2.3米，二层层高约2米，两坡悬山屋顶。房屋现已空置，仅堆放杂物，山面临街的两层建筑歪闪严重，存在安全隐患。5号古民居主体面阔两间，进深四间，单层面积为56.2平方米，两坡悬山屋顶。首层层高2.3米，二层层高约2米。这栋房屋仅有木构架和屋顶（图9）。6号古民居主体面阔二间，总进深三间，建筑层数为两层，一层层高2.4米，二层层高1.93米，一层面积为63.5平方米，二层为59.2平方米。建筑主体为两坡悬山屋顶，临街一面有单坡前廊，从前廊可通往7号民居。7号古民居主体面阔一间，总进深六间，最东间为后期加建的砖砌厨房。建筑仅一层，局部带阁楼。建筑首层高2.4米，一层面积为48.5平方米，阁楼面积为14.3平方米。建筑主体为两坡悬山

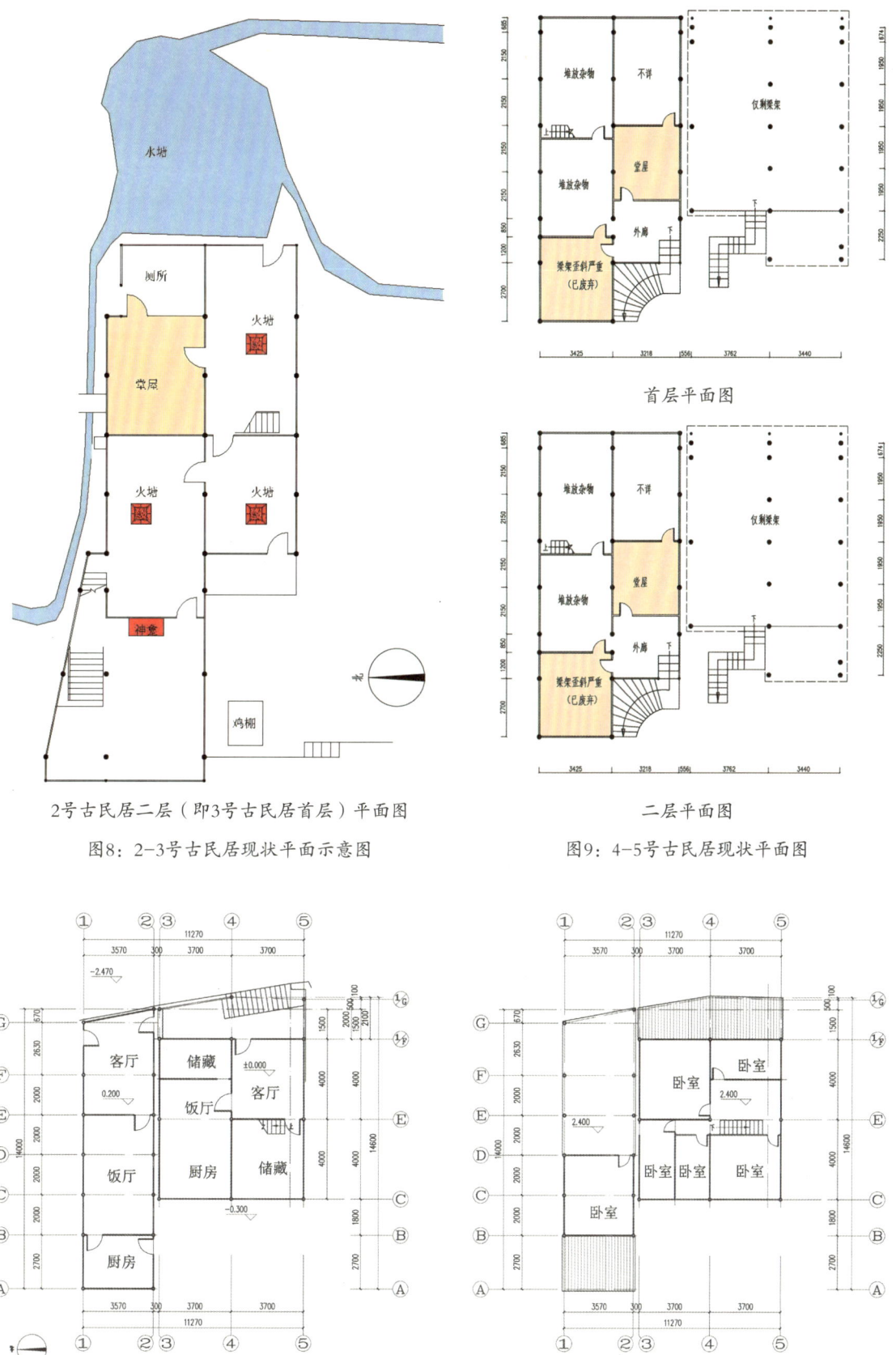

图8：2-3号古民居现状平面示意图

图9：4-5号古民居现状平面图

图10 6-7号古民居现状平面图

屋顶（图10）。6、7两栋房屋的主体大致建于20世纪80年代以后，建筑质量较另外5栋房屋要好，但由于建筑规模较小，层高较低，不能满足现代生活需要，故原户主已迁居他处。

3. 其他公共建筑及设施

除鼓楼和萨坛之外，高坪侗寨还具备一些体现侗族乡村特色的第二、三层级的元素，例如寨门遗址、土地庙、鱼塘和石桥古道等。

据村民的回忆，直至民国时期，坪坦村中心寨依然保存了城墙。城墙为青石建造，环绕整个中心寨，墙高约2米高，墙上每隔2米掏1个枪眼。"文华大革命"时期，城墙遭到拆除，至今只有沿河一带民居地基处残留几段遗址。中心寨原有四座寨门，近年来重修了东、西、北三座寨门。在高坪寨南北两端的村落干道上，原本也建有寨门，因早年毁弃，现已无存。如今，年长的村民仍能指出村寨南寨门的准确位置，它位于通向村外的干道上，与横跨在坪坦河上的石桥遥遥相望。

在水泥路兴修以前，坪坦村内道路有青石板路、卵石路和泥路三类。近十多年来，为了交通方便，多数村寨的老路路面已经更换为水泥面，尤其是以中心寨等临近公路、居民密集的村寨为多。除通往中心寨的路段外，迄今为止，高坪寨内的道路和阶梯绝大多数由青石铺叠而成，保持着历史原貌，十分难得。村内的干道边上常常设有小型土地庙，供村民在节庆时祭拜，它们的一般长、宽均为1米左右，高0.5米左右。据初步统计，高坪侗寨有2座土地庙。

另外，鱼塘是具有侗族传统特色的养殖区，兼具消防、排水等功能，在规模较大的自然寨中往往存在成片鱼塘。高坪寨的鱼塘位于沿河民居西侧的陡坎之下，由北向南，一字排开，目前仍然正常使用。

总的说来，在高坪寨这个沿河不足一万平方米的小区域内，有古萨坛一座、清代鼓楼一座、土地庙两座、寨门遗址一处、百年以上古民居一栋、五十年以上古民居五栋、古石桥一座。公共建筑与设施类型丰富，足以反映侗族聚居区典型自然寨的构成特点；民居形制古朴，足以展现侗民生活的历时变化轨迹。以上十余座古建筑以寨子北端的鼓楼、萨坛为始，以寨子南端的寨门遗址与寨外古道古桥为终，沿坪坦河线性展开，形成如卷轴画般的图景，是往来行旅了解坪坦侗寨最重要的景观带。

然而，近年来，高坪寨不断有居民迁出，移居到交通更为便利的临街位置，村寨的"空心化"问题逐渐显露出来。沿河的七栋古民居，目前已是人去楼空，缺乏日常维护，房屋残损严重。

二、高坪侗寨区域保护与利用规划

承载村落文化事项的物质载体并不是孤立存在的，而是通过一定的纽带连接形成的一种动态的有机体系。这些连接物既包括古寨门、古牌坊、古码头等点状要素，也包括古城墙、古道路、古桥梁等线性要素，它们与村寨的自然山形水系互动作用，最终构成了村落独特的布局与形态。这些要素一般位于村落的要冲地带，与村民的日常公共生活关系密切，最易遭受毁弃、破坏，或是被新建民宅所替换，宜采用清理、整饬和标识等简单的保护手段，重新建立这些要素的纽带意义，这是从空间维度上实现对少数民族村落的保护。

在高坪侗寨中，鼓楼和萨坛周边的小片空地，沿河蜿蜒的石板路，连接村内外的石桥和寨门承担着主要的纽带作用。然而，这些重要元素已经遭受了一定的破坏：首先，鼓楼周边的空地因没有得到充分利用，已被私人的生产工具、废弃建筑垃圾等占用；其次，寨门、石桥等标示村寨边界的主要要素已损毁或废弃，村寨结构模糊；最后，受排水淤积、私搭乱建房舍、路面硬化铺设的影响，村寨的卫生条件不佳。此外，鼓楼周边的新建民房仅仅追求个体的高大，未考虑整体区域的风貌协调，在对这些新建房屋进行立面改造时缺乏指导性设计。因而，高坪侗寨亟需区域整体层面的保护和整治规划。规划要点如下：

第一，从高坪侗寨与坪坦中心寨的关系来看，高坪寨紧邻中心寨，从中心寨向南通往今坪坦乡政府和阳烂村的石板古道从高坪寨前经过，高坪寨是连接坪坦中心寨与阳烂村的一个节点。这条村寨间的石板古道，在北侧的坪坦中心寨南端通过花桥"普济桥"（全国重点文物保护单位）与乡村公路相连，而在高坪寨东侧也有条石板小道，该小道通过架设在坪坦河上的石构梁桥，可以到达前述乡村公路，并向北通往坪坦中心寨和对门小寨。现在这条石板小道已经很少人行走，杂草丛生，濒于荒废。疏通这条石板小道，加固石构梁桥，可以形成连接高坪寨与坪坦中心寨的小环线。既方便高坪小寨村民的田间劳作，又可以为从坪坦中心寨到高坪寨的游客提供一条不走回头路的路线。

第二，穿越高坪寨的坪坦中心寨至阳烂村的古道，其作用有三个：首先，该古道将中心寨的公共建筑如"普济桥"、鼓楼坪（包括鼓楼、戏台、南岳庙、孔庙）与高坪寨的鼓楼、萨坛、寨门遗址及沿路民居紧密串联起来，是村内居民和村外来客主要的交通和游览要道；其次，该古道又是高坪小寨内部的交通主干道，从该干道向西引出的垂直于干道的两条支路，将村寨内各家各户联系起来，是高坪寨各功能单元联系的脉络；最后，该古道修建在陡坎边上，是高坪寨东侧的天然边界，该道将寨内与寨外、村落与农田区分开来。因此，在规划时既要注意这条道路的交通作用，还要强化其内部联系作用和内外分隔作用，在道路交叉路口、公共建筑场所、村寨传统边界都予以标识并做好景观小品设计。

第三，高坪寨最早的建筑是萨坛和鼓楼，民居建筑也是以萨坛和鼓楼为中心，从北向南和向东发展。换句话说，就是越靠近鼓楼的民居年代越早，越向边缘的民居年代越晚，呈水涡状向外展开，可以将高坪寨分为以萨坛和鼓楼为中心的三个同心圆弧（图11）。民居建筑的保护和改造应该紧扣村寨发展的历史"波段"，制定相应的保护控制和改造设计策略——作为中心的萨坛和鼓楼，严格按照文物建筑的保护原则，进行建筑维修和环境改善，使之成为寨内居民日常聚会的场所和寨外过客的临时休憩场所；紧邻鼓楼的内环民居，不仅要保护房屋的传统外观，还要延续室内的传统布局和陈设，只在卫浴等方面进行现代改造；其外的中环民居，保护房屋的传统外观，内部则按照传统和现代并行的方式予以改造（神龛、火塘所在的房间保留传统，其他房间改造使之符合现代生活的要求）；边缘的外环民居，由于建造的时间晚，其外观和内部都已经脱离侗族居住建筑传统，应该在外观上进行传统的修复，内部则完全按现代住宅的要求进行改造。

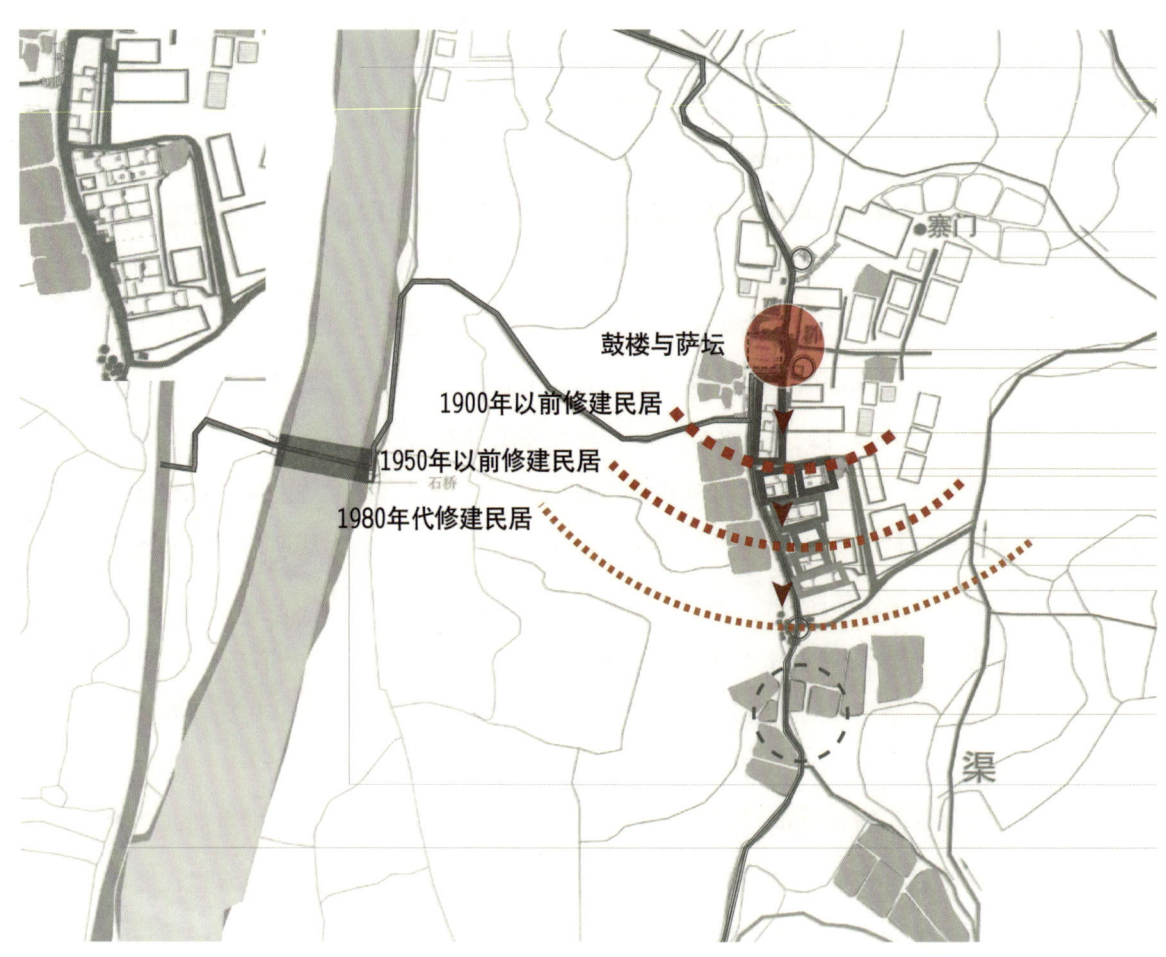

图11　高坪侗寨发展年代分析图

综上所述,高坪寨的保护和利用,需要首先腾出鼓楼周边的空地,标示寨门遗址的位置,恢复石桥并拉通石桥连接的石板路,为新建房屋的改造制定指导性建议,以及制定村寨卫生管理条例,相信通过这些简单的清理、整饬和标识等手段,已经可以起到十分积极的保护作用。在这些工作的基础上,再对区域的基础设施加以改善,统一设计供水、排污、供电等管线。

相信通过这些保护和改善计划的逐步实施,高坪小寨会成为坪坦村的一个亮点,离开的居民会逐渐回归,原先衰败萧条的村落又会重新充满勃勃生机。

三、民居改造设计

在遵循最低程度干预、可识别性、可读性和可逆性等基本保护原则的基础上,对村寨建筑采取适当的改造措施,提高村寨老屋的居住舒适度,最大可能的争取原住民留守安居,具体措施有如按照不同的生活模式设计不同类型的房间布局,根据当前主流家庭模式调整卧室的数量与规模,依据村民对生活品质的期望改善厨房、卫浴等辅助房间的物理环境。这些措施的实质是从时间维度上对村落进行保护。

空心化问题是少数民族村寨保护面临的一项难题,具体是指,村落中的原住民逐渐搬出、村落房屋闲置,或是居民逐渐被来此经商的外地人替代,这一般是由于村寨旧居年久失修、设施陈旧,无法满足村民对生活品质的要求造成的。在经济发达地区,这一问题更为明显,如前述高坪寨沿河的七栋民房中,无一仍在使用,这些房屋长期得不到看管维护,多数残破颓败,少量更有倾倒危险,这即是"空心化"问题造成的不良影响。因此,除了对高坪小寨进行修缮保护外,对房屋的功能布局、房间规模和局部构造稍作调整,满足村民对生活品质的期许,是一种必要可行的保护手段。

具体可通过以下三个方面展开:

第一,根据侗族村寨目前并行的传统和现代两种生活模式的现状,设计传统、传统—现代、现代式三类房间功能布局,并使房屋布局的设计与村寨的整体文化脉络相协调。

在坪坦河流域的侗族村寨中,不同家庭的生活模式因家庭生业方式的不同存在很大区别,这些差别又主要来源于家庭核心成员的生活经历与收入来源。部分家庭维持着传统的生活模式,晨起劳作,种田养鸡,日作而息,自给自足;另一部分家庭则由于核心成员在政府、学校担任职务或是长期在东南沿海打工,依靠核心成员的供给即可满足生活富足,他们没有田产,不养家禽,极少下田劳作,生活模式与城市居民非常接近。生活模式的不同又直接反映在房屋的功能布局上。传统的侗寨木楼一般三至四层,首层堆放农具、圈养家畜家禽、砌筑烹煮饲料的灶台；二层是主要的居住层，设前廊、堂屋、储藏间、带火塘的厨房和长辈的卧室；若有三层，一般分隔成数间年轻人的卧室；顶层往往设阁楼，主要作为晾晒谷物的场地，并堆存闲置的生活、生产用具。一些新建住宅维持了原有规模，改变了房间的布局，首层设老人卧室、厨房、厕所、浴室；二层设客厅、厕所、主卧和储藏间；三层布置卧室，亦可设卫生间。比较可知，在新式房屋中，老人卧室被安排在首层，卫浴厨房的数量有所增加，堆放生产器具、圈养牲畜和储存谷物的场地不再存在。这些变化是随着居民生活方式的改变而出现的，体现了一种新的生活模式的需要；值得注意的是，火塘、堂屋、前廊三类侗族民居的典型空间也已难寻踪迹，这种变化虽在情理之中，却也令人深感遗憾。

  我们认为，在侗族民居的保护与改造中，一方面应考虑不同生活模式的需要，另一方面也应尝试将不同生活习惯融合起来，既能满足村民对新生活的向往，也能将体现重要文化事项的物质载体更好地保存下来，并使其参与到侗民的新生活中。因而，在进行高坪寨的设计时，我们对四组房屋采取了传统、传统—现代结合、现代式布局的三种模式的尝试。第1栋房屋采用传统型布局，保留了首层的劳作场地、堆栈场地，利用屋后的水渠开辟庭院，未来可圈养鸡鸭；二层临街一侧设三间连续的开敞前廊，背街一侧的中部设为火塘间，火塘两侧共有三间卧室；第6–7栋则采用了现代式布局，底层为客厅、餐厅、卧室，二层为卧室，其中主卧带步入式更衣间和单独卫生间，不设劳作场地，也不再设火塘、堂屋或前廊。2–3、4–5两栋则为传统—现代折中式，既不舍弃传统的空间单元，也反映一些现代的居住要求，如2–3号住宅将首层留作室内劳作场地，分别在厨房和老人卧室中保留火塘，将堂屋改为客厅却维持神龛位置不变。在新式侗族住宅中保留一间温馨的火塘屋或是在卧室中保留一座小小却散发着温暖的火塘，不仅是一个装饰，也是一份记忆，一种文化，一丝对旧日时光的怀恋（图12）。

  第二，按照侗族村寨目前最为普遍的主干式家庭模式调整卧室的数量和面积，尤其注重老人卧室与儿童房的位置、物理环境以及相互联系，并对卧室的楼板、墙板采取隔音措施。

  目前，坪坦河流域的家庭模式共有三类，分别是核心家庭、主干家庭和扩大家庭。构成特点分别是：核心家庭由夫妻及其未成年子女组成；主干家庭由夫妻、夫妻的父母，或者直系长辈及未成年子女构成；扩大家庭由核心家庭或主干家庭加上其他旁系亲属组成。20世纪中叶以前，扩大家庭的数量最多。由于经济条件限制，兄弟长大之后一般"分户不分家"，即每户分别占有同一栋房屋中带有火塘的一间房，作为起居睡卧之用；各户共享堂屋、廊屋，作为整个大家庭吃饭、娱乐的场所。这样一来，扩大家庭一般有数十口人。随着经济条件的好转，目前，这种扩大家庭已极为罕见，村中以三代人共同居住的主干家庭模式最为常见，家庭成员一般不超过十人。事实上，由于外出打工人员渐多，主干家庭的常住人数一般不会超过五人，且以留守老人、儿童为主，这也就是说，主干家庭的规模多数时间近似于核心家庭。例如，在坪

图12　高坪侗寨沿河古民居改造远景效果

坦河流域的阳烂侗寨，80%以上的家庭单元是由5—7口人组成，每个家庭中有1—2位老人，夫妇2人以及2—3个小孩，夫妇两人一般仅农忙或节庆才回家；少数家庭由8—10口人组成，最多的一户有11人，主要原因是家中兄弟在成年后尚未分家；由4口及以下组成的家庭非常罕见，这是由于在侗族的生活习惯中，除孤寡老人之外，极少让老人单独居住，一般都由儿女照顾。此外，侗民一直保持着走亲访友的习俗，家中一般备有多余房间供亲友居住。

据上，每套侗寨民居宜有3—4间卧室，至少能供三代人使用，并留有一定数量的客房，主卧或也可改作客房。其中，老人和儿童卧室的使用频率最高，应予重点设计。在保证卧室面积的基础上，根据老人、儿童的生活要求和行为习惯，将这些房间布置在适宜的楼层；并宜有较为密切的联系，便于相互照顾；妥善组织采光、通风，保证冬季享有足够长的日照时间，夏天能充分利用自然风防暑降温。在具体的设计中，高坪寨沿河7栋旧屋单体规模太小，在维持原有柱网关系的基础上，我们将相邻的六栋房屋拼作三组。这样一来，每栋房屋的建筑面积约200平方米，至少可有三间面积适宜的卧室，还有充裕的空间布置辅助用房，并将采光、通风、景观视线较好的位置留给老人卧室或儿童房。

此外，在卧室的设计中，还应注意增设房间楼板、墙板的隔音措施。西南地区传统木楼一直未能较好解决隔音问题，同一栋木楼中不同房间的活动相互干扰严重，这一问题在宁静的夜晚更加明显，直接影响居民的睡眠质量。在我们对坪坦河流域的调查中发现，一些经济条件较好的侗族家庭已经意识到这个问题，并加以改造，他们一般通过设置双层木楼板或者墙板来解决这一问题，并取得了较好的隔音效果。然而，这种增设一层木板的做法，增加了建房开支，普通家庭一般无法承受，也增加了房屋的荷载。实际上，可以考虑用纸面石膏板充当隔墙材料。这种新材料是由纯度很高的脱硫石膏及添加剂制成板芯，以高强度环保牛皮纸作为面板和背板，若需模仿木板隔墙，还可考虑将高强度环保牛皮纸经过染色或外贴木纹纸张处理。

第三，在卫浴、厨房、储藏、猪圈牛棚等辅助用房的设计上，增设有效的防水、隔潮、通风、防火、防虫、防腐措施，在不改变侗族民居自身结构体系的前提下，适当提高居住舒适度和耐久性，并与侗民的生计方式和对生活品质的要求相符。

木板墙另一缺陷是防火、防潮、防水性极差，难以满足现代厨房、卫浴间的要求，当地侗民近年的改造方法大致有两种：第一种方式是将厨房、卫生间采用砖混结构单独砌筑；第二种方式是在木结构内皮刷浆贴饰瓷砖。这两种方法都不甚理想，前者的不足在于立面上木结构与砖混结构两部分体块不协调，后者使得房屋内部某一单元的承重加大，对房屋结构安全不利。前述采用石膏墙板的举措在此也可考虑，即在普通石膏板上施加特种涂饰材料，在厨房、火塘间等见明火的房间使用，在卫生间使用防水隔潮墙。此外，对于浴室墙体的改造，也可以考虑在原有木墙板外加设玻璃，隔绝水雾对木板的侵害。

对于那些维持传统功能布局的住宅，应根据村民对储藏谷物和豢养家禽家畜的需要，设计辅助用房的位置和细部构造。传统民居建筑一般都有着较好的通风通气效果，房屋顶层可以储存籽种、粮食，具有保质、防潮、防霉、防变质的功效，猪圈牛棚设于吊脚楼或半楼之下，也可以开敞通气、通风，减少动物感染疾病的几率。改造有两种途径，一是维持传统的做法，将这些豢养家禽家畜的房屋放置在吊脚楼的底层，做好通风和卫生设施；二是将这些功能的房间独立于住宅之外，单独设置。后者更符合今后发展的趋势，应在村民回归后，组建村民管理小组，共同商议解决这个问题。

后　　记

侗族作为中国第十二大民族，分布于云贵高原东南边缘的黔湘桂鄂四省交汇处，发展至今已有两千余年的历史。侗民在相对封闭和艰苦的西南山地河谷环境下，以"款文化"为核心，以"合款"为基本制度，形成以"家庭—房族—村寨—款"为层级的社会组织结构与自然动态平衡发展的农业村落景观。坪坦河流域的侗族村寨，在选址环境、族群属性、聚落形态、要素构成、建筑形式等方面，具有突出的特点。在工业化和全球化迅速演进的当下，保护侗寨所具有的突出普遍价值，侗族村落遗产的真实性、完整性，意义重大。鉴于此编辑成书，以期与同行共同讨论村落遗产的认识、保护与传承问题。

本书的研究成果基于2010-2012年由贵州省文物局和北京大学考古文博学院孙华教授合作组织的针对少数民族村寨的村落文化景观的田野调查。调查的顺利完成，首先要感谢湖南省文物局、通道县文化旅游广电体育局、广西壮族自治区文物局、三江县文化体育广电和旅游局等各级文物部门在财力、人力上的巨大投入和支持；感谢调查组各位老师和同学、榕江县随队文物干部多日的辛勤付出；感谢各村村委会、村民对调查的热情支持。

本书的一至三章由陈筱执笔，四章由韩博雅、陈筱共同撰写，五、六章主要由韩博雅执笔。书稿校对得到了浙江大学艺术与考古学院考古文博系2020级本科生陈嘉鑫、赖骐欣及2021级硕士生张铭程倾力支持。

因书稿前后撰写时间较长、内容繁复，虽几经校核，仍难免疏漏，敬请批评指正。

陈筱　校订
2021年12月